신라가 한국인의 오리진이다

고즈윈은 좋은책을 읽는 독자를 섬깁니다.
당신을 닮은 좋은책 - 고즈윈

신라가 한국인의 오리진이다
이종욱 지음

1판 1쇄 인쇄 | 2012. 10. 10.
1판 1쇄 발행 | 2012. 10. 15.

저작권자 ⓒ 2012 이종욱
이 책의 저작권자는 위와 같습니다. 저작권자의 동의 없이
내용의 일부를 인용하거나 발췌하는 것을 금합니다.
Copyright ⓒ 2012 by Lee Jong Wook
All rights reserved including the rights of reproduction
in whole or in part in any form. Printed in Korea.

발행처 | 고즈윈
발행인 | 고세규
신고번호 | 제313-2004-00095호
신고일자 | 2004. 4. 21
(121-896) 서울 마포구 동교로 13길 34(서교동 474-13)
전화 02)325-5676 | 팩시밀리 02)333-5980

값은 표지에 있습니다.
ISBN 978-89-92975-68-1 03900

고즈윈은 항상 책을 읽는 독자의 기쁨을 생각합니다.
고즈윈은 좋은책이 독자에게 행복을 전한다고 믿습니다.

경주 신라길을 답사하며 한국인의 근원을 묻는다

신라가 한국인의
오리진이다

이종욱 지음

고즈윈
God's Win

책머리에

'신라길'을 답사하며 한국의 탄생과 한국인의 오리진을 이야기하다

이 책은 연중 천만 명이 넘는 사람들이 찾는 경주의 많은 신라 유적 가운데 열 개 유적군을 뽑아 구성한 '신라길' 답사 안내서이다. 나는 '신라길' 답사를 하며 신라의 역사는 물론이고, 한국·한국인의 탄생과 그 오리진에 대해 새로운 이야기를 해 나갈 것이다. 지금까지 이와 같은 주제를 가진 '신라길' 답사는 없었다.

대부분의 한국인들은 이 책의 이야기를 받아들이기 어려워할지 모른다. 이유는 분명하다. 지난 수십 년 동안 학교에서 가르쳐 온 역사와 다르기 때문이다. 1945년 일제가 물러나고 남북이 분단된 상황에서 서울대 중심의 역사가들은 한국인의 정체성과 자긍심을 창출하기 위해 소위 민족사를 만들어 냈다. 대표적인 내용이 단군을 시조로 한다는 순수 혈통의 단일민족설이고, 수·당 제국과 맞섰던 고구려를 자랑스럽게 여기고 당나라를 끌어들여 백제와 고구려를 정복했던 신라를 반민족적 행위를 한 나라로 그려낸 것이다. 한국사 연구와 교육을 장악하고 국가를 등에 업은 채 민족사를 국민의 역사 지식과 역사의식으로 주입시킨 그들을 이 책에서는 관학파라 부르고자 한다.

여기서 한 가지 주목할 사실이 있다. 한국인은 신라인을 시조로 하는 성을 가진 사람이 다수라는 사실이 그것이다. 왜 그렇게 되었을까? 그리고 고조선이나 고구려, 백제인을 시조로 하는 성을 찾기 어려운 이유는 무엇일까? 그 답 또한 분명하다. 신라가 백제와 고구려를 정복했기 때문이다. 신라가 삼한통합(소위 삼국통일) 후 대신라(소위 통일신라)를 거쳐 고려와 조선, 한국은 신라인 후손들의 나라였다. 그런 면에서 신라의 삼한통합은 오늘날 한국의 탄생을 의미하며, 한국인의 오리진이 신라에 있도록 한 역사적 사건이었다. 이에 신라는 당신과 나, 우리의 오리진이 된다.

신라의 백제·고구려 정복은 신라인들로서는 의도하거나 상상하지 못한 역사적 결과를 가져왔다. 신라와 신라인을 오리진으로 하는 한국과 한국인을 탄생시킨 것이 그것이다. 한국 역사상 이보다 중요한 사건은 찾을 수 없다. 그렇기 때문에 현대 한국의 역사가들(특히 관학파)이 만든 역사(소위 민족사)를 버려야, 우리를 만든 역사(한국사)가 보인다고 하는 것이다. 이런 관점에서 본다면 신라의 최대 적은 백제와 고구려였지만, 신라 역사의 최대 적은 관학파들이 국가를 등에 업고 만들어 낸 민족사라 하겠다.

이 책을 통해 몇 가지 새로운 사실을 전하고자 한다. 첫째, 한국인은 신라가 오리진임을 밝힐 것이다. 그 결과, 경주는 공간적인 면에서, 신라는 시간적인 면에서 한국인의 역사적 고향임을 이야기할 것이다. 둘째, 영남 지역에 사는 사람은 신라인의 후손이고, 호남 지역에 사는 사람은 백제인의 후손이며, 북한 지역에 사는 사람은 고구려인의 후손인 것처럼 생각하는 현재 한국인들의 역사의식 또한 잘못이라는 사실도 되짚어 볼 것이다. 그 모든 지역에 사는 한국인 다수가 기본적으로 신라 오리진임을 이야기할 것이다. 셋째, 경주에는 신라의 왕을 배출했던 종성(宗姓)인 박씨·석씨·김씨, 육부성(六部姓)인 이씨·정씨·최씨·손씨·설씨·배씨, 그리고 김해 김씨 중시조인 김유신 장군을 모신 사당이 있기에 책의 끝 부분에 소개하려 한다. 독자께서 부모나 자녀와 함께 씨족 시조의 사당을 찾는다면 의미 있는 일이 될 것이다.

신라의 10개 유적군을 답사하며 전개되는 이 책의 이야기는 크게 2부로 나뉜다. 1부 '신라길 1'('대신라길 100킬로미터')에서는 신라의 백제·고구려 정복에서 시작하여 신라가 망할 때까지의 5개 유적군을 답사하며 한국·한국인의 탄생에 대해 이야기한다. 2부 '신라길 2'('신국의 도 10킬로미터')에서는 신라의 국가 형성에서부터 성골 왕 시대까지 5개 유적군을 찾아 한국·한국인이 신라 오리진임을 이야기한다.

천동설에서 지동설로의 패러다임 전환과 같은 이 책의 이야기는 민족사를 만든 관학파들에게는 감추어야 할 톱 시크릿(Top Secret)이겠지만, 이 책의 독자들에게는 한국사를 새롭게 이해하는 출발점이 될 것이다. 이 책을 통해 독자들의 역사 지식과 의식에 즐거운 변화가 함께하길 바라며, 실제로 경주를 찾아 신라길 여행의 즐거움에 빠져들기를 기대한다. 이 책의 이야기에 공감하는 독자들이 많아질수록 저자 또한 힘과 보람을 얻게 될 것이다. 끝으로 이 책의 출간을 맡아 준 고즈윈 고세규 대표께 감사드린다.

2012년 가을
이종욱

목차

책머리에

1부 '신라길 1' 대신라길 100킬로미터
삼한통합에서 신라 멸망까지, 한국인을 만든 역사를 찾아서

프롤로그 왜 경주에서 신라의 삼한통합부터 이야기하는가 _14

제1처 태종무열대왕릉·김유신 장군 묘·대왕암
– 한국·한국인을 만든 삼한통합
1. 삼한통합의 주역 태종무열대왕·김유신·문무왕의 능 앞에서 펼치는 이야기 _23
2. 춘추와 삼한통합 _50
3. 신라의 백제·고구려 정복—한국 역사상 가장 큰 M&A _65
4. 당나라와의 또 다른 9년 전쟁과 승리—한국·한국인을 탄생시킨 전쟁 _74
5. 신라의 피병합국에 대한 정책 _78
6. 삼한통합에 대한 역사 인식의 문제 _83
7. 삼한통합의 역사적 유산 _87

제2처 감은사(이견대)·석굴암·불국사·성덕왕릉
– 신라왕국의 대평화
1. 신라 대평화의 표지적 유적들 _91
2. 대신라의 융성 _108
3. 대평화에 드리운 그림자 _120

제3처 괘릉(원성왕릉) · 신무왕릉
- 신라 왕정의 분열

1. 왕정 분열의 표지적 유적 _124
2. 왕정의 분열과 군웅의 등장 _128
3. 괘릉에서 이야기하는 신라의 국제 관계 _138

제4처 헌강왕릉 · 정강왕릉
- 신라왕국 멸망의 전주곡

1. 왕국 몰락의 표지적 유적들 _143
2. 신라 멸망의 전주곡 _146
3. 지방으로 도망간 많은 왕경인들 _148
4. 지방 대군웅들의 등장 _150

제5처 삼릉 · 경애왕릉 · 포석정
- 신라왕국의 멸망

1. 신라 멸망의 표지적 유적들 _155
2. 패권 쟁탈전이 벌어진 전국(戰國)시대 _161
3. 신라의 항복과 후백제 멸망 _166
4. 신라의 멸망 _169

'신라길 1' 답사를 마치며 – 신라 · 신라인이 한국 · 한국인을 만들다

1. 신라 · 신라인이 남긴 역사적 유산
2. 신라인과 현재 한국인의 연계
3. 민족 · 민족사를 넘어 신라 오리진을 찾아서

2부 '신라길 2' 신국의 도 10킬로미터

신라 건국에서 성골 왕 시대까지, 한국인의 오리진을 찾아서

프롤로그 왜 경주에서 신라의 건국신화를 이야기하는가 _184

제1처 나정 유적
– 이씨 · 정씨 · 최씨 · 손씨 · 설씨 · 배씨의 조상이 살던 촌락사회
1. 신라 건국신화의 현장 나정 _195
2. 육부성의 시조들이 살던 서라벌 6촌, 촌락사회 _204

제2처 오릉
– 박 · 석 · 김 씨의 등장과 소국과 소국 연맹의 형성 · 발전
1. 소국 · 소국 연맹의 표지적 유적 : 오릉과 알영정 _227
2. 서라벌 소국의 형성 _234
3. 진한 소국 연맹의 정체 _246
4. 현재 찾을 수 있는 소국 · 소국 연맹의 유산 _260

제3처 계림과 교동고분군
– 신라의 진한소국 정복
1. 소국 정복의 표지적 유적 : 계림과 교동고분군 _265
2. 신라의 진한 소국 정복 _275
3. 피정복 소국에 대한 통치(1세기 전반~3세기 초) _278

4. 피정복 소국에 대한 중앙집권적 통치의 시작 _281

5. 신라의 소국 정복 결과 _285

6. 소국병합 시기의 역사적 유산 _288

제4처 대릉원
- 고총고분을 만든 마립간 시대

1. 마립간 시대의 표지적 유적: 대릉원의 천마총과 황남대총 _291

2. 마립간 시대의 왕정 강화 _301

3. 마립간 시대의 역사적 유산 _310

제5처 월성·황룡사지
- 성골 왕(聖骨王) 시대

1. 성골 왕 시대의 표지적 유적—월성, 황룡사지, 왕도 유적 _314

2. 월성에서 이야기하는 성골 왕 시대의 장면 1 _316

3. 황룡사지에서 이야기하는 성골 왕 시대의 장면 2 _337

4. 왕도 유적 발굴 현장에서 이야기하는 성골 왕 시대의 장면 _346

5. 삼한통합의 준비기인 성골 왕 시대의 역사적 유산 _354

제6처 다수 한국인의 시조를 모신 사당들
- 신라인과 한국인을 연결시키는 고리

1. 박(朴)씨의 사당: 숭덕전 _357

2. 석(昔)씨의 사당: 숭신전 _358

3. 김(金)씨의 사당: 숭혜전 _359

4. 이(李)씨의 시조 알평을 모신 표암재 _361

5. 정(鄭)씨의 시조를 모신 백운재 _362

6. 손씨와 관련된 문효사와 손순유허, 손순묘 _363

7. 최(崔)씨의 시조를 모신 상서장 _364

8. 배씨의 시조를 모신 경덕사 _365

9. 설씨와 관련된 (전)설총묘와 분황사의 원효에 대한 제향 _365

10. 육부성의 시조를 모신 양산재 _366

11. 김해 김(金)씨 중시조 김유신을 모신 숭무전 _367

에필로그 그들이 만든 역사를 버려야 우리를 만든 역사가 보인다 _369

찾아보기 _372

제1처 태종무열대왕릉 · 김유신 장군 묘 · 대왕암
제2처 감은사(이견대) · 석굴암 · 불국사 · 성덕왕릉
제3처 괘릉(원성왕릉) · 신무왕릉
제4처 헌강왕릉 · 정강왕릉
제5처 삼릉 · 경애왕릉 · 포석정

신라길 1

대신라길 100킬로미터

삼한통합에서 신라 멸망까지, 한국인을 만든 역사를 찾아서

프롤로그
왜 경주에서 신라의 삼한통합부터 이야기하는가

그 이유는 한국·한국인을 만든 역사적 사건부터 밝히기 위해서이다. 그렇다면 무엇이 한국·한국인을 만든 사건일까? 삼한통합(소위 삼국통일)이 그 답이다. 신라의 삼한통합은 다양하게 전개될 수 있었던 한국 역사를 하나의 방향으로 결정한 사건이다. 그 결과 지금의 한국인이 만들어졌다. 1985년과 2000년에 있었던 인구 및 주택 센서스 조사에 따르면 다수의 한국인이 신라인을 시조로 하는 성을 갖고 있는 것으로 나타났다. 한국인 다수가 신라인 후손인 것이다.

신라만이 아니라 고조선, 고구려, 백제, 가야 등은 모두 한국사 속의 왕국이다. 백제나 고구려가 삼국을 통일했다면 오늘날의 한국인은 백제나 고구려에 뿌리를 두게 되었을 가능성이 있다. 그런데 신라가 삼한통합을 하였기에 신라가 시간적인 면에서 한국인의 역사적 고향이 되었고, 경주가 공간적인 면에서 한국인의 역사적 고향이 되었다.

신라인들은 그들의 나라를 신국神國이라 불렀다. 대개 삼국시대 신라를 다루는 부분인 '신국의 도 10킬로미터'를 앞에 내세울 것이나, 이 책에서 대신라(소위 통일신라)를 다루는 '대신라길 100킬로미터'를 1부로 한 데에는 이유가 있다. 한국인을 만든 삼한통합부터 다루기 위해서이다. 신라는 삼한통합 후 정복자의 권리를 행사하였고, 옛 고구려인이나 백제인을 신라인과 대등하게 대우할 아무런 의무도 없었다. 그 결과 피정복민이 된 고구려인과 백제인은 사회적·정치적으로 도태되었다. 이후 한국 역사의 주인공은 주로 신라인이 되었다.

1부에서는 태종무열대왕릉·김유신 장군 묘·대왕암, 감은사·석굴암·불국사·성덕왕릉, 괘릉(신무왕릉), 헌강왕릉·정강왕릉, 삼릉·포석정 등 5개 유적군을 답사하며, 삼한통합에서 신라 멸망까지를 다루는 대신라의 역사를 이야기할 것이다. 이 책에서 말하는 '신라길 1' 부분인 '대신라길 100킬로미터' 답사를 통해 그동안 침묵당해 온 한국인을 만든 신라의 역사를 찾아야 하겠다. 거리가 상당한 '신라길 1' 탐사는 차를 이용하기를 권한다.

신라인과 현재 한국인의 역사적이고 필연적인 연계

지금의 한국인을 만든 역사적 사건인 삼한통합을 신라인들은 어떻게 생각했을까? 이와 관련하여 백제를 정복한 김춘추에 대한 신라인의 평을 볼 수 있다. 『화랑세기』에는 춘추에 대하여 "세상을 구제한 왕이고, 영걸한 군주이며, 천하를 하나로 바로잡으니 덕이 사방을 덮었다. 나아가면 태양과 같고 바라보면 구름과 같다."라 하였다. 신라인들이 춘추가 천하를 하나로 바로잡았다고 한 것은 백제를 정복한 것을 뜻한다.

그런데 현재 한국인은 신라가 삼한통합(삼국통일)을 함으로써 한민족의 무대가 한반도로 쪼그라들었다는 역사의식을 갖고 있는 것이 사실이다. 믿어지지 않겠지만 1945년 이후 서울대 교수이자 문교부 차관 및 편수국장을 지낸 손진태를 중심으로 한 관학파들이 단군을 시조로 하는 순수 혈통의 단일민족과 신라를 부끄럽게 여기고 고구려를 자랑스럽게 여기는 민족사를 만들어 냈다. 그러한 민족사 교육을 통해 한국인의 역사 지식으로 주입시켰고 역사의식으로 자리 잡게 했다.

그 결과 신라의 삼한통합이 현재 한국인을 신라인 중심이 되도록 했다는 사실을 알기 어렵게 되었다. 신라인들은 신라를 멸망시키려는 고구려와 백제를 정복하고 신라라는 나라를 지켜 냈을 뿐이다. 그리고 그 결과 현재 한국인이 신라인에 뿌리를 두게 된 것이 사실이다.

7세기 후반 삼한통합 후 신라 왕경(신라의 서울인 현재의 경주)의 지배 세력은 그들이 정복한 옛 고구려와 백제의 토지를 나누어 가졌고, 피정복국의 인민을 사회·정치적으로 도태시켰다. 시간이 지나 9세기 중반 이후 신라의 왕정이 무너질 때 많은 왕경 사람들이 조상들로부터 받은 땅과 노비가 있던 지방으로 이주하였고 왕경은 텅 비게 되었다. 고려에 들어서며 왕경에서 이주한 과거 신라 지배 세력들은 지방의 향리층으로 자리 잡았고, 거주 지역을 본관으로 삼았다. 이들 향리층이 고려의 지배 세력이 되었다. 그런가 하면 조선의 양반 사대부 가문치고 선조가 고려의 향리가 아닌 경우는 거의 없다고 한다.[1]

역사가 전개되어 내려오며 성을 사용했건 아니건, 지배 세력이건 아니건 다수의 한국인은 기본적으로 신라인의 후손으로 채워질 수밖에 없었다. 신라의 삼한통합은 고려와 조선으로 이어지는 과정에서 지배 세력이 신라인의 후손으로 이루어지게 만들었음을 인정하지 않을 수 없다.

그런데 관학파들은 고구려가 신라와 백제를 정복했어야 한국·한국인이 고구려의 광활한 토지와 인민을 차지했을 것이라는 잘못된 역사의식을 만들어 국민에게 주입시켰다.

역사의 실제 전개 과정에서 다수의 한국인은 신라의 왕을 배출했던 박씨·석씨·김씨로 이루어진 종성宗姓과 신라 건국신화에 나오는 6촌장을 시조로 하는 이씨·정씨·손씨·최씨·배씨·설씨로 이루어진 육부성六部姓을 갖게 되었다.

삼한통합에 대한 해석의 네 가지 모델

역사 해석은 다양할 수 있다. 여기서는 신라의 삼한통합, 그리고 더 나아가 한국 고대사를 보는 네 가지 모델에 대해 살펴보겠다.

[모델 1]

[모델 1]은 고려·조선시대에 만들어진 삼한통합에 대한 역사 해석을 가리킨다. 고려와 조선의 역사가들은 삼한통합에 대해 어떻게 생각했을까? 『삼국사기』에는 "당나라의 위엄을 빌려 백제와 고구려를 평정하고 그 땅을 얻어 군현으로 삼았으니, 융성한 시대라 이를 만하다."[2]고 나와 있다.

고려와 조선의 역사가들은 신라가 백제와 고구려를 평정하여 군현을

---

1. 이수건, 『한국의 성씨와 족보』, 2003, p. 2.
2. 『삼국사기』 12, 「신라본기」 12, 논(論).

삼은 것이 오히려 융성한 시대를 만들었다고 평한 것이다. 그들은 삼국을 단일민족으로 보지 않았고, 신라의 삼한통합이 잘못된 것으로도 보지 않았다.

[모델 2] 일제 식민사학의 내물왕 이전 말살론

[모델 2]는 일제 강점기 일본 제국의 식민사학자들이 만들어 낸 신라 역사이다. 식민사학자들은 고구려·백제·신라 사람들을 단군을 시조로 하는 단일민족으로 보지 않았다. 대신라의 역사, 그중에 삼한통합에 대해 일제 식민사학자들은 별 관심이 없었다. 다만 그들은 663년 8월 백제와 왜의 연합군과 신라와 당나라 연합군이 금강 하류라 추정되는 백촌강에서 전투를 벌인 사실에 주목해 왔다. 당시 왜가 백제를 도왔다는 것에 관심을 가진 것이다. 식민사학자들은 신라의 삼한통합이 가지는 역사적 의의를 옳게 다루지 않았고 한국인의 오리진이 신라에 있다는 것은 상상조차 하지 못했다.

[모델 2.5]

[모델 2.5]는 1945년 이후 고조선은 물론 고구려·백제·신라 그리고 고려·조선 사람을 단일민족으로 보는 민족사를 표방하고 나선 서울대 중심 관학파들이 만들어 낸 신라 역사, 나아가 한국 고대사이다. [모델 2.5]는 신라의 삼한통합이 한국·한국인을 만든 역사적 사건이라고 보지 않는다는 점에서 일제 식민사학이 만든 [모델 2]와 같다. 다만 관학파들은 식민사학자들과 달리 백촌강 전투에 별 관심을 갖지 않았다.

그들은 신라가 외세를 끌어들여 동족의 나라를 멸망시킨 왕국으로 몰아세웠으며 신라의 삼한통합을 불완전한 통일로 보았다. 이러한 역사 해석이 [모델 2]와 다르기에 이 책에서는 [모델 2.5]라고 하였다.

여기서 1945년 한국의 광복 후 서울대 교수였던 손진태를 주목하지 않을 수 없다. 자신이 "민족을 발견"했다[3]고 한 손진태는 서울대 사범대 학장으로 해방 당시 최초의 한국사 교사 양성 교육을 주도하고 후에 문교부 차관 겸 편수국장을 지내며 국가를 등에 업고 한국사에 대한 연구와 교육을 장악하였다. 그는 단군이 한민족의 시조라는 역사를 각급 학교에서 가르치게 하였다.[4] 또한 수·당과 맞서 싸운 고구려는 민족을 지킨 왕국으로 그려 내 자랑스럽게 여기게 했고,[5] 신라는 외세를 끌어들여 동족의 나라를 멸망시킴으로써 한민족의 무대를 작게 만들었다 하여 부끄럽게 여기게 한 이야기를 만들어 초·중·고등학교 교육[6]을 통해 온 국민에게 주입시켰다.

관학파들은 한국 역사상 최초의 왕국인 (고)조선을 세웠던 단군을 민족의 시조로 발명하여 유구한 역사를 가진 민족의 정체성을 창출했고, 만주를 지배하며 수당의 침략을 막아냈던 고구려를 중시하는 역사를 만들어 민족의 자긍심을 불러오게 했다. 지금도 이러한 역사 교육이 진행되고 있는 것이 사실이다.

그러나 조선시대까지 이 같은 생각은 누구도 하지 않았다. 관학파가 만들어 낸 민족사는 한국인의 조상마저 단군이라고 바꾸어 버렸다. [모

---

3. 손진태, 『조선민족사개론』, 1948, pp. 1~4.
4. 고등학교 『국사』, 2011, p. 32.
5. 고등학교 『국사』, 2011, p. 54.
6. 고등학교 『국사』, 2011, p. 55 참조.

델 2.5]는 일제 식민사학의 청산을 외치며 근본적으로 그 틀을 벗어나지 못한 역사 체계를 가리키며, 역사를 정치의 시녀로 전락시킨 것이다.

[모델 3]

[모델 3]은 내가 만들어 온 신라의 역사 나아가 한국 고대사이다. [모델 3]은 [모델 2]와 [모델 2.5]의 무대를 떠나 한국·한국인을 만든 역사를 재구성한 역사 체계이다. [모델 3]은 이 책에서와 같이 신라에 의한 삼한통합으로 한국·한국인·한국 사회·한국 문화가 형성됨을 이야기한다. 당나라의 힘으로 고구려와 백제를 정복한 신라를 부끄럽게 여기지 않고, 신라의 삼한통합으로 한국인이 신라인 중심으로 만들어졌다는 점을 인정한다.

[모델 3]은 어떤 면에서 1차적으로 [모델 1]로의 회귀를 뜻할 수 있다. 그러나 [모델 3]은 [모델 1]을 넘어 새로운 해석을 하는 것이 사실이다. 삼한통합이 한국·한국인을 탄생시켰다고 보는 것이 그 예이다.

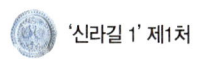
'신라길 1' 제1처

태종무열대왕릉·김유신 장군 묘·대왕암
– 한국·한국인을 만든 삼한통합

"대신라길 100킬로미터"의 출발점은 경주의 서악동에 있는 태종무열대왕릉이다. 여기에서 답사할 유적은 태종무열대왕릉·김유신 장군 묘·대왕암이다. 그중 태종무열왕릉은 주인공이 확인된 몇 안 되는 신라 고분 중 하나다. 태종무열대왕, 문무왕, 김유신은 삼한통합의 주역이다. 이들과 관련된 유적을 탐사하며 한국·한국인을 만든 삼한통합에 대하여 이야기하겠다.

태종무열대왕릉·김유신 장군 묘·대왕암(문무왕릉) 가는 길

태종무열대왕릉: 경주시 서악동 842번지 외, 사적 제20호
김유신 장군 묘: 경주시 충효동 산 7~10번지, 사적 제21호
대왕암: 경주시 양북면 봉길리 26번지 외, 사적 제158호

태종무열대왕릉 · 김유신 장군 묘 · 대왕암을 찾는 이유

태종무열대왕(654~661)과 문무왕(661~681), 두 왕 대에 벌어졌던 가장 중요한 사건은 660년 백제를 멸망시키고, 668년 고구려를 멸망시킬 때까지의 9년 전쟁과 668년에서 676년 당나라 군대를 몰아내는 또 다른 9년 전쟁이다. 두 차례에 걸친 9년 전쟁 결과 신라가 오리진인 한국·한국인이 탄생하였다.

고구려인이 남긴 장군총이나 백제인이 남긴 무령왕릉에서 직계 후손들이 제사 지내는 일은 없다. 그들 고구려와 백제 사람의 후손이 사라졌기 때문이다. 그와 달리 삼한통합의 주역인 무열왕릉이나 문무왕릉을 비롯한 신라 왕릉에서는 매년 후손들이 향사享祀를 지낸다. 또한 경주에서는 지속적으로 종성과 육부성의 시조에 대한 향사가 행해지고 있다. 이것은 한국사 속에 신라인의 후손들이 영속성을 지니고 살아남았다는 증거이다.

1. 삼한통합의 주역 태종무열대왕 · 김유신 · 문무왕의 능 앞에서 펼치는 이야기

백제를 멸망시킨 장본인은 태종무열대왕 김춘추다. 고구려를 멸망시킨 장본인은 문무왕 법민이다. 그리고 백제 침공 시 대장군, 고구려 침공 시 대당대총관으로 전쟁을 이끈 사람은 김유신이다. 여기서 삼한통합의 주역들을 주목하지 않을 수 없다.

특히 삼한통합의 표지적 유적으로 태종무열대왕릉, 대왕암(문무왕릉) 김유신 장군 묘를 들 수 있다. 태종무열대왕의 경우 비석이 남아 있어 왕릉의 위치를 분명히 알 수 있다. 대왕암도 화장한 문무왕의 유체를 모신 장소로 보아 틀림없다. 김유신 장군 묘는 그 진위를 놓고 논쟁이 벌어진 적이 있으나, 여기서는 진위 논쟁은 접어 두고 김유신 장군을 소개하려 한다.

태종무열대왕지비 태종무열대왕릉에서는 매년 추분에 후손들이 제향을 올린다.

태종무열대왕 – 한국 역사상 가장 위대한 군주

'신라길 1'의 제1처~1, 태종무열대왕릉

경주의 선도산 아래 서악동에는 태종무열대왕 김춘추의 능 위치를 분명히 말해 주는 비가 있다. 능의 앞쪽 좌측에 있는 비의 비신은 없어지고 비의 받침돌인 귀부와 머릿돌인 이수만 남아 있다. 이수에는 좌우에 각기 세 마리의 용이 엉켜 여의주를 받들고 있으며 가운데 "태종무열대왕지비太宗武烈大王之碑"라는 글자가 새겨 있다. 이 글자는 태종무열대왕의 둘째 아들 김인문이 661년에 쓴 것이라 한다. 귀부의 거북은 생동감 있게 새겼으며 등의 중앙에 만든 비좌에는 연꽃 조각을 장식했다. 이 비는

태종무열대왕릉

중국식 양식을 하고 있는 초기 비이다. 이 비를 통해 당시 중국 문화 수용을 확인할 수 있다.

   태종무열대왕릉의 높이는 7.03~9.57미터이고 폭은 36.57~38.29미터, 둘레는 112미터로 측정되었다. 규모로 보면 아주 큰 고분이라 할 수는 없다. 왕릉에는 자연석으로 호석을 둘렀는데, 그 호석들이 봉분 아래에 일부 노출되어 볼 수 있다.

태종무열대왕 (김)춘추는 누구인가

『화랑세기』를 통해 새롭게 알게 된 사실들이 많다. 그중에는 춘추에 대한 것이 있는데 출생 기록부터 볼 수 있다. 진평왕은 603년 그와 그의 두 형제 사이에 아들이 없자 큰딸 천명과 사촌인 용수를 혼인시켜 사위가 된 용수에게 왕위를 넘겨주기로 했었다. 천명과 혼인한 용수는 왕궁에 들어가 살게 되었다. 603년 용수와 천명 사이에서 춘추가 태어났다. 춘추는 태어날 때 이미 왕위를 이을 지위를 가졌던 것을 알 수 있다. 용수가 진평왕의 뒤를 이어 왕위에 오르면 춘추는 태자가 되어 그 다음 대의 왕이 될 위치에 있었다.

그런데 진평왕의 마음이 바뀌었다. 『화랑세기』에는 진평왕이 둘째 딸 선덕공주가 용봉의 자태와 태양의 위용이 점차 커져 왕위를 이을 만하게 되었다고 전한다. 그때 천명과 용수의 혼인을 주선한 마야황후도 죽었고, 왕위를 이을 만한 아들이 달리 없었다. 이에 612년에 이르러 진평왕은 천명공주에게 그 지위를 양보하도록 권했다. 천명공주는 효심으로 순종했다. 이에 그 지위를 양보하고 출궁했다.[7] 이로써 용수의 아들 춘추는 왕위 계승에서 멀어지게 되었다. 그러나 당시 성골 집단에는 아들이 없었기에 춘추는 왕위 계승자의 영순위로 볼 수 있었다. 김유신은 이러한 사실을 간파했다.

춘추는 왜 진골이었나

여기서 한 가지 짚고 넘어갈 사실이 있다. 선덕여왕과 진덕여왕의 뒤를 이어 왕위에 오른 춘추는 왜 진골이었는가 하는 문제다. 나는 성골은 왕과 그의 형제의 가족들이었다는 주장을 해 왔다. 그 원리에 따라 진지왕이 579년 폐위되면서 그와 그의 아들인 용수와 용춘은 성골에서 진골로 족강族降되어 신분이 떨어졌다. 한때 성골이었던 용수가 진평왕의 사위가 되어 왕궁에 들어가게 되었지만 그의 신분을 되돌릴 수는 없었다. 이에 진골인 용수와 성골인 천명공주 사이에서 출생한 춘추는 진골 신분이 될 수밖에 없었고 654년 왕위에 오른 후에도 마찬가지였다. [모델 2.5]를 만든 서울대 중심 관학파들은 지금까지 신라 골품제 구조를 파악하지 못했다. 그 결과 춘추가 진골인 이유도 제대로 설명할 수 없었다.

표 1 진흥왕의 아들들과 진지왕계의 족강

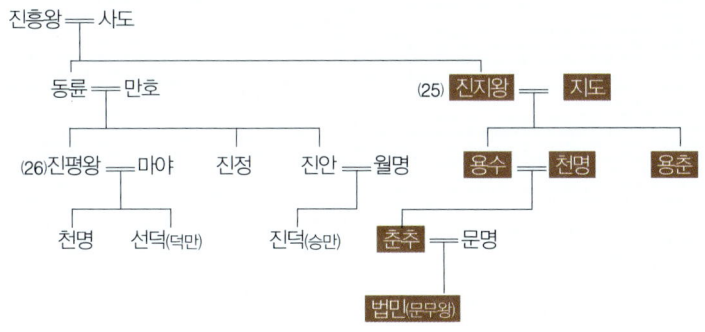

1. ▨▨▨ 표시한 인물들은 579년 진평왕 즉위로 인하여 성골에서 진골로 족강되었다.
2. 579년에 일어난 진지왕계의 족강은 춘추와 법민이 태어나기 전이었다.
3. 천명은 612년 출궁와 동시에 족강되었다.

---

7. 김대문 저, 이종욱 역주해, 『화랑세기』(이하 『화랑세기』라 한다), 13세 용춘공, 2005, pp. 222~223.

정치의 중심으로 다가선 춘추

주목할 사실은 춘추가 선덕여왕과 진덕여왕 시기에 이미 정치의 중심에 있었다는 점이다. 그보다 앞서 진평왕 대에 춘추의 정치적 위상을 말해 주는 자료가 있다. 『화랑세기』 15세 유신공 조에는 612년 김유신이 풍월주의 지위에 올라 날마다 낭도들과 더불어 병장기를 만들고 궁마를 단련했는데, 용춘(공)이 김유신을 사신私臣으로 발탁했다고 나온다. 당시 왕이 아닌 사람이 거느린 신하를 사신이라 했다. 그때 김유신은 나라의 은혜에 보답하는 데 시석을 피하지 않기로 맹세하고 따랐다. 용수(공) 또한 그 아들 춘추를 맡겼다. 그때 김유신은 크게 기뻐하며 "우리 용수공의 아들은 삼한의 주인三韓之主입니다."라고 말했다.[8] 여기서 김유신이 용춘의 사신이 되고 용수의 아들 춘추를 맡았던 시기는 분명치 않으나 진평왕 대(579~632)였던 것은 분명하다. 좀 더 분명히 말하자면 김유신이 풍월주로 있던 612년 이후였던 것은 사실일 것이다.

진평왕 재위 때 김유신이 춘추를 삼한의 주인이라고 한 까닭은 무엇이었을까? 두 가지 가능성을 생각할 수 있다. 하나는 진평왕과 그의 두 동생에게 아들이 없어 성골 남자로서 후계자를 구할 수 없는 사실이 분명했고, 이미 춘추가 왕위 계승을 할 위치에 있었기 때문일 수 있다. 다른 하나는 김유신 자신이 용수와 그 아들인 춘추 그리고 용춘과 긴밀한 관계에 있으며 후일 춘추를 왕으로 삼을 생각이었을 수 있다.

『화랑세기』를 보면 어느 경우든 용수와 용춘은 진평왕 대에 천명공주, 선덕공주와 관계를 가진 것을 알 수 있다. 그러한 지위는 선덕여왕 대 (632~647)에도 마찬가지였다. 춘추의 정치적 지위는 선덕여왕 대를 거쳐 진덕여왕 대에 이르면서 더욱 커진 것을 생각할 수 있다.

춘추의 왕위 계승

춘추가 왕위에 오른 것은 654년 3월 진덕여왕이 세상을 떠난 후였다. 당시 섭정을 하게 되었던 상대등 알천의 사양과 추천으로 춘추가 왕위에 올랐다. 춘추의 뒤에는 알천과 김유신 같은 칠성우가 있었다. 또한 칠성우의 아들들도 춘추를 중심으로 한 정치 세력이었다. 춘추는 612년 부모와 함께 출궁한 이후 43년간의 긴 기다림 끝에 왕위 계승을 하게 된 것이다.

춘추는 왕위에 오른 후 죽은 아버지를 문흥대왕으로 추봉하고 어머니를 문정태후로 삼았다. 원래 춘추의 아버지는 용수이고 어머니는 진평왕의 큰딸이었던 천명부인이었다. 용수가 죽으며 천명부인과 춘추를 그의 동생 용춘에게 주었던 것으로 나온다.[9] 따라서 누구를 문흥대왕으로 추봉했는지 궁금하다.『삼국사기』태종무열왕 즉위 조에는 아버지를 용춘(또는 용수)이라고 한다고 나와 있다. 따라서 용춘을 문흥대왕으로 삼았던 것으로 볼 수 있다.

한편 무열왕은 그의 아들들에게 관직과 관위를 준 바 있다. 655년에는 맏아들 법민을 태자로 삼고, 문왕을 이찬으로, 노차를 해찬으로, 인태를 각찬으로, 지경과 개원을 각각 이찬으로 삼았다. 이때 춘추의 둘째 아들 인문에게는 관위 부여를 하지 않았다. 그는 당나라에 머물고 있었던 것이다. 성골 왕 시대에는 왕이 그 아들들에게 관위를 부여하는 일에 관심이 없었다. 그들은 성골로서 충분히 신성함을 부여받았고 여러 가지

8.『화랑세기』, 15세 유신공, 2005, pp. 236~237.
9.『화랑세기』, 13세 용춘공, 2005, pp. 224~225.

지위를 독점할 수 있었다. 진골왕 시대를 열었던 무열왕은 그의 아들들에게 관위를 부여했고 나아가 관직을 주어 행정적 방법으로 왕정에 참여하도록 했다. 그와 같은 왕자들의 왕정 참여는 무열왕 집안의 지위를 정치적으로 강화하고 왕 자신의 정치적 지위를 강화하는 수단이 되었다. 그들 왕자들은 삼한통합 전쟁 과정에서 커다란 활약을 했다. 백제와 고구려를 멸망시키는 전쟁에 참여하고 당나라에 사신으로 가거나 숙위를 하는 임무를 수행하여 왕정의 주요 부분을 장악했다.

'신라길 1'의 제1처~2, 서악동 태종무열대왕의 직계 성골 왕들의 무덤

태종무열대왕릉 앞에서 태종무열대왕 춘추에 대한 이야기를 끝내고 그 서쪽에 있는 4기의 고분을 둘러보기로 한다. 이 4기 거대한 고분의 주인공들은 누구일까? 성골 왕 시대를 다루며 밝혀낼 일이지만 답사 과정에서 태종무열대왕의 직계 조상들을 찾는 일도 의미가 있고, 실제로 서악동 고분은 태종무열대왕릉과 같은 영역에 있어 여기서 다루기로 한다. 서악동 고분의 주인공을 찾을 단서가 있다. 태종무열대왕릉의 위치에 대해 『삼국사기』에서는 영경사의 북쪽에 장사 지냈다고 하고, 『삼국유사』에는 애공사 동쪽에 장사 지내고 비를 세웠다고 나온다. 태종무열대왕릉은 영경사와 애공사에서 가까운 위치에 있다는 것을 알 수 있다.

그런데 기록에서는 법흥왕(『삼국사기』에는 애공사 북봉, 『삼국유사』에는 애공사 북), 진흥왕(『삼국사기』에 애공사 북봉), 진지왕(『삼국사기』에 영경사 북, 『삼국유사』에 애공사 북)의 능에 대해 모두 애공사나 영경사를 기점으로 위치를 밝히고 있다. 이에 세 왕의 능을 추정할 근거가 있는 셈이다. 더하여 애공사와 애경사의 위치도 짐작하게 되었다(표 2).

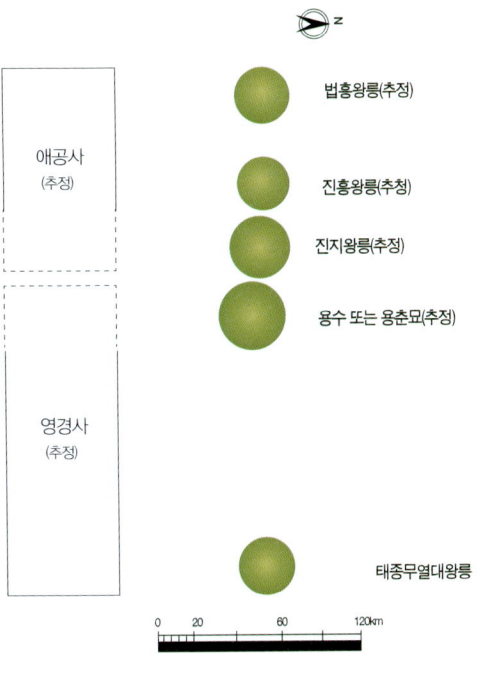

표2 서악동 고분군

    그동안 태종무열대왕릉 서쪽 4기 고분의 주인공을 찾는 작업이 있었다. 그중 강인구 교수의 추정이 가장 타당한 것으로 생각된다.[10] 그는 서쪽에서부터 법흥왕릉, 진흥왕릉, 진지왕릉, 문흥대왕(용춘)릉으로 추정하고 있다. 문흥대왕은 진지왕의 둘째 아들 용춘인데 나는 동쪽의 능은 용춘이 아니라 진지왕의 맏아들인 용수의 능이라고 본다. 용수와 용춘

---

10. 강인구, 「신라왕릉의 재검토(1)」, 『고분연구』, 2000, pp. 418~428.

은 지금까지 동일인이라 여겨 온 것이 사실이기에 강인구 교수의 추정이 잘못이라고 할 수는 없다. 그러나 『화랑세기』에 따르면 무열왕 김춘추는 진지왕의 맏아들 용수와 진평왕의 맏딸 천명공주 사이에 출생했다. 용수는 김춘추의 친아버지였던 것이다. 따라서 동쪽의 무덤은 구체적으로 따지자면 문흥대왕 용춘이 아닌 용수의 무덤이 된다고 보는 것이다.

  서악동 고분들 중 태종무열대왕릉은 상대적으로 규모가 작다. 그러나 백제를 멸망시킨 무열왕의 무덤을 크게 만들지 않았다고 하여 그의 업적이 줄어드는 것은 아니다. 오히려 무열왕과 문무왕 때의 신라는 고분을 크게 만들어 왕의 존엄성을 나타내던 시기는 지났던 것을 알아둘 필요가 있다. 이 시기에 신라는 보다 행정적이고 정치적인 방법으로 왕의 지위와 권력을 강화시켜 나갔다. 그중에는 보다 발전한 율령 체제가 있다.

  위와 같은 추정을 통해 서악동 고분의 주인공들을 찾아보았다. 서악

서악동 고분군

동 4기 고분의 주인공들은 성골 신분이었다. 그리고 그들은 무열왕-용수-진지왕-진흥왕-법흥왕으로 거슬러 올라가는 가계를 이루고 있는 것을 생각할 수 있다.

김유신, 그가 없었다면 춘추와 대신라도 없었다

'신라길 1'의 제1처~3, 김유신 장군 묘

'신라길 1'에서는 무열왕릉 답사를 마치고 거리상으로 가까운 충효동의 김유신 장군 묘를 찾는다. 묘는 봉분의 지름이 18미터, 높이가 5미터 정도에 이르는 원형봉토분이다. 봉토의 둘레에는 호석을 둘렀고 그 밖에는 난간을 둘렀다. 봉분의 둘레에는 95센티미터의 호석을 세웠는데 한 칸 건너 평복을 입고 무기를 든 12지신상을 세웠다. 『삼국유사』에서 김유신 묘는 서산(西山) 모지사 북쪽에 있으며 동으로 뻗은 봉우리에 있다고 했다.

김유신 장군 묘의 진위에 대한 논쟁이 있어 왔다. 이와 관련하여 김유신에 대한 흥무대왕 추봉을 주목할 필요가 있다. 『삼국사기』 「열전」 유신(하)에는 42대 흥덕왕(826~836)이 김유신을 봉하여 흥무대왕이라 한 것으로 나온다. 또한 『삼국유사』에는 54대 경명왕(917~924)이 김유신을 흥무대왕으로 추봉한 것으로 나온다. 흥무대왕을 추봉한 시기가 언제인지 단정하기 어려우나 흥덕왕 대로 보면 어떨까 한다.

원래 673년 김유신이 세상을 떠났을 때 축조되던 묘제와 현재 김유신 장군 묘의 양식은 다른 것이 사실이다. 그러나 흥무대왕으로 추봉되었을 때 묘제는 현재 김유신 장군 묘의 그것과 큰 차이가 없다. 실제로 41대 헌덕왕릉이나 42대 흥덕왕릉과 비교하여 봉토와 호석의 모습은 크게 차이가 나지 않는다. 이 경우 흥덕왕 대에 김유신을 흥무대왕으로 추봉追封하면서 그의 무덤을 당시 유행한 새로운 양식에 따라 고쳐 만든 것일 수도 있겠다.

그런가 하면 또 다른 견해가 있다. 태종무열대왕과 한평생을 함께한 김유신 장군의 무덤이 태종무열대왕릉 근처에 있었을 가능성이다. 그리고 원래 김유신 장군 묘는 태종무열대왕릉과 그 양식이 비슷했을 가능성이 있다. 현재 김유신 장군 묘로 알려진 고분은 신라 하대(下代, 37대 선덕왕~56대 경순왕) 어떤 왕의 능일 수 있다는 것이다. 현재로서는 어떤 가능성이 타당한지 단정하기 어렵다. 김유신 장군 묘의 위치에 대한 논란은 남아 있다. 그런데 우리는 김유신 장군이 한국인을 만드는 데 누구보

김유신 장군 묘

다 큰 역할을 했다는 점에 주목해야 한다.

김유신은 누구인가

관학파들이 만든 [모델 2.5]는 김유신을 가야계 신흥귀족이라고 본다. 그와 같은 신흥귀족 김유신은 소외된 귀족 춘추와 결탁하였고 이를 통해 춘추가 왕위에 올랐다고 하지만, 김유신을 신흥귀족으로 보는 것은 타당하지 않다.

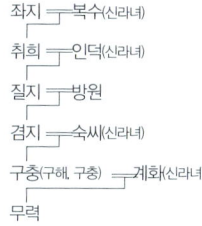

표3 구충(구해)의 가계

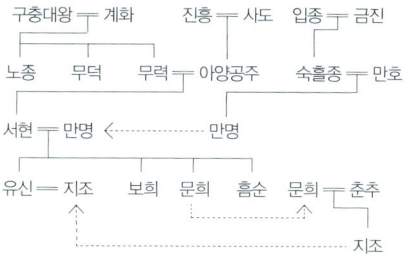

표4 김유신의 계보도 – 신라 왕실과 관계

먼저 김유신의 계보를 보자. 김유신의 증조 구충(구해, 구형)은 가락국의 마지막 왕으로 세 아들과 함께 532년에 신라에 항복했다. 무력은 구충의 막내아들이었다. 구충을 포함하여 그의 고조부터 신라 여자들을 왕비로 맞이했다. 구충의 할아버지 질지도 신라 여자를 왕비로 맞이하여 선통을 낳고 그를 태자로 삼았으나 일찍 죽었다. 이에 가야의 여자를 얻어 아들 겸지를 낳았다. 김유신의 증조 구충이 신라에 항복할 때 그는 신라인의 피를 더 많이 갖고 있었다. 그 결과 신라인들은 구충과 그 아들들을 진골로 받아들였던 것이다.

구충의 아들 무력은 24대 진흥왕과 사도왕후 사이에서 출생한 아양공주와 혼인했다. 진흥왕이 무력을 사위로 삼은 것이다. 김유신의 아버지 서현은 진흥왕의 외손자였다. 김유신의 어머니 만명부인은 진흥왕의 손녀이고 진흥왕의 어머니인 지소태후의 외손녀였다. 만호태후(진평왕의 어머니이고 동륜태자의 부인)가 서현과 만명 사이의 혼인을 반대하였다고 하여 서현이 신흥귀족이라고 한 것이다. 그러나 만호태후가 서현과 만명의 혼인을 반대한 것은 김유신의 집안이 신흥귀족이기 때문이 아니라 그보다는 만명과 만호가 인통姻統이 달랐기 때문이다.

인통은 여자에서 여자로 이어지는 계통을 뜻하며 원래는 왕비를 공급하는 기능을 갖고 있었다. 부계제 사회인 신라에서 종족의 성원권은 아버지에게서 아들로 이어지는 원리가 있었다. 인통은 그와 같은 원리를 거울에 비춘 것과 같은 원리로 어머니에게서 딸로 이어진 계통이었다. 당시 인통은 대원신통과 진골정통의 두 계통이 있었다. 부계계승의 원리에서 여자도 한 대에 한하여 아버지의 성원권을 가졌던 것과 같이 인통의 계승에서 남자들은 한 대에 한하여 어머니의 인통을 이었다.

만호는 진골정통이었기에 그 딸이자 김유신의 어머니인 만명도 진골정통이었다. 한편 진흥왕의 왕비였던 사도왕후가 대원신통이었기에 그 딸 아양공주가 대원신통이었다. 그 결과 아양공주의 아들 서현도 대원신통이었다. 진골정통인 만호태후는 자기 딸 만명이 대원신통인 서현과 혼인하는 것을 원치 않았다. 한편, 서현과 만명이 만노군으로 도망하여 살았는데 김유신이 태어난 후 만호태후가 그가 보고 싶어 왕경으로 그들을 돌아오도록 하여 김유신을 보고 기뻐하며 "이는 참으로 나의 손자다."라 했다고 한다.[11]

『화랑세기』에는 심지어 가야계 세력으로 신라의 지배 세력이 되었던 사람들이 일찍부터 가야파를 형성한 사실이 나와 있다. 특히 화랑도에서 가야파가 하나의 세력을 형성하고 있었다. 서현의 어머니 아양공주는 가야파 무력과 혼인했고 그로 인해 가야파의 태양이 되어 그들을 도왔다.[12] 김유신은 구충-무력-서현으로 이어지는 가야파의 계통을 이었다. 그의 아버지는 대원신통이었고, 어머니는 진골정통이었다.

김유신은 결코 신흥귀족이 아니라 532년 신라에 귀부해 온 가락국의 마지막 왕 구충의 증손으로 오랜 기간 신라 안에서 지배 세력으로 지위를 확보하였다. 김유신은 612년 열여덟 살에 풍월주가 된 후 낭도들에게 "우리나라는 동해에 치우쳐 있어 삼한을 통합할 수 없다. 이것이 부끄러운 일이다. 어찌 구차하게 골품과 낭도의 소속을 다투겠는가? 고구려와 백제가 평정되면 곧 나라에 외우가 없을 것이니, 가히 부귀를 누릴 수 있다. 이것을 잊으면 안 된다."고 말했다.[13] 김유신은 풍월주의 지위를 보종공에게 물려준 후 낭도들에게 일러 말하기를 "너희들이 선仙을 배우고자

---

11. 『화랑세기』, 15세 유신공, 2005, pp. 234~235.
12. 『화랑세기』, 11세 하종, 2005, pp. 186~187.
13. 『화랑세기』, 15세 유신공, 2005, pp. 236~237.

하면 마땅히 보종형공을 따라야 하고, 나라를 지켜 공을 세우려면 마땅히 나를 따라야 할 것이다."라고 하였다.[14] 김유신은 일찍부터 신라인으로서 고구려·백제를 평정할 생각을 가졌고, 호국할 생각을 갖고 있었던 것이다.

춘추가 그의 딸 고타소가 백제 장군 윤충에 의하여 죽었던 일을 계기로 백제를 멸망시킬 생각을 갖게 된 것으로 생각할 가능성이 있다. 그런데 김유신을 보면 삼한통합 수십 년 전부터 이미 신라 사람들이 두 나라를 평정할 생각을 갖고 있었던 것을 알 수 있다.

평생 춘추를 모신 김유신

김유신은 595년에 태어났고 춘추는 603년에 태어났다. 그런데 김유신은 612년 이후 평생 춘추를 지켰고, 654년에는 춘추를 왕위에 올렸다.

642년 춘추가 고구려에 청병하러 갈 때 춘추와 유신은 손가락을 깨물어 피를 마시며 맹세한 일이 있다. 유신이 춘추가 60일 이내에 돌아오지 못하면 고구려와 백제 왕의 뜰을 짓밟겠다고 한 것이 그것이다. 실제로 춘추가 60일이 지나도 돌아오지 않자 유신은 용사 3천 명[15]을 선발하여 출동하려 했다. 그때 고구려 첩자인 승려 덕창이 고구려 왕에게 이 사실을 알렸다. 고구려 왕은 춘추가 죽령 이북의 땅을 돌려줄 것을 약속했고 이 같은 첩자의 보고도 있어 춘추를 후히 대접하여 돌려보냈다.

춘추와 유신의 이야기는 개인적인 관계에서 나온 것이지만 한 걸음 나아가 생각하면 그것은 결과적으로 국가를 위한 일이었다.

김유신은 왕이 아니었지만 후일 흥무대왕으로 추봉되었던 것으로 미루어 특별하게 대우받은 것을 알 수 있다. 『삼국유사』 만파식적 조를 보면 682년에 일관 김춘질이 문무왕에게 아뢰기를 "대왕의 아버님께서 지금 바다의 용이 되어 삼한을 진호하시고 또한 김유신은 삼십삼천의 한 아들로 지금 세상에 내려와 대신이 되었습니다."[16]한 것을 볼 수 있다. 신라인들이 김유신을 삼십삼천의 한 아들로 보았던 것이다.

그러한 사정은 당나라에서도 찾아볼 수 있다. 신문왕 때 당나라 고종이 춘추의 시호를 태종무열왕이라고 한 것에 대하여 당 태종이 태종이라 했는데 신라에서 중국 천자의 칭호를 참람하게 썼다고 하여 칭호를 고치도록 요청한 바 있다. 그때 신문왕은 "신라는 비록 작은 나라지만 거룩한 신하 김유신을 얻어 삼국을 하나로 다스리게 되었기에 태종이라 했다."고 답했다. 당 고종은 그 글을 보고 생각이 나서 태자로 있을 때 하늘에서 삼십삼천의 한 사람이 신라에 태어나서 김유신이 되었다고 한 것을 책에 기록해 둔 것을 생각하여 꺼내 보고 놀라 마지않았다고 한다. 이에 사신을 보내 태종의 칭호를 고치지 말도록 한 것으로 되어 있다.[17]

신라와 당나라 모두 김유신을 삼십삼천의 아들 또는 한 사람으로 본 점에서 그는 특별한 인물이었다고 추측할 수 있다.

---

14. 「화랑세기」, 16세 보종공, 2005, pp. 250~251.
15. 「삼국사기」 41, 「열전」 1에는 3천 명으로 나오고 있으나, 「신라본기」 5에는 1만의 사사(死士) 즉 결사대로 나오고 있다.
16. 「삼국사기」 2, 「기이」 2, 만파식적.
17. 「삼국사기」 2, 「기이」 2, 태종춘추공.

대왕암

고구려 정복으로 삼한통합을 완성한 문무왕

'신라길 1'의 제1처~4, 대왕암

경주시 양북면 봉길리 해변에서 200미터 정도 떨어진 바다에 문무대왕릉인 대왕암이 있다. 대왕암에는 동서남북으로 십자형의 수로가 나 있어 파도가 치면 물이 흐른다. 수로의 중간에는 연못이 있다. 연못 안에는 2~3미터 정도의 거북 모양 돌이 놓여 있다. 이 같은 구조는 분명 사람의 손길이 만든 것이다.

    대왕암은 원래부터 문무대왕릉으로 알려져 있던 곳이다. 『삼국사기』에는 문무왕이 재위 21년(681) 7월 1일 세상을 떠났을 때, 시호를 문무文武

라 하고 군신들이 동해 어귀의 큰 바위 위에 장사 지냈다고 한다. 세간에서는 왕이 용으로 변했다고 전해 오며 그 돌을 가리켜 대왕석이라 불렀다.[18] 한편 『삼국유사』「만파식적」조에 인용된 감은사 절 기록에는 대개 유언으로 왕의 유골을 장사 지낸 곳을 대왕암이라 한다고 나와 있다.[19] 대왕암은 신라는 물론이고 고려·조선을 거치며 문무왕의 능으로 알려져 온 것이 사실이다.

여기서 문무왕의 유조遺詔 즉, 아랫사람에게 내린 유언을 다소 길지만 제시한다.

---

18. 『삼국사기』 7, 「신라본기」 7, 문무왕 21년.
19. 『삼국유사』 2, 「기이」 2, 만파식적.

나는 국운이 마침 어지럽고 전쟁하는 시대를 당하여 서쪽(백제)을 정벌하고 북쪽(고구려)을 토벌하여 능히 강토를 평정하고 반역한 자를 치고 협조한 자를 불러와서 드디어 먼 곳과 가까운 곳을 편안하게 하였다. 이로서 위로는 조종(祖宗, 즉 임금의 시조와 중흥의 조상들)이 돌보아 주심을 위로하고 아래로는 백성들의 아비와 아들의 오랜 원한을 갚아 주었고, 전쟁에서 살아남은 사람과 죽은 사람을 널리 추상하고, 내외에 관직을 고루 나누어 주었으며, 병기를 녹여 농구를 만들어 백성들을 인수의 경지로 이끌었다. 또 부세를 가볍게 하고 요역을 덜어 주니 집집이 넉넉해지고 사람마다 풍족해져서 민간이 안정되어 나라 안에 걱정이 없어졌으며 창고는 언덕과 산처럼 쌓이고 감옥은 텅 비어 풀이 무성해졌으니, 어두운 곳이나 밝은 곳에 부끄러움이 없었으며, 선비들에게 저버림이 없었다고 할 수 있겠다.

그러나 스스로 어려운 고생을 무릅쓰다가 드디어 고치기 어려운 병에 걸리고 정치와 교화에 대하여 근심하고 애를 쓰다가 다시 심한 고질에 걸렸다. 명운은 가더라도 이름이 남는 것은 고금에 한결같은 법칙이니, 문득 지하에 돌아간들 무슨 여한이 있겠는가? 태자는 일찍 일월의 덕을 쌓아서 오래도록 태자의 자리에 있었으니, 위로는 여러 재상들로부터 아래로는 뭇 신료들이 가는 사람을 보내 주는 의리를 어기지 말고 있는 사람을 잘 섬기는 예절을 빠뜨리지 말라. 그리고 종묘의 주재자는 잠시라도 비울 수 없으니 태자는 곧 널 앞에서 왕위를 이어 오르도록 하라.

또 산골짜기는 변하고 세대는 변하고 옮아가니, 저 오왕의 북산 무덤에서 어찌 금향로의 광채를 볼 수 있을 것이며, 위주의 서릉을 바라보는 것도 오직 동작대의 이름만을 듣게 되는 것이다. 옛날에 만기를 다스리던 영주도 마침내 한 무더기의 흙을 이루게 되고 초동과 목동들은 그 위에서 노래를 부르며, 여우와 토끼들은 그 옆에 구멍을 뚫고 사니, 한갓 재물만 허비하고 비방을 서책에다 끼칠 뿐이며, 헛되이 인력만을 괴롭히고 죽은 사람의 넋을 구제하지 못하는 것이다. 가만히 생각하면 마음이 상하고 아픔이 그지없으니 이와 같은 것들은 나의 즐겨하는 바가 아니다.

내가 임종한 후 열흘이 되거든, 곧 궁문 밖 뜰에서 인도의 의식에 따라 불로써 태워 장사할 것이다. 상복의 가볍고 무거움은 스스로 일정한 등차가 있거니와 상례의 제도는 힘써 검소하고 절약한 데 좇을 일이다. 변경의 성읍을 지키는 일과 주·현에 세를 부과하는 일은 일을 처리함에 있어 요긴한 것이 아니면 모두 마땅히 요량하여 없앨 것이며, 율령격식에 불편한 것이 있으면 곧 개장하라. 원근에 널리 알려 이 뜻을 알도록 할 것이며, 주관하는 이는 이를 시행토록 하라!

『삼국사기』 7, 「신라본기」 7, 문무왕 21년

이 유언을 통하여 681년 당시 신라의 상황을 그려볼 수 있다. 삼한통합을 이룬 신라의 여유로움과 문무왕 개인의 여러 가지 생각이 새로운 모습으로 다가온다. 매년 입하에 이견대에서는 후손들이 향사를 지낸다.

법민(문무왕)의 활동

태종무열왕의 장자 법민은 후에 세상을 떠난 뒤 문무왕을 시호로 하였다. 삼한통합 과정에서의 문무왕을 살펴보자. 그는 진덕여왕 4년(650) 왕

대왕암이 내려다 보이는 이견대에서 문무왕에게 드리는 제사 장면

이 당 황제에게 보내는 「오언태평송」을 가지고 당나라에 사신으로 갔었다. 무열왕 2년(655) 3월에 태자가 되었다. 무열왕 7년(660) 당나라에서 13만 군대를 실은 많은 배들이 동쪽으로 오자 6월 21일 왕은 태자 법민을 보내 병선 100척을 거느리고 덕물도에서 당나라의 총사령관 소정방을 맞이하였다. 그때 소정방이 법민에게 말했다. "나는 7월 10일에 백제 남쪽에 이르러 대왕의 군대와 만나 의자왕의 도성을 무너뜨리고자 한다."

이에 법민이 말했다. "지금 대왕은 서서 대군을 기다리고 계십니다. 대장군이 왔다는 보고를 들으면 새벽같이 오실 것입니다." 정방이 기뻐하며 법민을 돌려보내 신라의 병마를 징발케 하였다.

법민이 돌아와 소정방의 군세가 매우 성하다는 말을 하자 왕은 매우 기뻐했다. 이때 무열왕은 태자 법민과 대장군 김유신, 장군 품일과 흠춘(흠순) 등에게 명하여 정병 5만을 거느리고 당나라 군대와 공동 작전을 하도록 명했다.

　법민의 활동은 계속되었다. 7월 13일 밤 의자왕은 좌우 측근을 데리고 웅진성으로 도망하고 그의 아들 부여륭이 대좌평 천복 등과 함께 사비성에서 나와 항복했다. 그때 법민이 부여륭을 말 앞에 꿇어앉히고 얼굴에 침을 뱉으며 꾸짖어 말했다.

　"전일 너의 아비가 나의 누이동생을 부당하게 죽여 옥 안에 묻었다. 때문에 20년 동안 내 마음을 아프게 하였으며 머리를 앓게 하였다. 오늘 네 목숨은 내 손안에 있다."

　부여륭은 땅에 엎드려 아무 말을 하지 못했다. 그 후에도 태자 법민은 백제의 잔적을 물리치는 전투나 고구려와의 전쟁에 참전했다.

문무왕의 즉위

법민이 왕위를 이은 것은 신라의 행운이었다. 그는 준비된 왕이었다. 법민은 650년 당나라에 가서 당 고종을 만난 일이 있다. 그는 당나라와의 관계를 적극적으로 활용할 준비를 했던 것이다. 또한 법민은 무열왕 원년(654) 파진찬으로 병부령에 임명되었다. 그는 백제와 고구려를 멸망시키는 전쟁의 중심에 있었다. 그리고 655년 2월에 태자가 되었고 무열왕 8년(661) 6월 왕이 세상을 떠나자 왕위에 올랐다. 이후 668년 고구려의 멸망까지 전쟁을 이끈 장본인은 바로 문무왕이었다. 신라로서는 문무왕이라는 인물을 만나 고구려를 멸망시킬 수 있었던 것이다.

삼한통합과 춘추에 대한 [모델 2.5]의 역사 왜곡

당시 신라·고구려·백제 사람들은 그들이 단일민족이라는 의식이 없었다. 삼국 사람들을 단일민족으로 만든 것은 관학파들이 만든 [모델 2.5]였다. 나는 이미 그들이 민족 공조를 해야 하는 민족이 아닌 종족(중국인, 일본인과 다른)이었음을 이야기했다.[20]

[모델 2.5]가 발명해 낸 민족사에 따르면 신라가 삼한을 통합한 것이 잘못된 일이라고 한다. 고구려가 신라와 백제를 통합했다면 한국사의 무대는 대륙이었을 것이라는 생각이 깔려 있는 것이다. 그 과정에 고구려의 연개소문은 중국의 침입을 막아 민족을 지켜 낸 영웅으로 보고 있고, 당나라에 청병을 하여 백제를 멸망시킨 춘추는 반민족적 행위를 한 매국노로 보고 있다. 그러나 연개소문은 쿠데타를 통해 왕을 비롯하여 많은 대신들을 죽이고 정권을 장악하였으며 그로 인해 고구려의 국력이 분열되어 결국 신라와 당의 연합군에 의하여 나라가 멸망되기에 이르렀다는 것이 실제 역사다. 그와 달리 춘추는 국론을 통일한 후 고구려와 백제의 침략을 물리치기 위해 당나라와도 외교적인 결탁을 해 결국 고구려·백제를 멸망시키고 신라라는 나라를 지켜 낸 역사적 인물이다.

삼한통합은 한국·한국인의 운명을 결정한 사건이었다. 신라의 삼한통합은 한국 역사상 가장 큰 사건이 아닐 수 없다. 백제나 고구려가 삼한통합을 했다면 한국·한국인의 역사는 전혀 다른 모습일 것이다. 역사적으로 그것은 현재 남한과 북한의 통일보다 더 큰 역사적 의미를 지닌 것일 수 있다. 하나의 장을 설정하여 삼한통합에 대한 이야기를 하지 않을 수 없는 이유가 있다. 다름 아니라 신라의 삼한통합은 현재 한국·한국인의 오리진이 고구려나 백제가 아닌 신라에 있도록 만든 사건이기 때문이다.

춘추에 대한 [모델 2.5]의 오류

[모델 2.5]는 춘추를 소외된 귀족으로 보지만 그것은 틀린 평가이다. 춘추의 아버지는 용수였고 어머니는 진평왕의 큰딸 천명부인이었다. 용수는 진평왕 44년(622) 2월 대궁·양궁·사량궁에 각기 있던 내성 사신을 통합하여 용수를 임명했다. 내성은 왕실의 업무를 관장하던 관부로 그 장인 사신은 왕실과 가까운 위치에 있던 사람이 임명되었다. 용수는 결코 소외된 세력일 수 없었다.

그런가 하면 『화랑세기』에는 진평왕에게 적자가 없어 용수를 사위로 삼아 왕위를 물려주려 했던 사실이 나온다. 용수가 그의 동생 용춘에게 그러한 사실을 의논했다. 용춘은 진평왕의 나이가 한창 때이므로 후사가 생기면 불행해질까 염려된다고 하자 용수는 사위가 되는 일을 사양했다. 그러나 마야황후가 들어주지 않고 용수를 진평왕의 사위로 삼았으니 곧 진평왕의 장녀인 천명공주의 남편이 된 것이다.

이러한 사실을 보면 춘추의 아버지 용수는 진평왕의 사위가 되어 왕위 계승까지 할 수 있는 위치였던 것을 알 수 있다. 그런가 하면 진평왕과 용수는 4촌 간이었다는 사실도 확인할 수 있다.

삼한통합의 중심 세력은 당나라였다

668년 9월 고구려를 멸했을 때 신라의 병사들이 모두 말하기를 정벌을

---

20. 이종욱, 『역사충돌』, 2003, pp. 226~241. 이종욱, 『민족인가, 국가인가』, 2006.

시작한 지 9년이 지나 인력이 다했는데 마침내 두 나라를 평정하여 여러 대의 오랜 숙원을 이루었다고 했다. 신라 병사들이 말한 9년 전쟁은 660년 7월 백제를 멸한 전쟁에서 668년 9월 고구려를 멸한 전쟁까지를 가리킨다. 이 기간 동안 신라는 모든 것을 다해 백제와 고구려를 멸하는 전쟁을 치렀다.

그런데 신라는 또 한 차례의 9년 전쟁을 치르지 않을 수 없었다. 660년 7월 13일 의자왕의 아들 부여륭의 항복을 받고, 18일 의자왕의 항복을 받았던 백제 정복 전쟁에서 당나라는 수륙군 13만 명을 동원했고, 신라는 5만 명을 동원하였다. 전쟁의 결과 660년 9월 13일 당나라 장군 소정방은 백제의 왕과 왕족, 신료 93명과 백성 1만 2,000명을 데리고 사비에서 배를 타고 당나라로 돌아갔다.

668년 9월 21일 고구려 보장왕의 항복을 받는 전쟁에서는 당나라 군대와 신라 군대가 합동 작전을 폈다. 그때 고구려 왕의 항복을 받은 주인공은 당나라 장군 이적이었다. 이적은 보장왕과 왕자 복남과 덕남, 대신 등 20만 명을 이끌고 당나라로 돌아갔다. 신라 문무왕은 고구려인 7,000명을 이끌고 왕경으로 돌아왔을 뿐이다. 고구려를 멸망시킨 전쟁에 동원한 병력의 수는 분명치 않으나 백제를 멸망시킨 전쟁보다 많은 병력을 당나라에서 동원한 것을 생각할 수 있다.

당나라는 백제와 고구려 지역에서 물러나지 않고 그 지역을 장악하려 했다. 심지어 신라까지 지배하려 했다. 이에 신라는 668년부터 676년까지 당나라를 물리치는 또 한 차례의 9년 전쟁을 치를 수밖에 없었다.

백제와 고구려를 멸망시킨 전쟁의 중심 세력은 신라가 아니라 당나라였던 것을 생각할 수 있다. [모델 2.5]는 이와 같은 사실을 은폐해 왔다. [모델 2.5]는 신라가 2차 9년 전쟁을 통하여 한반도를 지배하려는 당나라의 의도를 무너뜨렸다는 사실만 강조해 왔다.

 그렇더라도 당나라를 주축으로 한 군사력으로 백제와 고구려를 정복한 결과 옛 백제와 고구려인의 피가 신라인의 피와 섞인 것은 사실이다. 그러나 신라가 한반도의 주인이 될 수 있었다.

2. 춘추와 삼한통합

642년 춘추의 다짐

삼한통합의 단서를 열었고 실제로 백제를 정복한 인물은 누가 뭐라 해도 김춘추였다. 특히 나는 삼한통합의 직접적 출발점으로 642년 춘추의 행적을 주목한다. 춘추가 백제를 멸망시키려는 다짐을 한 것은 642년의 한 사건이었기 때문이다. 그 전말을 보겠다.

641년 3월 백제 무왕이 세상을 떠나고 태자 의자가 왕위에 올랐다. 의자왕은 뛰어나고 용감했으며 담력이 있고 결단력이 있었다. 왕위에 오른 이듬해 친히 군사를 거느리고 신라를 쳐서 미후성 등 40여 성을 함락했다. 그해 8월에는 장군 윤충을 보내 군사 1만 명을 거느리고 신라 대야성을 공격했다. 성주 품석이 처자와 함께 항복하자 그 머리를 베어 백제의 왕도로 보내고 남녀 1천 명을 사로잡아 백제 서쪽의 주현에 나누어 살게 했다. 또한 백제 병사를 대야성에 남겨 두어 성을 지키게 했다. 의자왕은 윤충의 공을 표창하여 말 20필과 곡식 1천 섬을 주었다.[21]

선덕여왕 11년(642) 8월 대야성 전투에서 죽은 품석의 아내 고타소는 춘추의 딸이었다. 고타소는 춘추의 첫 번째 부인인 보라 궁주 사이에서 출생한 딸이었다. 김유신의 누이동생 문희는 보라 궁주가 죽은 후 정궁 부인이 되었던 것이다. 이러한 사정은 『화랑세기』 18세 춘추공 조를 통하여 알 수 있다.[22]

춘추는 딸의 죽음을 듣고 기둥에 기대서서 종일 눈도 깜빡이지 않았고 사람이나 물건이 앞을 지나쳐도 알지 못하였다. 그 얼마 후 "아! 대장부가 어찌 백제를 삼키지 못하랴?" 하였다. 곧 선덕여왕을 찾아가 자신이 고구려에 사신으로 가서 청병을 하여 백제에 원수를 갚고자 한다고 하여 허락을 받았다.

고타소의 죽음은 춘추로 하여금 백제를 멸망시킬 결심을 하게 만들었던 것을 알 수 있다. 그런데 의자왕의 백제는 642년에 이미 지리산을 넘어 신라의 서쪽 40여 성을 함락하고 대야성(현재의 합천)까지 차지하였다. 이는 신라의 위기를 뜻한다. 춘추가 백제를 멸망시킬 각오를 하지 않더라도 신라 사람은 백제의 침략을 막기 위해 그런 생각을 해야만 했다.

춘추의 청병을 위한 고구려행

그 무렵 고구려에는 정치 변란이 있었다. 642년 10월 연개소문이 영류왕 건무를 죽인 후 보장왕을 세우고 정권을 장악한 쿠데타가 있었다. 『삼국사기』에는 춘추가 만난 고구려 지배자가 보장왕으로 나온다. 그러나 실

---

21. 『삼국사기』 28, 「백제본기」 6, 의자왕 2년.
22. 『화랑세기』, 18세 춘추공, 2005, p. 263.

제는 연개소문이 춘추를 만났다. 결과적으로 춘추의 고구려에 대한 청병은 실패하였다. 그러나 여기서 춘추가 고구려에 들어가서 청병하는 과정에 벌어진 일을 잠시 보는 것은 의미가 있다.

춘추가 고구려에 청병하러 간 사실은 『삼국사기』 「신라본기」 선덕왕 11년(642)조, 「고구려본기」 보장왕 즉위조, 「열전」의 김유신조에 나온다. 그중 김유신조에 나오는 이야기를 살펴보자.

> 선덕대왕 11년에 백제가 대량주를 격파하였는데 그때 춘추의 딸 고타소(랑)가 품석을 따라 죽었다. 춘추가 이를 한스럽게 여겨 고구려에 청병하여 백제에 대한 원한을 갚으려 하자 왕이 이를 허락했다.
> 춘추가 떠나려 할 때 김유신에게 말하기를 자신은 유신과 한 몸이고 나라의 팔과 다리라고 하며 "지금 내가 만약 고구려에 들어가 해를 당하면 그대는 가만히 있겠는가?" 물었다. 유신이 답하기를 "공이 가서 돌아오지 않는다면 저의 말발굽이 반드시 고구려·백제 두 왕의 뜰을 짓밟을 것입니다. 진실로 그와 같이 하지 않는다면 장차 무슨 면목으로 국인들을 대하겠습니까." 했다. 춘추가 감격하고 기뻐하여 유신공과 더불어 손가락을 깨물어 피를 마시며 함께 맹세하며 말했다. "내가 날짜를 계산해 보니 60일이면 돌아올 것이다. 만일 이 기일이 지나도 돌아오지 않으면 곧 다시 만날 기회가 없을 것이다." 했다. 마침내 서로 이별했다. 뒤이어 유신이 압량주 군주가 되었다.
> 춘추가 사간 훈신과 함께 고구려를 찾아갈 때 대매현에 이르렀는데 현의 사람인 사간 두사지가 청포 300보를 주었다. 고구려 경내에 들어가니 고구려 왕이 태대대로 개금(연개소문)을 보내 숙소를 정해 주게 하고 연회를 베풀어 특별히 대우했다. 어떤 사람이 고구려 왕에게 고하여

말하기를 "신라 사신은 보통 사람이 아닙니다. 이번에 온 것은 아마 우리의 형세를 살피려는 것 같으니 왕은 도모하시어 후환이 없게 하십시오." 했다.

고구려 왕은 춘추를 곤란하게 하기 위해 죽령은 본래 고구려 땅이니 돌려주지 않으면 돌아갈 수 없다고 말했다. 춘추가 답하기를 "국가의 토지는 신하가 마음대로 할 것이 아닙니다. 신은 감히 명령을 따를 수 없습니다." 했다. 고구려 왕이 노하여 그를 가두고 죽이려 했으나 미처 처형하지 않았는데 춘추가 청포 300보를 몰래 왕이 총애하는 신하 선도해에게 주었다.

선도해가 음식을 차려 와 함께 술을 마셨는데 술이 오르자 선도해가 농담처럼 말했다. 그는 토끼와 거북이 이야기를 했다. 동해 용왕의 딸이 심장병을 앓았는데 의원의 말이 토끼의 간을 얻어 약을 지으면 병을 고칠 수 있다고 했다. 바다에는 토끼가 없어 어찌할 수 없었는데 거북이 한 마리가 자청하여 육지로 나와 토끼를 만나 바다 가운데 섬이 있는데 살기 좋은 곳으로 만약 토끼가 가기만 하면 아무 걱정 없이 살 수 있다고 했다. 거북이는 토끼를 등에 업고 2~3리쯤 헤엄쳐 가다가 토끼에게 용왕의 딸이 병이 들었는데 토끼의 간이 약이 된다 하여 너를 업고 가는 것이라 했다. 이에 토끼는 자기가 신명의 후예로 오장을 꺼내어 씻어 넣을 수 있다고 하며 일전에 속이 불편하여 간과 심장을 씻어 바위 위에 두었는데 네 말을 듣고 오다 보니 간이 아직 그곳에 있어 돌아가 간을 가져오겠다고 했다. 토끼는 거북이가 구하는 것을 얻고 자기는 간이 없이 살 수 있으니 서로 좋은 일이라 했다. 거북이가 그 말을 듣고 되돌아와 해안에 이르자 토끼가 풀 속으로 도망가며 거북이에게 "너는 어리석기도 하다. 간 없이 사는 자가 있겠느냐?" 하니 거북이는 아무 말도

하지 못하고 물러났다고 하는 이야기를 했다.

춘추가 그 말을 듣고 깨달아 왕에게 글을 보내 말하기를 "두 개의 영 嶺은 본래 대국의 땅입니다. 신이 귀국하면 우리 왕께 청하여 돌려 드리겠습니다. 내 말을 믿지 못하신다면 저 밝은 해를 두고 맹세하겠습니다." 했다. 왕이 이에 기뻐했다.

춘추가 고구려에 들어간 지 60일이 지나도록 돌아오지 않자 유신은 국내의 용사 3천을 뽑아 그들에게 말하기를 내가 들으니 "위태로움을 보고 목숨을 바치며 어려움을 당하여 자신을 잊는 것은 열사烈士의 뜻이라 한다. 무릇 한 사람이 목숨을 바치면 백 사람을 당해 내고 백 사람이 목숨을 바치면 천 사람을 당해 내며 천 사람이 목숨을 바치면 만 사람을 당해 낼 수 있으니, 그러면 천하를 마음대로 주름잡을 수 있다. 지금 나라의 어진 재상이 다른 나라에 억류되어 있는데 두렵다고 하여 어려움을 당해 내지 않을 것인가?" 했다. 이에 모든 사람들이 "비록 만 번 죽고 겨우 한 번 살 수 있는 곳에 가더라도 감히 장군의 명령을 따르지 않겠습니까?" 했다. 마침내 선덕여왕에게 청하여 군대 출동 기일을 정하였다.

그때 고구려 첩자 승려 덕창이 사람을 시켜 이를 보장왕에게 아뢰었다. 보장왕은 이미 춘추의 맹세를 받았고 첩자의 말도 들었으므로 춘추를 더 잡아둘 수가 없어 후하게 대접해 돌려보냈다. 춘추는 국경을 벗어날 때 호송하던 자에게 "나는 백제에 대한 유감을 풀고자 군대를 청하러 왔다가 대왕께서 허락하지 않고 도리어 땅을 내놓으라고 요구하니 이는 신하인 내가 마음대로 할 수 있는 바가 아니다. 엊그제 대왕에게 서신을 올린 것은 죽음에서 벗어나려는 뜻이었을 뿐"이라 했다.

『삼국사기』 41, 「열전」 1, 김유신 상

위의 이야기에서 몇 가지 생각할 문제가 있다. 첫째, 642년 한국사 속의 거물들이 연관된 사건을 볼 수 있다. 백제 병사들이 춘추의 딸을 죽인 사건의 결과가 어떻게 이어졌는지 생각하게 만든다. 또한 백제의 의자왕, 고구려의 연개소문과 보장왕, 신라의 춘추와 김유신의 관계를 주목하게 된다. 그중 역사의 주인공은 결국 춘추였다고 하겠다.

둘째, 춘추를 어떻게 볼 것인가 하는 문제가 있다. 춘추는 목숨을 걸고 고구려에 들어가 백제를 멸하기 위한 청병을 했다는 사실을 높이 평가할 필요가 있다. 그때 춘추의 딸 고타소의 죽음에 대한 복수만을 위한 청병을 선덕여왕이 허락한 것은 아닐 것이다. 그것은 백제의 침공으로 신라가 위기에 처한 상황을 타개하기 위한 것이라 보아야 할 것이다. 실제로 642년 8월 백제가 고구려와 함께 모의하여 당항성을 빼앗아 당나라에서 돌아오는 길을 끊으려 하였으므로 선덕여왕이 사신을 보내 당 태종에게 위급함을 알린 일이 있다. 같은 달에 백제 장군 윤충이 대야성을 함락하고 성주 품석과 그 아내 고타소를 죽였다. 이 같은 상황에서 춘추가 고구려에 청병하러 들어간다는 것은 죽음을 각오하지 않고서는 불가능한 일이었다.

춘추의 고구려행은 복합적인 이유가 있었다. 춘추의 요청대로 고구려에서 청병 요구를 들어주었다면 고구려와 백제의 동맹관계는 깨지게 되었을 것이다. 이로써 신라는 고구려와 백제라는 두 적을 상대할 필요가 없게 되었을 것이다.

642년 춘추가 고구려에 청병하러 갔을 때 연개소문이 주도적으로 춘추를 만났던 것을 생각할 수 있다. 두 사람의 운명적 만남은 신라와 고구려의 운명을 바꿀 수 있는 사건이었다. 고구려의 정권을 장악했던 연개소문이 춘추를 살려 보낸 것은 결국 고구려의 패망으로 이어지는 결과를 초래했다. 여하튼 춘추의 귀환은 그의 정치적 지위를 한층 강화한 사건이 되었다.

신라의 당나라 청병

이후 신라는 당나라에 청병을 하게 되었다. 선덕여왕 12년(643) 9월 당나라에 사신을 보내 말하기를 "고구려와 백제가 신라를 침범하기를 여러 차례에 걸쳐 수십 성을 빼앗고 이번 9월에는 군사를 크게 일으키려 합니다. 그러면 신라의 사직은 반드시 보전될 수 없을 것이므로 삼가 신하인 저를 보내 대국의 명을 받들어 올리게 되었습니다. 바라건대 약간의 군사를 내어 구원해 주기 바랍니다." 했다.

황제가 사신에게 말했다. "나는 너의 나라가 두 나라로부터 침략 받는 것을 매우 애석하게 여겨 자주 사신을 보내 너희 세 나라가 친하게 지내도록 하였다. 그러나 고구려와 백제는 돌아서자마자 생각을 뒤집어 너희 땅을 집어삼켜 나누어 가지려고 한다. 그대 나라는 어떤 기묘한 꾀로써 망하는 것을 면하려고 하는가?" 했다. 사신이 "우리 왕은 일의 형편이 궁하고 계책이 다하여 오직 대국에게 위급함을 알려 온전하기를 바랄 뿐입니다."라 답했다.

이에 황제가 말했다. "내가 변방의 군대를 조금 일으켜 거란과 말갈을 거느리고 요동으로 곧장 쳐들어가면 그대 나라는 저절로 풀려 1년 정도의 포위는 느슨해질 것이다. 그러나 이후 이어지는 군대가 없음을 알면 도리어 침략을 멋대로 하여 네 나라가 함께 소란해질 것이니 그대 나라도 편치 못할 것이다. 이것이 첫 번째 계책이다. 나는 또한 너에게 수천 개의 붉은 옷과 붉은 깃발을 줄 수 있는데 두 나라 군사가 이르렀을 때 그것을 세워 진열해 놓으면 그들이 보고서 우리 군사로 여겨 반드시 모두 도망갈 것이다. 이것이 두 번째 계책이다. 백제국은 바다의 험난함을 믿고 병기를 수리하지 않고 남녀가 어지럽게 섞여 서로 즐기며 연회만 베푸니 내가 수십 수백 척의 배에 군사를 싣고 소리 없이 바다를 건너 곧바로 그 땅을 습격하려 한다. 그런데 너의 나라는 부인을 군주로 삼고 있어 이웃 나라의 업신여김을 받고 군주가 없어 도둑을 불러들여 한 해도 편안한 때가 없다. 내가 왕의 종족 중 한 사람을 보내 너의 나라의 군주로 삼되 자신이 혼자서는 왕 노릇을 할 수 없으니 마땅히 군대를 보내 호위케 하여 그대 나라가 안정되기를 기다려 너희 스스로 지키는 일을 맡기려 한다. 이것이 세 번째 계책이다. 너는 잘 생각해 보아라. 장차 어느 계책을 따르겠는가?" 했다.

신라 사신은 "예"라고 할 뿐이었다. 황제는 그가 용렬하여 나라의 위급함을 고하여 청병하러 올 인물이 아님을 한탄했다. 이때 신라 사신이 만난 당나라의 황제는 태종이었다.

이듬해인 선덕여왕 13년(644) 당 태종은 사농승 상리현장을 보내 조서를 가지고 고구려에 주어 말했다. "신라는 우리에게 나라의 운명을 맡기고 조공을 빠뜨리지 않으니, 너희 고구려는 즉시 군사를 거둠이 좋을 것이다. 만일 또다시 신라를 공격하면 내년에 반드시 군사를 보내 그대 나라를 칠 것이다." 했다. 연개소문이 현장에게 말했다. "고구려와 신라가 원한으로 사이가 벌어진 것은 이미 오래되었다. 전에 수나라가 잇달아 침입했을 때 신라가 그 틈을 타서 고구려의 500리 땅을 빼앗고 성읍을 모두 차지하였으니, 땅을 돌려주고 성을 반환하지 않으면 이 전쟁을 멈추지 않을 것이다." 했다. 현장이 "이미 지나간 일을 어찌 거슬러 올라가 논할 것까지 있겠는가?" 하였으나 연개소문은 끝내 따르지 않았다.

춘추의 당 태종에 대한 청병과 그 정당성

진덕여왕 대(647~654)에 춘추가 실질적으로 정권을 장악한 것을 알 수 있다. 그 출발점은 비담과 염종의 난이었다. 선덕여왕 15년(646) 11월에 비담을 상대등으로 삼았다. 그 이듬해인 647년 정월 비담과 염종이 여왕이 나라를 잘 다스리지 못한다女主不能善理고 하여 모반하고 군사를 일으켰으나 이기지 못했다. 정월 8일에 왕이 세상을 떠났다. 시호를 선덕이라 하고 낭산에 장사를 지냈다. 647년 정월 17일 비담의 목을 베어 죽였는데 연루되어 죽은 자가 30명이었다.

비담의 난을 진압한 세력은 김유신을 중심으로 한 칠성우들이었다. 그들은 진덕여왕의 즉위를 가능토록 한 세력들이었다. 진덕여왕이 즉위한 후 2월에는 칠성우 중 한 사람인 알천을 상대등으로 삼은 것을 볼 수 있다. 진덕여왕이 즉위한 후 춘추는 실제로 신라의 운명을 두 어깨에 지고 또 다른 정치 행보를 벌였다.

춘추가 또 한 번 운명을 걸고 당나라에 청병을 하러 간 것이 그것이다. 『삼국사기』 「신라본기」에 그 내용이 나온다. 진덕여왕 2년(648) 신라 조정에서는 이찬 춘추와 그 아들 문왕을 당나라에 사신으로 보내 조공했다.[23] 당 태종이 광록경 유형을 보내 교외에서 그를 맞이하여 위로했다. 춘추가 이르렀는데 그의 용모가 빼어나게 훌륭함을 보고 후하게 대우했다.

춘추가 국학에 가서 석전(釋奠, 공자를 제사 지내는 큰 제사)과 강론을 참관하기를 청하니 태종이 이를 허락했다. 아울러 태종이 손수 지은 『온탕비』와 『진사비』 그리고 새로 편찬한 『진서』를 내려 주었다.

그러던 어느 날 당 태종이 잔치를 베풀어 춘추를 만나 금과 비단을 후하게 주며 물었다. "경이 품은 뜻이 무엇인가?" 춘추가 꿇어 말하기를 "신의 본국은 바다 귀퉁이에 치우쳐 있으면서 천조天朝를 섬긴 지 여러 해가 되었습니다. 그런데 백제가 강하고 교활하여 여러 차례 침략을 해 왔습니다. 더욱이 지난해에는 대거 침입하여 수십 성을 공격해 함락하여 (당나라에) 조공할 길을 막았습니다. 만약 폐하께서 군대를 빌려 주어 흉악을 잘라 없애지 않는다면 곧 저의 나라의 인민은 모두 포로가 될 것이고 산 넘고 바다 건너 해 온 조공도 다시는 바랄 수 없을 것입니다." 했다. 태종이 심히 옳다고 여겨 군사의 출동을 허락했다. 이때 춘추와 당 태종 사이에 오간 말이 더 있었다. 그 내용은 문무왕 11년(671) 설인귀가 문무왕에게 보낸 편지에 대한 답서에 나오고 있다.

> 선왕(무열왕)께서 정관 22년(648) 중국 조정에 들어가 태종 문황제의 조칙을 받았는데 '짐이 이제 고구려를 침은 다른 까닭이 있는 것이 아니라 그대들 신라가 고구려·백제 두 나라에 핍박되어 매양 침략과 업신여김을 입어 편안한 때가 없음을 가엾게 여긴 때문이다. 그러므로 산천과 토지는 내가 탐내는 바가 아니며 옥백과 자녀도 내게는 있는 바이니 내가 두 나라를 평정하게 되면 평양 이남과 백제의 토지는 모두 그대들 신라에 주어서 길이 편안하게 하겠다.' 하였고 계책을 가르쳐 주시고 군사의 기일을 정해 주셨습니다.
>
> 『삼국사기』 7, 「신라본기」 7, 문무왕 11년

---

23. 춘추의 입당 연대가 분명치는 않다. 어쩌면 647년 말에 입당하여 648년에 들어선 후 당 태종을 만나는 등 활동을 했을 수 있다.

여기 나오는 당 태종의 조칙을 보면 그가 고구려를 침공한 것이 신라를 침공하는 고구려와 백제를 물리치기 위한 것처럼 나온다. 그러나 이 말은 실제와는 다른 것이 분명하다. 당 태종은 천하통일을 위해 당나라 주변에 마지막 남은 고구려를 멸망시키려는 것이었다. 주목되는 사실은 당 태종이 춘추에게 고구려와 백제를 평정한 후 고구려의 평양 이남과 백제 땅을 신라에게 주겠다고 한 것이다.

춘추와 당 태종의 관계는 계속되었다. 춘추가 당 태종을 감동시키는 장면을 볼 수 있는데 일종의 문화를 통한 것이었다. 춘추는 당 태종에게 신라의 장복章服 즉 의관을 고쳐 중국의 제도를 따르겠다고 청했다. 이에 당 태종은 내전에서 진귀한 옷들을 내어 춘추와 그를 따라온 자들에게 주었다.

당 태종은 조칙을 내려 춘추를 특진으로 삼고 문왕을 좌무위장군으

신라 토용(왼)과 당나라 도용(오)

로 삼았다. 귀국할 때 3품 이상으로 하여 송별연을 열도록 하니 대우가 극진했다. 춘추가 아뢰어 말하기를 "신은 일곱 아들이 있습니다. 바라건대 황제의 곁을 떠나지 않고 숙위할 수 있도록 해 주십시오." 했다. 이에 문왕을 숙위토록 했다.

춘추가 돌아오는 해상에서 고구려 순라병을 만났다. 춘추를 시종하던 사람 온군해가 높은 관과 큰 옷을 입고 배 위에 앉아 있었다. 순라병들이 그를 보고 춘추라 여겨 잡아 죽였다. 춘추는 조그만 배를 타고 신라에 왔다. 이를 듣고 왕이 슬퍼하여 온군해를 대아찬으로 추증하고 그 자손에게 후하게 상을 주었다.

춘추가 중국화 의지를 보임으로써 당 태종을 감동시킨 것을 볼 수 있다. 국학에 가서 석전과 강론하는 것을 보겠다고 한 것과 중국 의복을 신라 사람에게 입히겠다고 한 것이 그것이다. 당 태종 또한 그가 지은 『온탕비』와 『진사비』, 갓 편찬한 『진서晉書』를 준 것도 문화를 통한 교류를 의미한다. 춘추가 그의 아들을 당 태종 곁에 숙위하도록 남겨 둔 일은 신라가 당 태종을 감동시킨 일 중 하나이며 동시에 황제 측근에서 당나라 사정을 파악하기 위한 조치였다.

춘추는 당 태종과의 약속을 지켰다. 진덕여왕 3년(649) 정월 중국식 옷을 입고 관을 쓰도록 한 것이 그것이다. 이때 남자들의 의관을 중국식으로 바꾼 것이다. 여자들은 664년에 중국식 의관을 입었다. 그런가 하면 진덕여왕 4년(650)에 춘추의 아들 법민(후일 문무왕)을 당나라에 보내어 왕이 짠 비단에 「오언태평송」을 지어 당 황제 고종에게 바치도록 했다. "대당이 홍업을 개창하니 높고 큰 황제의 계략 빛나도다."로 시작하는 이 노래는 당 황제의 성덕을 칭송하는 것이었다. 이 해에 신라 조정에서는 당나라 영휘 연호를 사용하였다. 신라는 당나라 군대를 동원할 때까지 가

시적으로 중국화를 전개했음을 볼 수 있다.

　이보다 2년 전인 진덕여왕 2년(648) 겨울, 당나라에 사신으로 갔던 한질허에게 당 태종이 어사에게 문서를 내려 물었던 것이 있다. "신라는 신臣으로서 대국 조정을 섬기며 어찌 연호를 따로 사용하는가?" 하였다. 한질허가 답했다. "일찍이 천자의 조정에서 정삭을 반포하지 않았기에 선조先祖 법흥왕 이래로 사사로이 기년을 사용해 왔습니다. 만약 대국 조정에서 명령을 내린다면 소국이 어찌 감히 그렇게 하겠습니까?" 하였다. 당 태종이 그렇게 여겼다. 신라에서 독자적인 연호를 사용하는 것에 대해 당 태종이 문제 삼은 것을 볼 수 있다. 650년에 신라가 스스로 당나라의 연호를 사용한 것은 당나라에게 사대事大하는 것을 보이기 위함인 것이 분명하다.

　여기서 신라 스스로 의관을 중국인의 것으로 바꾸고 당 황제의 성덕을 칭송하는 노래를 진덕여왕이 지어 보내고 연호를 바꾼 것에 주목할 필요가 있다. 민족의 자주독립과 강한 민족 만들기에 전념해 온 민족사의 산물인 [모델 2.5]는 이 같은 사실을 부끄럽게 여겨 역사의 표면에 노출하기를 꺼렸다. 그러나 신라의 삼한통합과 관련하여 [모델 2.5]가 은폐해 온 그 같은 사실들이 갖는 의미에 주목해야 한다.

　김춘추가 당 태종에게 문화를 통한 청병을 한 사실, 중국의 옷과 관을 신라인에게 입힌 일, 중국의 영휘 연호를 사용한 일, 신라 왕이 직접 짠 비단에 당 황제의 성덕을 칭송하는 노래를 지어 보낸 일 등은 관학파가 만든 민족사 관점에서 보면 부끄러운 일일 것이다.

　그러나 그것은 신라인의 관점에서 보면 백제와 고구려가 신라의 영토를 점령하여 들어오고 인민을 빼앗아 가는 상황에서 국가의 존망을 위해 택한 정책이다. 신라인은 원가가 얼마 들지 않는, 그러나 아무나 쉽게

할 수 없는 일인 문화를 통한 청병 외교정책을 폈던 것이다.

신라인들은 당시로서 가장 경제적인 외교정책을 펴서 백제와 고구려의 침략으로 벌어지는 위험을 원천적으로 제거할 수 있었다. 신라인이 국수주의적이고 폐쇄적인 생각을 갖고 자주독립만을 외쳤다면 나라 자체가 사라졌을 것이다. 신라인에게는 고구려·백제와 단일민족이라는 생각이 없었다. 설령 그러한 생각이 있었다 하더라도 동족의 나라를 위하여 신라 자체가 스스로 백제와 고구려에 망해 줄 까닭이 없었던 것이다. 신라는 온갖 방법으로 점령해 오는 백제와 고구려의 침략을 물리쳐야 했다. 그 과정에서 신라는 문화의 중국화를 보여 줌으로써 당나라 황제를 감동시켰다. 신라의 청병 외교는 살아 남기 위한 외교 행위였다.

신라의 청병 외교의 필연성

정상적인 상황에서 외세를 끌어들여 자기 나라를 지키는 일을 원하는 나라는 없을 것이다. 그러나 침략을 받아 나라 존망이 위태로울 때 외세를 끌어들이는 것은 필연적인 일이 아닐 수 없다.

642년 백제의 신라 침략은 신라로 하여금 당나라와 군사 동맹을 맺도록 했고, 백제·고구려 평정의 출발점이 되었던 것이 사실이라고 본다. 이후 백제와 고구려는 지속적으로 신라를 점령해 들어왔다. 648년 3월에는 백제 장군 의직이 신라 서쪽 변경에 쳐들어와 10여 성을 함락했으나 김유신이 물리쳤다. 649년 8월에는 백제 장군 은상이 군대를 거느리고 와서 석토성 등 7개의 성을 함락시켰다. 그때 김유신 등이 물리쳤다. 무열왕 2년(655)에는 고구려가 백제·말갈과 더불어 신라 북쪽 변경을 침략하여 33개의 성을 탈취하자, 왕이 당나라에 청병했다. 무열왕 6년(659)

4월에는 백제가 자주 변경을 침범하므로 왕이 이를 물리치려 당나라에 청병을 했다.

642년 이후 백제와 고구려의 침공으로 수십 개 성들을 빼앗기는 상황에서 신라는 청병 외교를 펼쳤다. 백제·고구려·말갈이 지속적으로 변경에 쳐들어오는 상황에서 국가 존망의 위기를 느꼈고, 지속적으로 당나라에 청병을 하게 되었다. 당나라는 645년 고구려를 멸망시키기 위한 침공에 실패했다. 따라서 당나라로서도 신라와 군사 동맹이 필요했다. 무열왕은 654년 왕위에 오른 후 삼한통합을 위한 중심인물이 되었고 당나라와의 관계도 주관하게 되었다.

이제 신라와 당나라의 필요에 따라 이루어진 백제와 고구려 평정에 대해 살펴보자.

3. 신라의 백제·고구려 정복
- 한국 역사상 가장 큰 M&A

백제 정복

먼저 백제를 멸망시키는 전쟁을 보자. 660년 당 고종은 소정방을 신구도 행군대총관으로, 무열왕(춘추) 둘째 아들 김인문을 부대총관으로 삼아 수륙의 13만 명을 거느리고 배를 타고 산동성 내주에서 출발하여 백제를 침공케 했다. 이때 당 고종은 무열왕을 우이도 행군총관으로 삼았다. 무열왕은 660년 5월 26일 상대등 김유신 등과 함께 군사를 거느리고 왕경을 나와 6월 18일 남천정(현재의 이천)에 이르렀다. 6월 21일에는 무열왕이 태자 법민에게 병선 1백 척을 거느리고 덕물도에서 소정방을 만나게 했다. 소정방은 법민에게 7월 10일 사비도성을 공파하자고 했다.

무열왕은 김유신, 품일, 흠순 등과 더불어 5만 정병을 거느리고 응원하도록 했다. 신라군은 7월 9일 황산벌에서 백제 계백 장군이 거느린 5천 결사대死士에 막혀 진군할 수 없었다. 계백은 출전 전에 처와 자식이 포로로 잡혀가 노비가 될지 모르기에 살아서 욕을 보느니 죽는 편이 낫다 하여 가족을 모두 죽이고 출전한 상황이었다.[24] 유신 등이 네 차례나 싸웠으나 전세가 불리하고 사졸들이 지치게 되었다. 그때 김유신의 동생 흠순欽純이 아들 반굴盤屈을 불러 이 위급함을 보고 목숨을 바치면 충과 효를 함께할 수 있다고 하자 반굴이 백제군 진영에 뛰어들어 싸우다 죽었다.

좌장군 품일도 화랑이었던 아들 관창官昌, 官狀을 말 앞에 불러 세우고 여러 장군들을 가리키며 "이 아이는 겨우 열여섯 살이지만 뜻과 기개가 용감하니 오늘 전투에서 삼군의 표적이 될 것"이라 하였다.[25] 『삼국사기』 「열전」에는 품일이 관창에게 "너는 비록 어리지만 뜻과 기개가 있으니 오늘이 바로 공명을 세우고 부귀를 얻을 날이니 어찌 용기를 내지 않겠는가?" 했다고 한다. 관창은 대답을 하고 갑옷 입힌 말을 타고 적진에 들어가 몇 명을 죽였으나 포로가 되었다. 투구를 벗긴 계백은 어린 관창을 죽이지 못하고 "신라는 소년이 이 같으니 장년의 병사들은 어떻겠는가?" 하고 살려 보냈다. 관창이 다시 적진에 뛰어들었다 포로가 되자 이번에는 목을 베어 말안장에 묶어 돌려보냈다. 품일이 그 머리를 손으로 들고 "우리 아이의 얼굴과 눈이 살아 있는 것 같다. 능히 왕사王事를 위하여 죽었으니 후회가 없다."고 하였다. 삼군이 이를 보고 진격하여 승리를 거두었다. 무열왕이 관창을 급찬으로 추증해 주고 예로써 장사를 지내고 그 집에 당나라 비단 30필과 20승포 30필, 곡식 100섬을 내려 주었다.[26]

그날 소정방과 김인문은 기벌포에 이르러 백제군과 싸워 이겼다. 신라군은 계백이 거느렸던 백제군과 전투를 하다가 당나라와 기약한 날짜를 어겨 사비성에 이르렀다. 소정방이 신라 독군 김문영을 목 베려 하자 김유신이 반드시 당군과 결전한 후 백제를 부수겠다고 했다. 그러한 사정을 안 당군은 김문영을 풀어 주었다.

7월 12일 신라와 당나라 군대가 사비성을 포위하고 공격했다. 7월 13일 의자왕은 웅진성으로 도망하였다. 의자왕의 아들 부여륭이 대좌평 천복 등과 함께 사비성에서 나와 항복했다. 그때 법민이 부여륭을 말 앞에 꿇어앉히고 항복을 받았다. 7월 18일 의자왕이 태자와 웅진 방령을 거느리고 돌아와 항복했다.

8월 2일에는 큰 술잔치를 베풀어 장사들을 위로했는데 무열왕과 소정방이 여러 장군들과 함께 당상에 앉고, 의자왕과 그 아들 부여륭을 당하에 앉혀 때로는 의자왕에게 술을 치게 하였다. 백제의 군신들이 모두 오열하여 눈물을 흘렸다.

이날 모척과 금일을 처형했다. 모척은 신라인으로 백제에 도망하여 대야성의 금일과 모의하여 성을 함락시킨 죄로 목을 베었다. 금일은 모척과 모의하여 백제 군사를 인도하여 창고를 태워 성 중의 식량을 없애 패하도록 했고 품석과 고타소를 죽였으며 백제와 함께 본국을 공격한 죄로 팔다리가 찢겨 강물에 던져졌다.

661년 3월에는 죄수를 풀어 주었고 백제를 평정하였기에 관청에 명하여 크게 고사를 지내고 잔치를 베풀게 했다.

흑치상지도 부하를 거느리고 소정방에게 항복했으나 소정방은 백제왕을 가두고 군사들을 시켜 크게 노략질을 하였다. 이에 흑치상지는 빠져나와 임존성에 웅거한 후 굳게 지키니 열흘이 안 되어 3만 명이나 모였다. 흑치상지는 2백 개의 성을 회복했다. 백제인들이 당군의 만행에 맞서

---

24. 『삼국사기』 47, 『열전』 7, 계백.
25. 『삼국사기』 5, 『신라본기』 5, 태종 무열왕 7년.
26. 반굴이나 관창의 죽음은 일족의 지배 세력으로서의 위치를 굳게 하는 행위로 신라를 비롯한 고대에 살아가는 방식일 뿐이다. 이를 현대 우리들이 갖고 있는 인권의 문제로 파악할 수는 없다.

게 되었던 것이다. 이후 백제의 독립(부흥) 운동이 벌어져 663년을 고비로 하여 이듬해에는 평정되었다.

660년 9월 3일 소정방은 의자왕과 왕족들, 93명의 신료와 1만 2천 명의 백성을 데리고 배를 타고 당으로 돌아갔다. 그때 김인문도 함께 갔다. 그런데 유인원이 당군 1만 명을 거느리고 사비성에 남았다. 유인원은 전쟁으로 잡초와 같이 널려 있던 해골을 장사 지내게 하고 호구를 등록하게 한 다음 촌락을 다스렸다. 당나라 사직을 세우고 정삭(正朔, 책력) 묘휘(廟諱, 임금이 죽은 뒤에 지은 휘)를 반포하니 백성들이 모두 기뻐하여 각기 편안히 살았다.[27] 그러나 실제는 옛 백제인들로서 나라가 망하고 당나라가 지배하게 된 상황을 기뻐한 사람은 없었을 것이다.

한편 660년 9월 28일에는 당 황제가 백제 땅을 웅진도독부로 편제하고 당나라 사람을 웅진도독으로 임명했다. 이는 당나라가 백제 땅을 직접 다스리려는 의도를 보여 주는 것이었다. 후에 의자왕의 아들 부여륭을 웅진도독으로 삼았고, 664년 2월에는 김인문, 당의 칙사 유인원, 부여륭 등이 웅진에 모여 단을 쌓고 동맹을 했다. 665년 8월에는 문무왕이 칙사 유인원, 웅진도독 부여륭과 함께 웅진 취리산에서 맹세를 하여 신라와 백제의 감정을 풀고자 했다. 당시 당나라는 부여륭을 웅진 도독으로 삼아 그 선조의 제사를 받들고 그 땅을 보전케 하며 신라와 길이 우방이 되어 화친토록 하고 신라와 더불어 백제가 당나라의 번복이 될 것을 맹세케 한 것이다.

664년 3월에는 부여륭이 백제 잔적을 처부수었다. 부여륭은 백제의

---

27. 「삼국사기」 28, 「백제본기」 6, 661년 조.

땅을 점차 차지하여 나갔다. 후에 유인원 등이 당으로 돌아가자 부여륭도 백성들이 배반할 것을 두려워하여 당의 서울로 갔다.

백제 멸망 이후 신라는 4년 동안 백제 땅에 머물던 당나라 군대에 식량, 소금, 씨앗 그리고 철에 맞는 의복을 공급했다. 당시 유인원부터 병사들까지 당나라 군대는 가죽과 뼈는 비록 중국에서 났으나 피와 살은 모두 신라의 것이 되었다고 할 정도였다.

한국 역사상 백제와 고구려를 평정하는 전쟁 기간에 당나라 군대가 주둔하였고, 임진왜란 때 왜국을 물리치기 위해 명나라 군대가 왔었다. 그리고 현재 북한의 침략으로 벌어진 6·25전쟁 이후 미군이 주둔하고 있는 상황이다. 한반도에 미군이 주둔한 것은 북한의 남침을 억제하는 장치가 되는 것이 분명하다. 그러한 이유가 없다면 사실 어떤 나라도 외국 군대의 자국 내 주둔을 환영하지는 않을 것이다.

신라로서도 당나라 군대의 주둔을 좋아했을 까닭이 없다. 다만 백제를 평정한 주력군이 당나라 군대였고 북쪽에 신라를 항상 괴롭히고 침략해 들어오던 고구려가 있어 당나라 군대를 몰아낼 상황도 아니었다. 신라가 당나라 군대를 한반도에서 몰아낸 것은 고구려를 멸망시킨 후였다. 구체적으로 671년 백제 땅에 신라가 소부리주를 설치하고 아찬 진왕을 도독으로 삼음으로 옛 백제 땅을 신라가 지배하게 되었다.

무열왕 7년(660) 11월 22일 백제에서 돌아온 왕은 백제를 평정하는 과정에 신라를 도왔던 5명의 백제인에게 신라의 관직과 관위를 주었다. 기록에 남아 있는 수가 맞는지 알 수 없으나 백제인으로 신라의 관직과 관위를 받을 수 있었던 사람들은 많지 않았던 것이 분명하다. 예나 지금이나 자기 나라를 배신하고 적국을 돕는 사람은 있어 왔다. 다만 나라가 망한 후에야 누가 적국을 도왔는지 알 수 있을 뿐이다.

백제 멸망에는 이유가 있었다. 의자왕은 초년에는 신라를 침공하여 40여 개의 성을 뺏기도 했으나 656년 이후 궁인들과 주색에 빠져 지냈고 이를 그치라고 간한 성충을 옥에 가두기도 했다. 이로써 백제에는 왕에게 간언을 하는 사람들이 사라졌다. 이 같은 상황에서 백제라는 국가는 멸망으로 치달을 수밖에 없었다. 백제 지배자의 독재는 궁극적으로 나라를 멸망으로 이끌어 나갔다.

고구려 정복

백제를 평정한 후 당나라와 신라는 고구려로 진격해 들어갔다. 661년 당나라 소정방이 거느린 군대가 고구려로 쳐들어왔다. 당나라에서 신라에 군대 동원을 요청하여 7월 17일 김유신을 대장군으로 삼고 군단을 편성했다. 8월 당 황제의 명령에 따라 고구려 공격에 나섰으나 백제 잔적에 막혀 고구려를 공격할 수 없었다. 10월 당 황제의 사자가 이르러 평양에 군량을 수송하도록 명했다. 662년 정월 김유신, 김인문 등 9장군에게 명하여 수레 2천 량에 쌀 4천 석, 벼 2만 2천 석을 싣고 평양으로 가게 했다. 2월 6일에 군량을 당군 진영에 보내 주자 소정방은 갑자기 전쟁을 그만두고 당나라로 돌아갔다. 이때 신라 군대가 평양에 이르러 당나라 군대에 군량미를 전했다는 사실에 주목할 필요가 있다. 이는 고구려의 방어선에 이상이 생긴 것을 보여 준다.

문무왕 6년(666) 4월 고구려를 멸망시키기 위해 당나라에 청병을 했다. 12월에 당나라는 이적을 요동도 행군총관으로 삼아 고구려를 쳤다. 그런데 666년 12월 고구려의 연정토가 12성, 7백 63호, 3,543명을 이끌고 신라에 항복해 왔다. 이때 고구려는 연개소문이 죽고 일족들 사이에 권력 다툼이 벌어졌다.

667년 8월 문무왕은 김유신 등 30명의 장군을 거느리고 9월에 한성정에 이르러 이적을 기다렸다. 10월 2일 평양 2백 리 되는 곳에 이르렀던 이적은 이동혜 촌주를 시켜 거란 기병 80여 명을 거느리고 한성에 가서 글을 보내 병사를 일으키는 기일을 독촉했다. 11월 11일 문무왕은 장새에 이르렀으나 이적이 돌아갔다는 말을 듣고 돌아왔다.

문무왕 8년(668) 6월 21일 왕은 김유신을 대당대총관으로 삼고, 각간 김인문, 김흠순 등을 대당총관으로 삼는 등 고구려 평정군을 편성했다. 6월 29일 여러 총관들이 떠났으나 김유신은 풍병風病으로 왕경에 머물게 했다. 7월 21일 문무왕은 한성주에 이르러 여러 총관들에게 진군하여 당군을 만나도록 했다.

9월 21일 신라군은 당군과 합하여 평양을 포위했다. 신라 병마가 홀로 선봉이 되어 고구려 대진을 부수니 성 안에 있던 사람들의 강한 기세가 꺾였다. 이때 이적은 신라의 날랜 병사 5백을 취하여 먼저 성문으로 들어가 평양성을 공파했다. 보장왕은 천남산 등을 먼저 보내 이적에게 항복을 청했다. 이때 신라 병사들이 "9년의 전쟁이 끝나 두 나라가 평정되고 오랜 바람이 이루어졌으니 신라는 충성을 다한 은혜를 받고, 사람들은 힘을 바친 상을 받을 것"이라 하였다.

이적은 보장왕과 왕자 복남·덕남 그리고 대신 등 20여 만 명을 이끌고 당나라로 돌아갔다. 당나라와 신라의 연합군이 평양을 칠 때 고구려로 향하던 문무왕은 당군이 돌아갔다는 말을 듣고 한성으로 돌아왔다. 11월 5일 문무왕은 사로잡은 7천 명을 이끌고 서울로 돌아와 11월 6일 문무 신료를 거느리고 시조묘에 조알하고 "선조들의 뜻에 따라 대당大唐과 의병을 함께 일으켜 백제와 고구려의 죄를 물었는데 원흉들이 죄에 복종

하였으므로 나라의 운수가 태평하게 되었음을 아뢰니 신들께서 들어주십시오." 하고 고했다.

668년 10월 22일 대규모의 논공이 있었다. 김유신에게는 태대각간, 김인문에게는 대각간의 관위를 내리는 등 많은 장군들에게 관위를 한 등급씩 올려 주었다. 또한 이듬해에는 왕이 목마장 174곳을 나누어 내성에 22곳, 해당 관부에 10곳, 김유신에게 6곳, 김인문에게 5곳 등 대아찬 이상의 관위를 가졌던 사람들에게 나누어 주었다. 그런가 하면 실제 전투에 참가했던 병사들에게도 상을 내렸고 전쟁에서 죽은 영혼들의 명복을 빌 재물을 추증해 주었다. 또한 죄를 지은 자의 사면과 곡식을 빌린 자에 대한 탕감도 행했다.

신라가 삼한통합을 할 수 있었던 이유

신라가 백제와 고구려를 평정할 수 있었던 데에는 까닭이 있다.

첫째, 신라는 당나라와 군사 동맹을 맺어 두 나라를 평정했다. 군사 동맹은 부끄러운 일도 아니고 반민족적 행위도 아니었다. 641년 즉위한 백제 의자왕과 642년 쿠데타로 고구려 정권을 장악한 연개소문이 신라로 쳐들어오는 상황에서 신라는 자구책을 강구하지 않을 수 없었다. 신라는 백제와 고구려의 침략을 당하여 위기에 처한 국가를 지키기 위해 당나라와 군사 동맹을 맺었다. 이를 반민족적 행위로 규정해 온 현대 한국사학은 현재 대한민국이 6·25전쟁에서 북한의 남침으로 국가가 사라질 상황에서 미국을 중심으로 한 UN군의 도움으로 나라를 지킨 상황을 부끄러운 행위로 만드는 것과 같다. 미국의 군사적 도움이 없었다면 대한민국은 지구 상에서 사라지고 북한의 지배를 받게 되었을 가능성이 높다. 지금 남한과 북한의 서로 다른 두 체제의 경쟁에서 승부는 이미 정해졌다. 북한의 입장에서 6·25전쟁을 보면 남한을 도와준 미국 때문에 남한의 공산화를 이룰 수 없었던 것이 된다. 북한의 입장에서 보면 미국을 용납할 수 없다는 사실을 쉽게 알 수 있다.

둘째, 신라는 현재의 면面에 해당하는 행정촌에까지 지방관을 파견하였다. 이는 백제나 고구려보다 적어도 한 단계 더 아래까지 지방관을 파견한 것이다. 이 같은 지방 통치체제를 통해 신라는 백제나 고구려보다 조직적이고 효율적으로 인적·물적 자원을 동원하여 삼한통합 전쟁을 치를 수 있었다.

셋째, 신라의 지배 세력들은 무열왕 춘추를 중심으로 칠성우와 그들의 아들들까지 호국정신을 갖고 국력을 집중시켜 두 차례의 9년 전쟁을 치렀다. 그와 달리 백제는 의자왕이 신하의 간언을 가로막았고 옳은 간언을 한 신하들을 감옥에 가두었기에 간언하는 사람이 없어졌다. 고구려는 연개소문 집권으로 대다수 다른 지배 세력들이 제거되어 국력을 집중시킬 기회를 잃었다.

4. 당나라와의 또 다른 9년 전쟁과 승리
−한국·한국인을 탄생시킨 전쟁

백제와 고구려를 평정한 것으로 신라의 전쟁이 끝난 것은 아니었다. 당나라는 648년 당 태종이 김춘추에게 한 말과 같이 두 나라를 평정한 후 평양平壤 이남의 땅을 주겠다고 한 약속을 지키지 않았다. 당나라가 백제 땅에 웅진도독부를 설치한 것은 앞에서 이야기했다. 고구려 땅에는 안동도호부를 설치하여 설인귀를 안동도호로 삼아 병사 2만으로 지키며 옛 고구려의 토지와 인민을 지배하기 시작했다. 또한 663년에는 신라 땅에 계림주대도독부를 설치하고 문무왕을 계림주대도독으로 임명했다. 물론 당나라가 신라를 직접 지배할 수는 없었다. 그렇더라도 당나라는 한반도를 그들의 지방행정구역으로 편제하여 지배하려는 정책을 편 것이 사실이다.

당나라가 물러나지 않자 신라로서는 당나라를 물리치기 위한 전쟁을 피할 수 없게 되었다. 당나라와의 전쟁에서 이기느냐 지느냐는 신라의 운명을 결정하는 일이었다. 나아가 한국·한국인·한국사의 운명도 결정하는 것이었다. 신라가 당나라에게 정복당했다면 현재 한국인은 존재할 수 없었을 것이다.

당나라와 전쟁 과정에서 신라에 망명해 온 고구려인들이 보장왕의 서자 안승을 한성에서 왕으로 삼자, 문무왕은 그 고구려인들을 금마저에 살게 했다. 670년 8월 1일에는 안승을 고구려 왕으로 책봉하여 고구려 선왕의 적계 사자嗣子로서 제사를 주관하고 유민들을 잘 어루만져 모아서 옛 왕업을 일으키어 친근한 나라가 되어 형제처럼 지내라고 했다. 674년 9월에는 안승을 보덕왕으로 삼았다. 680년에는 왕의 누이동생을 안승의 아내로 삼게 했다. 신문왕 3년(683) 10월에는 안승을 소판으로 삼고 김씨 성을 주어 서울에 살게 했다. 이로써 보덕국은 사라졌다. 이듬해 안승의 조카뻘 되는 대문이 금마저에서 반역을 일으키다 참형을 당했다. 나머지 사람들도 반역을 일으키므로 남쪽 주군으로 옮기고 그 땅을 금마저로 삼았다. 신라는 고구려 유민들을 보덕국에 모아 통제할 수 있었으나 그들의 필요성이 사라지자 보덕국을 없앤 것이다.

당나라와 신라의 전쟁이 언제 시작되었는지는 확실치 않다. 그러나 669년 5월 각간 김흠순과 파진찬 (김)양도가 당에 사죄사로 간 사실에 주목할 수 있다. 670년 정월 김흠순은 신라로 귀국을 허락했으나 양도는 옥에 가두어 죽게 하였다. 당시 문무왕이 백제의 토지와 인민을 마음대로 차지하였기에 당 황제가 노하였기 때문이다. 이 해에 신라는 품일 등을 보내 63개의 성을 빼앗는 등 백제의 옛 땅이자 웅진도독부 관할 지역을 점령해 들어갔다.

고구려가 망한 후 신라의 북쪽 경계인 한성주 끝에서 압록강까지는 당이나 신라가 아직 장악하지 못하다가, 671년 9월 당의 장군 고간 등이 번병 4만을 거느리고 평양에 와서 깊은 도랑과 높은 성벽을 쌓고 현재의 황해도 일대를 장악했다. 673년 당병이 말갈·거란병과 함께 와서 북변을 침범하였는데 아홉 차례의 싸움에서 신라가 이겨 2천여 급을 참수하였고 호로하와 왕봉 두 강에는 익사한 당병이 헤아릴 수 없이 많았다.

674년에 당 고종은 문무왕의 지위와 관작을 삭탈하고 당에 있던 김인문을 신라 왕으로 삼아 돌아가게 했다. 또한 유인궤를 계림도 대총관으로 삼아 군사를 보내 신라를 치게 했다. 675년 2월 유인궤가 칠중성에서 신라 병을 공파하고 병사를 이끌고 돌아갔다. 문무왕이 사신을 보내 조공하자 당 황제는 신라를 용서하고 문무왕의 관작을 회복시켜 주었다. 그런데 신라는 옛 백제의 땅을 많이 빼앗고 고구려 남쪽 지경을 주군으로 삼았다.

675년 9월 29일 당나라 안동진무사 이근행이 병사 20만을 거느리고

임진강변 북쪽의 호로고루성 발굴 현장. 당군이 이 앞 호로하에서 많이 죽었을 것이다.

매초성에 진을 쳤다. 신라군이 공격하여 쫓아내고 말 3만 380필과 많은 병기를 얻었다. 당병이 거란·말갈병과 함께 칠중성을 포위했으나 이기지 못했다. 이해에 열여덟 차례의 싸움이 있었는데 모두 신라가 이겼다. 676년 11월에는 사찬 시득이 선병을 거느리고 설인귀와 소부리주 기벌포에서 싸워 패하였으나 대소 22차의 전투에서 신라가 이겼다. 이로써 또 다른 9년 전쟁을 통하여 신라는 당나라를 패강(청천강) 이남에서 몰아냈다. 패강에서 압록강까지는 힘의 공백 지대로 일정 기간 남게 되었다.

신라는 군사적 힘으로 당나라 군대를 몰아내고 패강 이남 한반도를 지배하게 되었다. 성덕왕 34년(735) 김의충이 하정사로 당에 갔다 돌아올 때 당 현종이 조서를 내려 패강 이남의 땅을 신라에게 주었다. 그러나 신라는 이미 패강 이남의 토지와 그 안의 인민을 지배하고 있었다.

5. 신라의 피병합국에 대한 정책

신라의 삼한통합은 역사적으로 중요한 의미를 지닌다. 한국·한국인·한국 사회·한국 정치·한국 문화 등 한국사의 역사적 전통이 신라에 오리진을 둔 이유는 바로 신라의 삼한통합이다. 신라는 삼한통합으로 어떻게 한국·한국인을 만들 수 있었을까?

정복한 백제·고구려에 대한 정책

신라는 피정복국 사람들에 대해 골품 편제를 했다. 문무왕 13년(673)에는 백제인에 대한 신분 편제를 한 것을 볼 수 있다. 신라·고구려·백제 삼국 모두 관직을 가진 사람들에게 관위를 주었다.

관직은 국가 통치 업무를 수행할 수 있는 권한을 주는 장치고, 관위는 관직을 갖고 국가 통치 업무에 종사한 대가를 지불하기 위한 장치다. 신라는 피정복민을 국가 통치 업무에 불러들였고 그에 대한 보수를 지불하기 위해 피정복민에게도 관위를 주었다. 왕경으로 온 백제 사람에게 달솔은 대나마, 은솔은 나마, 덕솔은 대사, 한솔은 사지, 나솔은 당, 장덕은 대오의 경관(경위-왕경인에게 준 관위)을 주었다. 지방에 머물렀던 백제 사람들에게 달솔은 귀간, 은솔은 선간, 덕솔은 상간, 한솔은 간, 나솔은 일벌, 장덕은 일척의 외관(외위-지방인에게 준 관위)를 주었다.

왕경인의 신분제인 골품제의 운용상 경위 10등급인 대나마는 5두품이 오를 수 있던 최고 경위였고, 12등급인 대사는 4두품이 오를 수 있던 최고 경위였다. 이는 백제인으로 왕경에서 살게 된 사람들을 5두품과 4두품까지 편제한 것을 뜻한다. 그런가 하면 주로 원래 백제 지역인 지방에 살던 백제인에게는 외위를 주었는데 외위 4등급인 귀간은 진촌주(현재의 면장 정도)가 될 수 있던 외위였고, 찬간은 차촌주(현재의 이장 정도)가 될 수 있던 최고의 외위였다.

이는 분명 원래 신라인들이 진골까지 올랐던 것과 달리 옛 백제인들을 차별 대우한 것이다. 또한 지방에 살던 사람들도 원래 신라인들에게는 1등급인 악간까지 주었던 것으로 되어 있다. 그와 달리 백제인에게는 4등급인 귀간까지 주었다는 것은 같은 진촌주라고 하더라도 신라인과 백제인을 차별 대우한 것을 보여 준다.

백제인에 대한 차별화된 신분 편제 사실을 은폐할 수는 없다. 백제를 멸망시킨 신라는 당나라의 웅진도독부를 몰아내는 또 한 차례의 9년 전쟁을 벌이는 중 673년경에 백제 지역을 모두 장악한 것을 볼 수 있다. 그 결과 백제인에 대해 경위와 외위를 주어 신분 편제를 할 수 있었다. 이 같은 신분 편제를 통해 백제인은 정치·사회적으로 한국사 무대에서 주역의 자리에서 물러났고, 신라인이 그 최정상부까지 차지하고 역사의 주인공이 될 수 있었다.

한편 『삼국사기』에는 옛 고구려인에게도 관위를 준 기록이 나온다. 신문왕 6년(686)에 고구려인에게 본국의 관함官衡을 헤아려 경관을 주었다. 옛 고구려 지역에 살던 사람들에 대한 관위 부여가 신문왕 대에 이루어졌다. 이는 신라가 당나라를 몰아내고 정복 지역인 옛 고구려 지역 사람들을 지배하게 된 시기가 조금 늦었던 것을 보여 준다. 고구려의 주부는 일길찬, 대상은 사찬, 위두대형·종대상은 급찬, 소상·적상은 나마, 소형은 대사, 제형은 사지, 선인은 길차, 자위는 오지를 주었다.

9등급인 급찬 이상은 6두품이 받을 수 있던 관위였고, 10등급 대나마는 5두품이 받을 수 있던 최고 관위였다. 12등급인 대사는 4두품이 받을 수 있던 최고 관위였다. 이로 보면 고구려인 중 6두품 신분으로 편제된 사람들이 있었던 것을 알 수 있다. 물론 그 밑의 5두품과 4두품으로 신분 편제된 사람들은 더 많이 있었다. 분명한 사실은 백제인과 달리 고구려인을 좀 더 높이 대우해 준 것을 알 수 있다. 그러면서도 같은 6두품이라고 하더라도 신라인이 6등급인 아찬까지 오를 수 있었던 것과 달리 고구려인은 7등급인 일길찬까지밖에 오르지 못하고 그 수도 한정되어 있었다는 점에서 고구려인에 대한 신분 차별이 있었음을 알 수 있다.

신라 골품제에서 지방인은 진촌주와 차촌주 그리고 백성(평인) 신분으로 나뉘었다. 그중 진촌주는 왕경인의 경우 5두품에, 차촌주는 4두품에 해당하는 대우를 해 주었다. 고구려인으로 진촌주가 된 사람이 받았던 최고 관위는 7등급 일길찬이었고, 차촌주가 받았던 최고 관위는 11등급 나마였다. 이로 보면 지방에 살던 옛 고구려인은 진촌주나 차촌주 정도로 대우받았던 것을 알 수 있다. 신라를 위해 간첩이 되었던 백제인이나 고구려인 정도는 왕경으로 이주되어 두품 신분을 받았겠지만 지방에 살던 고구려인은 진촌주나 차촌주 정도의 대우를 받았을 뿐이다. 고려를 세운 왕건은 고구려계 진촌주 세력이었을 가능성이 있다. 옛 고구려나 백제인은 요즘으로 말하자면 면장(진촌주)이나 이장(차촌주) 정도의 대우를 받았을 뿐이다.

[모델 2.5]가 만든 민족 융합책의 허구성

[모델 2.5]가 만들어 낸 민족 융합책의 정체를 볼 필요가 있다. 국정교과서 고등학교 『국사』(교사용 지도서)에서 통일신라의 민족 융합책에 대해 설명한 것을 보자. 신라는 삼국의 땅에 각기 3개의 주를 설치하여 옛 삼국에 동등한 지분을 부여함으로써 민족 융합을 이끌어내겠다는 정치적 표방을 했다고 한다.[28] 그런가 하면 신라가 9서당에 고구려·백제·말갈족까지 포함시켜 민족 융합을 꾀했다고 하였다.[29] 그런데 신라는 고구려인과 백제인에 대한 골품 신분 편제를 한 내용을 보면 민족 융합책이 아니라 피정복민을 차별 대우한 것을 분명히 볼 수 있다. 이는 정복자인 신라인으로서 지극히 당연한 일을 한 것일 뿐이다.

고구려와 백제를 멸망시킨 신라가 민족 융합책을 썼을 까닭이 없다. 9주를 비롯한 대신라의 군현이나 소경 그리고 행정촌에 신라인을 지방관으로 파견한 것은 사실이다. 이는 신라의 피정복 지역에 대한 정복 정책을 보여 주는 것이다. 9서당에 편제된 백제·고구려·말갈족들도 모두 신라의 군사 정책상 필요에서 편제한 것일 뿐이었다. 9서당의 장군을 비롯한 장교들은 모두 신라인이었다. 여기서 9서당이 민족 융합책과 아무 관계

---

28. 고등학교 『국사』(교사용 지도서), 2007, p. 247.
29. 고등학교 『국사』, 2008, p. 58.

가 없는 조직인 것을 알 수 있다. 오히려 9서당은 신라인만이 아니라 옛 고구려민·백제민·말갈국민·보덕성민·백제잔민을 거느리기 위한 군단이었다.

사실 고구려·백제·신라 사람을 단일민족으로 보는 것 자체가 문제다. 당시 신라의 왕을 비롯한 지배자들은 현대 한국사학이 만들어 낸 것과 같은 상상의 공동체인 민족이라는 의식을 갖지 않았다. 신라인에게 고구려와 백제인은 피정복국 사람일 뿐이었다. 그들 피정복민은 신라의 지배체제 하에 편제한 정책이 위의 관위 부여 정책이라 하겠다.

신라가 삼국을 통합한 후 민족 융합책을 폈다는 교과서 『국사』의 가르침은 한국인의 역사관을 왜곡시키고 있다. 특히 이 같은 가르침은 1945년 분단된 남한과 북한이 1950년 6·25전쟁을 치른 후 지금까지 군사적인 대치를 하는 상황에서 남한과 북한이 통일되면 당연히 민족 융합책을 쓸 것이라는 환상을 국민에게 심어준다는 심각한 문제가 생긴다. 서독과 동독의 통일, 월남과 월맹의 통일을 보면 그러한 사정을 알 수 있다. 남한과 북한이 승자와 패자로 갈린 통합이 이루어진다면 승자는 승자로서의 권리를 포기할 까닭이 없다. 패자로서는 아무런 할 일이 없어지는 것이 사실일 것이라는 내용을 『국사』는 가르쳐야 하고 그렇게 해야 국민의 역사관과 정치의식을 바르게 만들 수 있다.

6. 삼한통합에 대한 역사 인식의 문제

[모델 2.5]가 발명한 문제

교과서 고등학교『국사』를 통하여 [모델 2.5]가 만든 삼한통합에 대한 역사의식을 볼 수 있다.

> 신라의 삼국통일은 외세의 이용과 대동강에서 원산만까지를 경계로 한 이남의 땅을 차지하는 데 그쳤다는 한계성을 가지고 있다. 그러나 당의 세력을 무력으로 몰아낸 사실에서 자주적 성격을 인정할 수 있다. 또 고구려·백제 문화의 전통을 고수하고 경제력을 확충함으로써 민족 문화 발전의 토대를 마련하였다.
>
> 고등학교『국사』, 2008, p. 55

이것이 삼한통합에 대한 국민의 역사의식을 만든 내용이다.『국사』이야기의 대본에 해당하는 글이 있어 잠시 보기로 한다.

물론 신라의 통일은 불완전한 것이었다. 과거 3국의 활동 무대에 속하던 만주의 넓은 지역이 그 영역에서 벗어났고, 거기에는 고구려의 유민들이 발해를 건국하였기 때문이다. 그러므로 신라는 실제로는 한반도를 통일하는 데 그치고 말았다. 그러함에도 불구하고 이 신라의 반도 통일은 중대한 역사적 의의를 지니고 있다. 그것은 무엇보다도 독립된 기반 위에서 한민족의 형성을 위한 토대를 마련하였기 때문이다. 비록 신라가 발해와 함께 남북국의 형세를 이루며 대립하고 있었다 하더라도, 결국 신라의 영토와 주민 및 그들이 이루어 놓은 사회와 문화가 한국사의 주류를 형성하기에 이르렀다. 이런 의미에서 신라의 반도 통일은 커다란 민족사적 의의를 지닌다고 해야 하겠다.

이기백, 『한국사신론』 한글판, 1999, p. 87

여기서 신라의 삼한통합이 한계성을 지닌 것이고 불완전한 것이라고 하는 주장이 타당한지 생각해 보아야 한다. 그와 같은 생각을 한 사람들은 하나의 왕국이었던 조선이 일제의 강점을 거친 후 현재 남한과 북한으로 갈라진 것을 경험하고 있는 현대 한국사학을 만들어 낸 역사가들이다. 그러나 당시 고구려·백제·신라는 한 나라였던 적도 없고 하나의 민족이라는 의식도 없었다. 3국은 각기 독립된 왕국으로 평화적인 관계를 유지한 적도 있으나 서로를 멸망시키기 위한 전쟁을 벌였던 국가들이었다. 따라서 관학파들이 신라의 삼한통합을 불완전한 통일이라고 해 온 것은 잘못된 역사의식에서 비롯된 것이고 그것이 국민의 역사의식을 왜곡시켜 왔다. 신라의 삼한통합은 고구려·백제·신라인으로 구성된 민족의 문제가 아니라, 신라인 그들의 승리였고 그로 인하여 한국사는 신라인의 역사로 이어진 것을 뜻한다. 그런 면에서 『한국사신론』에 신라·신라인이 이루어 놓은 사회와 문화가 한국사의 주류를 형성하기에 이르렀다고 한 것은 타당한 지적이 아닐 수 없다.

실제로 신라가 삼한을 통합한 결과 현재 한국인들의 다수는 신라인을 시조로 하는 성과 본관을 가지게 되었다. 한국인 중 고구려인이나 백제인을 시조로 하는 사람들을 찾기 어렵다는 점을 간과할 수 없다.

왜 삼한통합인가

신라인은 삼국통일에 관심이 없었다. 다만 신라를 멸망시키려 무섭게 침략해 들어오는 고구려와 백제를 멸망시키는 데 관심이 있었을 뿐이다. 648년 신라의 김춘추와 당 태종이 만났을 때 두 사람 사이에 고구려와 백제를 멸망시킨 후 평양 이남의 땅을 신라가 지배하기로 한 약속이 그 증거다. 또한 신라는 고구려를 멸망시킨 후 옛 고구려 영역 모두를 지배할 능력도 없었다.

당시 신라인들이 말하던 삼한은 한반도를 가리키는 것도 아니다. 패강(청천강)과 함흥평야 이남 정도를 가리켰다. 그것이 삼한통합이다. 실제로 『삼국사기』나 『화랑세기』에는 삼국통일이 아니라 일통삼한 또는 통합삼한 등으로 나오고 있다. 『삼국유사』에 이르러 일통삼국이라 나온다. 문제는 [모델 2.5]가 삼국통일이라 해 놓은 결과 그러한 가르침을 받아들인 한국인이 신라가 만주까지 통일했어야 한다는 생각을 하도록 만든 것이다. 그것은 고구려가 삼국을 통일했다면 한국사의 무대는 만주까지 확대되었을 것이라 생각하게 했다. 그러나 실제 역사는 신라가 고구려와 백제를 멸망시켰고 신라의 힘은 패강 정도까지를 지배할 수 있었을 뿐이다.

한국인 중에서 고구려 시조 고주몽의 후손이 있을까

현재 한국인 중 고조선의 단군이나 고구려의 고주몽 그리고 백제의 온조를 시조로 하는 씨족이 있을까? 찾기 어려울 것이다. 그러면 신라인을 시조로 하는 씨족들을 찾을 수는 있을까? 종성이나 육부성을 갖고 있는 사람들이 모두 신라인을 시조로 하는 씨족들이다.

그런데 왜 한국인들은 김춘추를 반민족적 행위를 한 인물로 규정했고 광개토왕이나 연개소문을 자랑스럽게 여기고 있는 것일까? 이것은 민족의 자긍심을 심어주기 위해 [모델 2.5]가 만들어 낸 민족사 때문이다.

7. 삼한통합의 역사적 유산

신라가 백제와 고구려를 정복한 결과 현재 한국·한국인은 신라의 역사적 유산을 이었다. 피정복국이 된 백제와 고구려 사람은 대신라왕국에서 점차 스러져 갔다. 백제와 고구려의 통치체제, 신분제도, 문화 등 모든 부문에 걸친 역사 유산은 무대 저편으로 사라지게 되었다.

민족사를 표방하고 있는 [모델 2.5]가 신라를 부끄러운 왕국으로 만들고, 고구려를 자랑스러운 왕국으로 만든 것은 역사적 사실을 왜곡시키는 것이다. 지난 수십 년 동안 [모델 2.5]가 발명해 낸 민족사의 가르침으로 세뇌된 한국인들은 조상인 신라인을 부끄럽게 여기게 되었다. 우리는 부모가 왕후장상이 아니고 억만금을 가진 거부가 아니어도 사랑한다. 마찬가지로 한국인의 직계 조상이 되는 종성과 육부성을 가진 신라인을 부끄럽게 여길 일이 아니다.

한국인 중 신라인을 시조로 하는 씨족이 아니라는 주장을 하는 사람도 있을 줄 안다. 그 경우 그의 어머니나, 할아버지 대의 네 분, 증조할아버지 대의 여덟 분의 씨족을 살펴보면 틀림없이 신라인을 시조로 하는 분들이 있을 것이다. 친가와 외가를 구별하지 않고 보면 한국인 중 신라인의 후손이 아닌 사람은 없다. 이로써 대신라는 물론이고 고려·조선을 거쳐 현재로 이어 오며 한국·한국인이 만들어진 것이다. 고구려나 백제인의 후손을 찾기 어려운 상황에서 [모델 2.5]가 만들어 낸 고구려에 대한 짝사랑을 계속하고 있을 수는 없는 일이다.

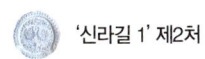
'신라길 1' 제2처

감은사(이견대) · 석굴암 · 불국사 · 성덕왕릉
– 신라왕국의 대평화

감은사(이견대) · 석굴암 · 불국사 · 성덕왕릉 가는 길

감은사지: 경주시 양북면 용당리 55~1번지
이견대: 경주시 감포읍 대본리, 사적 제 159호
석굴암: 경주시 진현동 994번지, 국보 제24호
불국사: 경주시 진현동 15~1번지, 사적 및 명승 제1호
성덕왕릉: 경주시 조양동 산 8번지, 사적 제28호

감은사지 · 이견대 · 석굴암 · 불국사 · 성덕왕릉을 찾는 이유

여기서 다루는 시기는 31대 신문왕(681~691)에서 36대 혜공왕(765~780)까지다. 이 시기 신라는 태평을 누렸다. 백제와 고구려를 정복한 결과였다.

삼한통합 후 만들어진 대신라왕국에는 어떤 변화가 일어났을까? 대신라에는 정치적·경제적·군사적·문화적 안정과 번영이 이루어졌다. 삼한통합은 신라가 지배할 토지와 인민의 수가 크게 늘어난 것을 의미하고, 그로 인하여 국가가 거둘 수 있는 조세가 증가하였고 동원할 수 있는 인력이 크게 늘어난 것을 의미한다.

이로써 새로운 상황에 맞도록 국가 통치체제 자체를 정비·강화하는 일이 벌어졌다. 또한 이 기간 동안 외적과의 전쟁이 없었기에 국가는 더없이 안정적인 상황을 유지하며 대평화를 누릴 수 있었다. 이 시기 신라의 평화와 관련된 유적으로 '신라길 1'에서 답사할 곳은 감은사(이견대), 석굴암, 불국사, 성덕왕릉을 들 수 있다. 이 유적들을 모두 답사할 수도 있고 그중 한두 유적만 답사할 수도 있다.

감은사탑

감은사 금당지

1. 신라 대평화의 표지적 유적들

신라의 대평화 시기를 상징적으로 보여 주는 유적은 적지 않다. '신라길 1' 답사와 관련하여 감은사(이견대), 석굴암·불국사, 성덕왕릉, 성덕대왕신종을 보기로 한다. 이 가운데 성덕왕릉은 괘릉에서 헌강왕릉으로 이동하는 중에 답사할 수 있다. 성덕대왕신종은 국립 경주박물관에 가서 볼 수 있다.

'신라길 1'의 제2처~1, 호국의 정신이 서린 이견대와 감은사지

31대 신문왕은 681년 7월 7일에 왕위에 올랐다. 그는 682년에 아버지 문무왕을 위하여 동해변에 감은사를 세웠다. 『삼국유사』 「만파식적」 조에 인용된 절의 기록에는 감은사 창건에 대한 이야기가 나온다. 즉 문무왕이 왜병을 진압하려고 이 절을 짓기 시작했는데 일을 마치지 못하고 세상을 떠나 바다의 용이 되었다. 그 아들 신문왕이 즉위하여 682년에 역사를 마쳤다.

금당의 섬돌 아래에 동쪽을 향해 구멍 하나를 뚫었는데 이는 용이 절에 들어와 돌아다니도록 하기 위한 것이다. 유언으로 왕의 유골을 장사지낸 곳을 대왕암이라 하고 절은 감은사라고 이름 했으며 후에 용을 바라본 곳을 이견대利見臺라 하였다.[30]

『삼국유사』에 나오는 「만파식적」조를 눈여겨볼 필요가 있다.

> 이듬해(682) 5월 초하루 해관 파진찬 박숙청이 보고했다. "동해 중에 작은 산이 떠서 감은사를 향해 오는데 물결에 따라 오고갑니다." 했다. 왕이 이상하게 여겨 일관 김춘질에게 점을 치게 하니 아뢰었다. "대왕의 아버님께서 지금 바다의 용이 되어 삼한을 진호하시고 김유신도 삼십삼천의 한 아들로 지금 세상에 내려와 대신이 되었습니다. 두 성인이 덕을 같이 하여 나라를 지키는 보물을 내주시려 하니, 만약 폐하께서 해변으로 행차하시면 반드시 값을 따질 수 없는 큰 보물을 얻을 것입니다." 했다.
>
> 왕이 기뻐하여 5월 7일 이견대에 가서 그 산을 바라보고 사자를 보내 살펴보게 했다. 산의 형세가 거북 머리와 같았는데 위에 한 그루의 대나무가 있어 낮에는 둘이 되고 밤에는 합하여 하나가 되었다(어떤 이는 산도 또한 대나무처럼 낮에는 벌어지고 밤에는 합쳐졌다고 한다). 사자가 돌아와 사실대로 아뢰니 왕은 감은사에 머물렀다. 다음날 오시(11~13시)에 대나무가 합해져 하나가 되자 천지가 진동하고 비바람이 일어나고 7일 동안 어두웠다. 그달 16일에 이르러 바람이 자고 물결이 잔잔해졌다. 왕이 배를 타고 바다에 나가 산에 들어가니 용이 검은 옥대를 왕에게 바쳤다.

30, 31. 『삼국유사』 2, 「기이」 2, 만파식적.

왕은 용을 맞아 같이 앉으며 묻기를 "이 산과 대나무가 혹은 갈라지고 혹은 합치기도 하는데 무슨 까닭이냐?" 했다. (용은) "비유해 말하자면 한 손으로 치면 소리가 나지 않고 두 손으로 치면 소리가 나는 것과 같습니다. 이 대나무란 물건은 합쳐야만 소리가 나게 되므로 성왕께서 소리로써 천하를 다스리게 될 상서로운 징조입니다. 왕께서 이 대나무로 피리를 만들어 불면 천하가 화평해질 것입니다. 지금 왕의 아버님께서 바다 속의 큰 용이 되셨고, 김유신은 다시 천신이 되어 두 성인이 마음을 같이 하여 이 같은 값을 따질 수 없는 큰 보물을 제게 주어 그것을 왕께 바치는 것입니다." 했다. 왕은 몹시 놀라고 기뻐하여 오색 비단과 금과 옥을 용에게 주고, 사자를 시켜 대나무를 베게 한 후 바다에서 나왔다. 그때 산과 용은 문득 없어져 보이지 않았다.

왕은 감은사에 유숙하고 17일에 기림사 서쪽 시냇가에서 수레를 멈추고 점심을 들었다. 태자 이공(효소대왕)이 대궐을 지키다 그 소식을 듣고 말을 달려와 경하하며 천천히 살펴보고 아뢰기를 "이 옥대의 눈금이 모두 진짜 용입니다." 했다. 왕이 "어찌 아느냐?" 물었다. 그러자 "눈금 하나를 떼어 물에 넣어 그것을 보여 드리겠다." 했다. 이에 왼쪽 둘째 눈금을 떼어 시냇물에 넣으니 곧 용이 되어 하늘로 올라가고 그 땅은 못이 되었다. 이로 인하여 그 못을 용연龍淵이라 했다. 왕이 돌아와서 그 대나무로 피리를 만들어 월성의 천존고天尊庫에 간직해 두었다. 이 피리를 불면 적병이 물러가고 질병이 낫고 가물 때는 비가 오고 비가 올 때는 개이고, 바람이 가라앉고 물결은 평온해졌다. 이 피리를 만파식적萬波息笛이라 부르고 국보라 칭했다. 효소왕 때인 693년에 부례랑이 살아 돌아왔던 기이한 일로 인하여 다시 만만파파식적萬萬波波息笛이라 이름 했다.[31]

이 기록의 상징성을 생각할 수 있다. 대왕암 자체가 갈라져 있는 것을 보면 그때 나타났던 섬은 대왕암을 가리키는 것일 수 있다. 또한 그곳에서 나온 대나무로 만든 만파식적은 신라의 평화를 불러오는 상징물이다. 이 같은 신라의 평화는 동해의 용이 된 문무왕과 천신이 된 김유신의 음덕으로 인한 것으로 이야기되고 있는 것을 볼 수 있다.

감은사지는 1959년과 1979~1980년에 걸쳐 이루어진 발굴 결과 남쪽의 축대, 중문, 동서회랑, 금당, 강당의 건물지가 확인되었다. 금당 앞에는 동·서에 13.4미터 높이의 3층 석탑(국보 제112호)이 서 있다.

이견대는 대본초등학교 길 건너편에 위치하며 대왕암을 내려다보는 위치에 있다. 1970년 발굴 결과 나타난 주춧돌을 근거로 하여 새로 지은 건물이 있다. 이견대에서는 매년 입하에 문무왕에 대한 향사가 있다.

'신라길 1'의 제2처~2, 불상들의 종합 전시장이라 할 석굴암

신라의 대평화 시기 표지적 유적으로는 불국사佛國寺와 석굴암石窟庵을 들 수 있다. 감은사에서 다음 유적으로 가자면 석굴암을 먼저 들르게 된다. 석굴암은 751년 불국사와 같은 시기에 세운 석굴사원이다. 석굴암 창건 연기설화는 불국사를 설명할 때 보기로 하겠다.

석굴암을 처음 발견한 것은 일본인으로 알려졌지만, 이는 만들어진 얘기일 뿐이다. 석굴암은 퇴락하기는 했으나 조선시대까지 유지되었던 것이 사실이다. 일제가 한국을 침탈해 오면서 석굴암은 식민정책의 한 수단으로 수난을 당하게 되었다. 일제는 한국 문화의 정수라 할 석굴암을 살려낸 것으로 꾸며내어 식민지 통치의 정당성을 만들고 세계에 일본이 한국 문화를 지켜 준다는 거짓말을 하였다. 1908년에는 본존불 뒤에 있

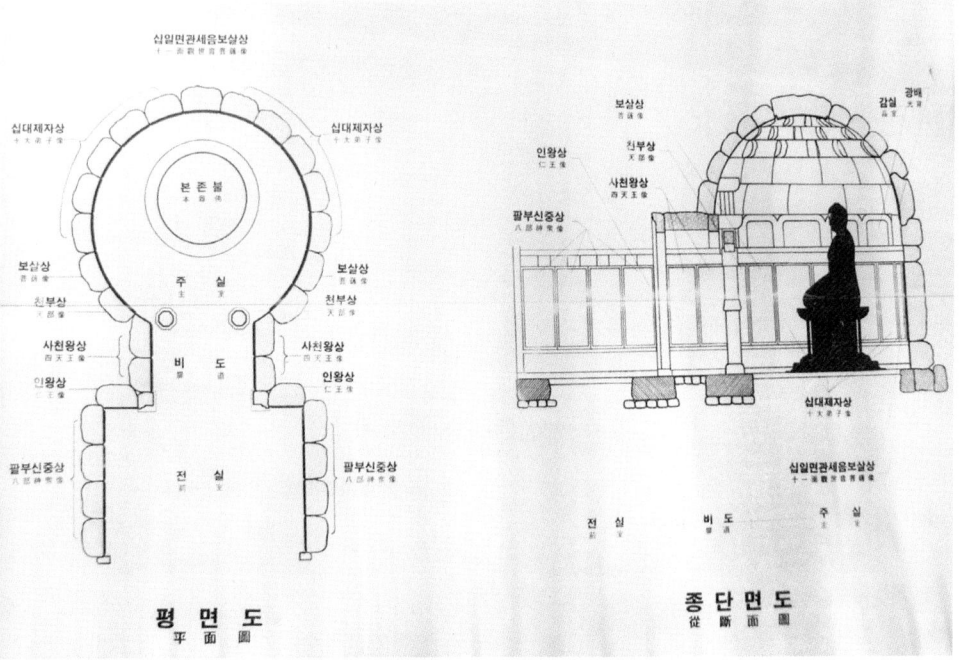

석굴암 불상 배치도

던 대리석 소탑을 일본인이 가져간 것으로 알려져 있고, 감실 안에 있던 2구의 불상이 없어졌고, 본존불의 두부가 파손되기도 했다.

일제는 1913~1915년 사이에 아무런 학술 조사도 없이 석굴암을 해체하여 복원했는데 그때 석굴 외부에 1미터 두께의 시멘트를 발라 습기가 빠지지 않게 되어 화강암들이 침식되기에 이르렀다. 1961~1964년에 수리하며 이중의 돔을 설치하여 굴 안의 상태를 호전시켰다. 현재는 사람들의 출입을 제한하고 있다.

석굴암은 불국사 연기를 이야기할 때 나오는 석불사石佛寺를 가리킨다. 김대성은 전세의 어머니를 위해 석불사를 세우고 신림과 표훈 두 성

석굴암 본존불

사師를 청해 각각 거주하게 했다. 불국사에는 신림이 석불사에는 표훈이 거주했을 가능성이 있다.

　석굴암은 인도와 중국에서 이어져 온 석굴사원의 한 표현이다. 석굴암의 규모는 인도나 중국의 석굴사원과 비교하여 결코 크지 않다. 그러나 석굴암은 페르시아에서 시작하여 인도와 중국을 거쳐 온 실크로드의 끝자락에서 꽃핀 유적이라 할 수 있다.

　석굴암 안에 만들어진 여러 불상들은 각기 부처의 세상을 상징하고 있다. 이는 신라의 문화가 불교사상을 옳게 이해하고 있었으며 부처의 세상을 석굴암의 불상들로 표현한 것을 의미한다.

　석굴암의 원형 주실에는 중앙에 1.6미터 연화대좌 위에 3.4미터 높이의 본존불을 모시고 있다. 본존불이 아미타여래라는 주장이 있으나, 항마촉지인을 하고 있고 협시보살로 문수보살과 보현보살을 배치한 것으로 미루어 석가여래로 볼 수도 있다. 주실의 벽에 불상들이 배치되어 있다. 본존불 바로 뒤에는 십일면관음보살이 있다. 십일면관음보살 좌우로 각기 5구씩 10대 제자의 상(나한상)을 배치하고 있다. 십대제자에 이어 주실의 왼쪽에는 문수보살과 제석천이 있고, 오른쪽에는 보현보살과 대범천이 있다. 주실 벽면의 이 같은 불상 위에 10개의 감실이 있어 관음보살, 미륵보살, 지장보살 등 보살 7구와 유마거사상 등을 배치하였다. 2개의 감실에 있던 불상은 일제 때 사라졌다. 주실에서 밖으로 나오며 좌우에는 각기 2구씩의 사천왕상이 있다. 전실의 전면에는 인왕상(금강역사)을 배치하였다. 전실의 측면에는 팔부중상을 배치하였다.

석굴암의 불상들을 보면 불교에서 만들어 온 부처·보살·인왕·사천왕·나한과 같은 다섯 가지 불상들이 모두 한곳에 있는 것을 볼 수 있다. 이는 신라인들이 부처의 세상을 하나의 장소에 만든 것을 뜻한다.

'신라길 1'의 제2처~3, 대신라의 또 다른 상징 불국사

석굴암을 답사한 후 토함산을 내려오면 불국사가 있다. 불국사 창건과 관련된 이야기는 『삼국유사』에 나와 있다.[32] 이에 따르면 불국사를 창건한 사람은 경덕왕 대의 김대성이었다. 그는 경덕왕 10년(751) 불국사를 창건한 것으로 나온다. 불국사의 구름다리나 석탑의 돌과 나무를 꾸미고 새긴 기교는 신라 왕경의 여러 사찰로서 이보다 나은 데가 없다고 하였다. 불국사는 신라 최고 수준의 건축물이었던 것이다. 이 같은 사찰 건

---

32. 『삼국유사』 5, 「효선」 9, 대성효이세부모 신문대 (大城孝二世父母 神文代).

물을 축조한 때는 다름 아니라 신라 대평화 시대였다. 삼한통합으로 국력이 비교할 수 없이 커진 상황 아래에서 만들어진 신라 대평화 시대의 표지적 유적이라 하겠다.

『삼국유사』에 나오는 불국사와 석굴암의 창건 연기를 보자.[33]

모량리에 살던 가난한 여자 경조에게 대성이라는 아들이 있었다. 대성은 머리가 크고 이마가 편편하여 성처럼 생겼기에 그와 같은 이름을 얻었다. 집안이 가난하여 아이를 기르기 어려워 복안이라는 부잣집에서 품팔이를 살았는데 그 집에서 몇 묘의 밭을 나누어 주어 의식의 밑천을 마련하였다. 그때 덕망 있는 중 점개가 흥륜사에서 육윤회를 열고자 복안의 집에 와서 시주를 청했더니 베 50필을 시주했다. 점개가 주문으로 축원하기를 "단월께서는 시주를 좋아하시니 천신이 늘 보호하시고, 하나를 시주하면 만 배를 얻을 것이며, 안락하고 오랜 수명을 누릴 것입니다." 했다. 대성이 이 말을 듣고 뛰어 들어와 어머니에게 말하기를 "제가 문간에서 중이 하는 소리를 들으니 하나를 시주하면 만 배를 얻는다고 합니다. 생각건대 우리는 전생에 일정한 적선을 하지 않았기에 이같이 가난한 것입니다. 지금 시주하지 않으면 다음 세상에 더욱 가난할 것입니다. 우리의 용전傭田을 법회에 시주하여 다음 세상의 보답을 도모함이 어떻습니까?" 하였다. 어머니가 좋다고 했다. 이에 밭을 점개에게 시주했다. 얼마 안 되어 대성이 죽었는데 그날 밤 나라의 재상 김문량의 집에 하늘에서 "모량리의 대성이라는 아이가 너의 집에 태어날 것이다."라고 외치는 소리가 들렸다. 집안사람들이 크게 놀라 모량리를 뒤졌는

---

33. 『삼국유사』 5, 「효선」 9, 대성효이세부모 신문대 (大城孝二世父母 神文代)

데 과연 대성이 죽었는데 하늘에서 소리가 들린 날과 같았다.

그 후 임신하여 아이를 낳았는데, 아이가 왼손을 쥐고 펴지 않다가 7일 만에 폈다. 대성이라는 두 자를 새긴 금간金簡이 있어 이로써 이름을 지었다. 대성의 전세前世의 어머니를 그 집에 모셔 봉양했다. 아이가 성장하자 사냥을 좋아했다. 하루는 토함산에 올라 곰 한 마리를 잡고 산 아래 촌에서 묵었는데 곰이 귀신이 되어 하소연하여 말하기를 "네가 왜 나를 죽였느냐? 내가 환생하여 너를 잡아먹겠다!" 하였다. 대성이 두려워 용서를 빌었다. 귀신이 말하기를 "나를 위하여 불사를 세울 수 있느냐?" 했다. 대성이 그렇게 하겠다고 맹세하고 깨어나니 땀이 흘러 요를 적셨다. 이후 대성은 사냥을 금하고 곰을 위하여 그것을 잡았던 자리에 장수사를 지었다.

또한 마음에 감동한 바가 있어 자비를 베풀 결심을 한결 굳게 하고

불국사의 청운교·백운교(뒤), 연화교·칠보교(앞)

불국사의 석가탑(왼)과 다보탑(오)

현재 양친을 위하여 불국사를 창건하고 전세의 어머니를 위하여 석불사를 창건하고 신림과 표훈 두 스님을 청하여 각각 주지하도록 하고 부모의 소상을 성대하게 만들어 양육한 수고를 갚았다. "한 몸으로 두 세상의 부모에게 효도한 일은 드문 일이니 어찌 선한 시주의 영험함을 믿지 않겠는가!"라 나오고 있다.

대성이 석물을 만들려 하여 큰 돌 한 개를 다듬어 감실 뚜껑을 만들다가 갑자기 세 토막이 났다. 대성이 분하고 안타까워하자 잠도 채 들기 전에 밤중에 천신이 내려와 일을 마치고 돌아갔다. 대성이 일어나자 남쪽 고개로 달려가 향나무를 피워 천신에게 공양했다. 그로 인하여 향령이라 했다. 불국사의 운제와 석탑은 그 나무와 돌에 조각한 기공이 동도(신라 왕경)의 여러 절 중 이보다 나은 것이 없다.

이 같이 만들어진 불국사의 건축물들은 신라 최고를 자랑한 것이 분명하다. 경덕왕 대의 대상大相 대성은 751년에 비로소 불국사를 세웠는데, 혜공왕 대를 거쳐 774년 12월 2일 죽었으므로 나라에서 이 역사를 완성시켰다. 불국사와 석굴암은 김대성 혼자 건축한 것이 아니라는 것을 알 수 있다.

불국사의 가람 배치를 보면 청운교·백운교를 오르면 석가여래상을 모신 대웅전이 있고, 대웅전 앞의 석가탑과 다보탑이 있다. 무설전을 지나 뒤쪽에는 관음보살을 모신 관음전이 있고 그 서쪽에 비로자나불을 모신 비로전이 있다. 대웅전 서쪽에는 아미타불을 모신 극락전이 있다. 원래는 나한전과 시왕전도 있었던 것으로 되어 있다. 현재 극락전 안의 왼쪽 뒤편에는 산신과 독성의 불화가 있다. 일반적으로 한국의 불교 사찰에는 전통 신앙을 상징하는 산신각 등이 있었는데 불국사에서는 현재 불화로만 그 모습을 볼 수 있다.

불국사 가람을 보면 시간적인 면에서 과거불인 아미타여래, 현재불인 석가여래, 금강불괴의 비로자나불 등을 모시고 관음신앙과 관련하여 관음보살을 별도로 모신 것을 볼 수 있다. 이는 어떤 의미에서 불교 신앙의 종합을 기한 것이라 하겠다.

'신라길 1'의 제2처~4, 성덕왕릉-대평화의 절정기

33대 성덕왕릉의 능은 괘릉 답사 후 불국사 입구를 지나 경주 시내 쪽으로 2킬로미터 가면 오른 쪽에 성덕왕릉 표지가 있다. 주차장은 없으니 차를 근처에 주차하고 철길을 건너면 효소왕릉이 먼저 나오고 그 동쪽에 성덕왕릉이 있다. 시간이 있으면 성덕왕릉을 답사하기를 권한다. 철길을 건널 때는 조심해야 한다.

『삼국사기』에는 737년 2월 왕이 세상을 떠나자 시호를 성덕聖德이라 하고 이거사 남쪽에 장사 지낸 것으로 나오고 있다. 『삼국유사』 「왕력」 편에는 왕의 능이 동촌 남쪽에 있는데 혹은 양장곡이라 한다고 나와 있다.

성덕왕릉 귀부

성덕왕릉은 원형봉토분으로 지름 14.5미터, 높이 4.5미터이고 봉토의 아래에는 판석으로 면석을 삼고 면석 사이에는 기둥 돌인 탱주를 세웠다. 탱주의 밖에는 삼각형의 받침돌을 세웠다. 삼각형 받침돌 사이에는 12지신상의 조각상을 배치했다. 다른 무덤에도 12지신상은 있으나 이와 같이 조각상을 만든 것은 특이한 일이다. 12지신상은 무복을 입고 무기를 들고 있는데 심하게 파손되었다. 파손되지 않은 원숭이상은 국립경주박물관으로 옮겨 전시하고 있다. 능 앞에는 상석이 있고 그 앞에는 무인석 1구와 상반신만 남은 석인 1구가 있고, 능 뒤쪽과 앞쪽에 석사자 4구가 배치되어 있다. 능의 앞쪽 좌측에 비신과 이수가 없어지고 귀부만 남은 석비가 있다. 능비 주변 조사 과정에 비석 조각이 발견되었는데 "武(무)"자와 "跡(적)" 두 자를 판독했다. 성덕왕릉은 중국 당나라 능의 석조물 배치 양식의 영향을 받았던 것으로 생각된다.

33대 성덕왕(702~737)은 31대 신문왕의 둘째 아들이며 32대 효소왕(692~702)의 동생이다. 효소왕에게 아들이 없자 그의 동생 홍광(본명은 융기)이 왕위에 올랐다. 성덕왕릉을 '신라길 1'에서 답사하는 것은 그의 치세가 신라 평화기 중 전성기라 생각하기 때문이다. 735년 정월 김의충을 당나라에 보내 새해를 하례했는데, 김의충이 돌아올 때 칙령을 내려 패강(청천강) 이남의 땅을 신라에게 주었다.[34] 736년 6월 사신을 당나라에 보내 신년을 하례하고 다음과 같이 말했다.

> 삼가 패강 이남의 땅을 내려 주신 은혜로운 칙명을 받았습니다. 신은 바다의 먼 변두리에 살며 중국 조정의 덕화를 입었는데 비록 정성으로 마음을 먹고 있으나 공은 이룰 수가 없었으며 충성과 정절에 힘썼으나 그 노고는 상 받을 것이 못되었습니다. 그런데 폐하께서 은혜를 베풀어 일월과 같은 밝은 조칙을 보내 주시어 신의 영토를 넓혀 주셨습니다. 드디어 토지를 제 때에 개간토록 해 주시어 농사를 짓고 누에를 쳐서 안정

성덕왕릉 석사자(왼), 12지신상(오)

---

34. 『삼국사기』 8, 「신라본기」 8, 성덕왕 34년.

되게 해 주셨습니다. 신은 조칙의 뜻을 받들어 깊은 은총을 입었으므로 뼈가 가루가 되고 몸이 부서지도록 노력해도 보답할 길이 없겠습니다.

『삼국사기』 8, 「신라본기」 8, 성덕왕 35년.

현재 한국인들은 이 이야기를 보면 무엇이라 할 것인가 궁금하다. 민족의 자존심도 없던 성덕왕이라 할지 모른다. 그러나 당시 신라와 당나라의 관계는 그 이상도 이하도 아니었다. 그러한 자세를 취한 것은 당나라와의 전쟁을 피할 수 있는 한 방법이었다. 현재 한국인이 갖고 있는 민족의 자존심을 갖고 성덕왕을 반민족적 행위자로 심판할 일은 아니다. 신라가 당나라보다 강한 나라였다면 반대 현상이 벌어졌을 것이다.

당시 당 현종이 신라에게 패강 이남의 땅을 신라에게 준 데에는 이유가 있었다. 『삼국사기』에서 기록을 볼 수 있다.[35] 그보다 2년 전인 733년 7월 당나라 현종이 발해의 말갈이 바다를 건너 등주에 쳐들어왔으므로 태복원외경 김사란을 귀국시켜 성덕왕에게 벼슬을 더하여 주어 개부의동삼사 영해군사로 삼고 군사를 내어 말갈의 남쪽 변경을 치게 한 일이 있었다. 그때 신라에서 말갈을 공격했으나 눈이 내려 한 길 이상 되었고 산 길이 막히고 좁아 사졸들 중 죽은 자가 반이 넘자 공도 세우지 못하고 돌아온 것으로 되어 있다. 한편 김사란은 신라 왕족이었는데 당에 입조하여 숙위하다가 사신이 되어 신라로 온 것으로 나온다.

말갈의 침략을 받은 당나라에서 신라군을 동원하여 말갈을 치기 위한 조치를 취한 것을 볼 수 있다. 그 결과 신라에게 패수 이남의 땅을 지

---

35. 『삼국사기』 8, 「신라본기」 8, 성덕왕 32년.

배하도록 한 것이 틀림없다. 또한 신라인이 당나라 사신이 되어 온 것도 주목할 사실이다. 신라와 당나라 사이의 관계가 긴밀해지는 것을 알 수 있다. 또한 신라인을 사신으로 삼아 보내는 당나라의 제국적 모습도 볼 수 있다.

'신라길 1'의 제2처~5, 성덕대왕 신종-대평화의 상징

에밀레종 또는 봉덕사종으로도 알려진 성덕대왕 신종은 국립 경주박물관에 있다. 신라의 평화 시기에 만들어진 상징적인 종이다. 『삼국유사』에는 35대 경덕왕(742~765)이 754년에 황룡사종을 만든 것으로 나오고 있다. 황룡사종은 길이가 1장 3촌이고 두께는 9촌 무게는 49만 7,581근이었다고 한다. 경덕왕은 755년에는 분황사의 약사여래상을 주조했는데 무게가 30만 6,700근이었다. 경덕왕은 황동 12만 근을 내어 아버지인 성덕왕을 위하여 거대한 종 한 구를 주조하려 했는데 이루지 못하고 세상을 떠났다. 그 아들 혜공왕이 770년 12월에 관리와 공장들을 모아 종을 만들게 하여 771년에 완성시켜 봉덕사에 안치했다. 봉덕사는 34대 효성왕이 그 아버지 33대 성덕왕의 명복을 빌기 위하여 창건한 절이었다. 그러므로 성덕대왕 신종이라 했다.[36]

종의 높이는 3.77미터, 둘레는 7미터, 아랫부분 지름은 2.27미터, 두께는 아래쪽이 22센티미터이고 무게는 20~22톤이 나간다. 이 종은 봉덕사에 있던 것을 1460년에 영묘사로 옮겼다가 봉황대에 종각을 짓고 안치, 1915년 박물관으로 옮겼다가 다시 현재의 박물관으로 옮겼다. 종의 표

---

36. 『삼국유사』 3, 「탑상」 4, 황룡사종 분황사약사 봉덕사종.

면에 있는 명문을 주목할 수 있다. 「성덕대왕신종지명聖德大王神鐘之銘」이란 제목으로 되어 있는 명문의 한 부분을 볼 수 있다.

> …엎드려 생각건대 성덕대왕의 덕은 산하와 같이 높고 명성은 일월과 같이 높이 걸렸으며 충량한 사람을 등용하여 풍속을 어루만지고 예악을 숭상하여 풍속을 바로잡으셨다. 백성들은 농사의 근본이 되고 시가에는 함부로 하는 물건이 없었다. 그때는 금옥을 싫어하고 세상에서는 문재를 숭상했다. 아들의 죽음에 마음을 두지 않고 오래된 훈계에 마음을 두고 40여 년을 나라에 임하여 정치에 힘쓰셨다. 전쟁으로 백성들이 놀라는 일이 한 번도 없었고 사방의 이웃 나라와 먼 나라들이 손으로 온 까닭에 오직 왕의 교화를 사모할 뿐 일찍이 전쟁을 일으킬 생각이 없었다. …

이 기록은 성덕왕 대(702~737)의 사정을 언급한 것이다. 성덕왕 대에 전쟁이 없었고 신라에 평화가 깃든 것을 알 수 있다.

성덕대왕 신종을 만드는 데 관여한 책임자는 상상上相이었던 김옹이었다. 그 다음으로 김양상과 김경신(또는 김체신으로 읽기도 함)이 나오고 있다. 김양상은 774년에 상대등이 되었고 780년에 왕위에 오른 인물이다. 그리고 김체신이 아니라 김경신이라면 그는 785년에 왕위에 오른 38대 원성왕 그 사람이다.[37] 원성왕 이후 그의 후손들이 왕위를 이어가는 시대가 열린 바 있다. 여기서 771년 당시 김양상과 김경신이 아직 정권을 장악

---

[37] 「삼국사기」 9, 「신라본기」 9의 선덕왕 4년(784) 정월 조에는 아찬 체신을 대곡진 군주로 삼은 사실이 나온다. 따라서 체신을 경신과 동일인이라고 보기에 문제가 있다.

하지 않았지만 정권을 장악할 위치에 있었던 것을 알 수 있다.

성덕대왕 신종(국립 경주박물관)

2. 대신라의 융성

이 시기에 불국사·석굴암이나 황룡사종·성덕대왕 신종을 만들 수 있었던 데에는 이유가 있다. 신라가 백제와 고구려를 평정한 후 그와 같은 힘이 생긴 것이다. 새로 정복한 토지와 인민은 원래 신라의 토지와 인민보다 2배 이상은 되는 규모였다. 거두어들일 수 있던 조세와 특산물, 동원할 수 있던 인력이 크게 늘어났다. 이는 대신라왕국의 융성을 불러온 근본 요인이 되었다.

신라는 피정복민으로부터 충분하게 조·용·조租庸調를 수취하여 융성을 이룰 수 있었다. 즉 정복국인 신라는 피정복 지역의 토지에서 세를 거두고, 사람들의 역역力役을 동원하고, 호별 특산물을 거두게 되었다. 삼한통합은 신라인에게는 융성을 불러온 것이지만 피정복민이 된 옛 백제인과 고구려인에게는 피지배 세력으로서의 삶을 살게 했다.

왕위 계승

이 시기 왕제王制의 변화를 주목할 필요가 있다. 패강 이남의 옛 고구려와 백제의 토지와 인민을 지배하는 정점에 신라 왕이 있었다. 전에 없이 늘어난 토지와 인민을 지배하게 된 왕의 권력은 강화된 것이 분명하다. 대평화 시대 신라의 왕위는 무열왕의 후손들이 차지했다. 29대 무열왕(654~661)에서 36대 혜공왕(765~780)까지 왕들은 모두 무열왕 후손들이다.

이 시기 왕위 계승은 왕의 지위가 더없이 안정된 상태였음을 보여 준다. 왕위 장자 계승 원칙이 이루어졌기 때문이다. 이는 왕위 계승권을 가진 자가 한 사람으로 되었던 것을 뜻한다. 그런데 당시 일반인의 경우 딸만 낳거나 아예 아이를 낳지 못하는 경우가 있어 아들을 낳지 못하는 경우가 40퍼센트 정도는 되었다. 왕들은 부인을 더 얻어 아들을 낳을 기회를 늘릴 수 있었다. 그런데 32대 효소왕과 34대 효성왕에게는 아들이 없었다. 이 경우 왕위를 비워둘 수는 없는 일이었다. 따라서 왕에게 가장 가까운 혈족인 동생들이 왕위 계승을 하게 되었다. 그렇게 즉위한 왕이 효소왕의 동생인 33대 성덕왕이었고 효성왕의 동생인 35대 경덕왕이었다. 성덕왕과 경덕왕은 다시 장자 계승 원칙에 따라 장자에게 왕위를 물려주었다.

이와 같은 장자 계승 원칙을 지킴으로 왕위가 안정된 것은 사실이지만 이는 바꾸어 보면 왕실 세력이 축소된 것을 뜻한다. 성골 왕 시대의 경우는 왕과 그 형제, 그 가족들이 성골이 되었으며 그들 사이에서 왕위 계승권자가 나왔다. 그때 왕실 세력의 폭은 대평화 시대보다 넓었다. 그럼에도 불구하고 성골로 이루어진 왕실 세력이 결국 소멸되었다. 대평화 시기 왕실 세력은 왕위가 왕의 장자로 이어지는 과정에서 크게 축소되었

표5 신라 중대 대평화 시대 왕위 계승표

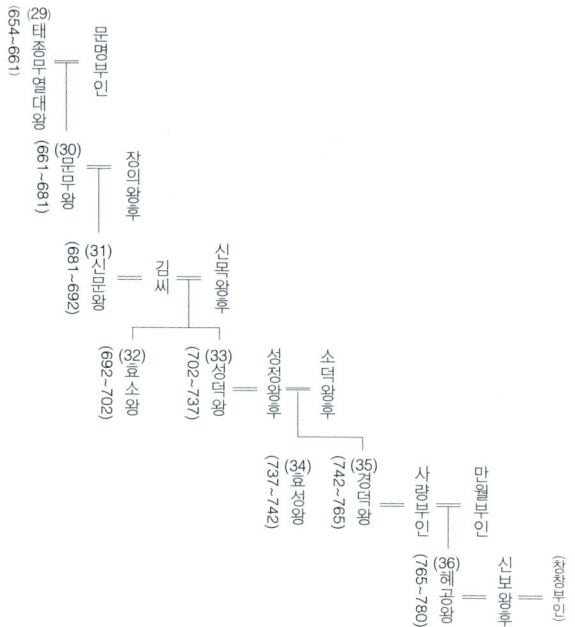

다. 이는 왕을 지켜 줄 세력이 줄어든 것을 의미한다. 결국 혜공왕 대에 있었던 반란을 막을 수 없던 왕실 세력은 왕위를 37대 선덕왕宣德王에게 내주게 되었으며 무열왕계의 왕위 계승은 끝나고 말았다.

대평화 시기 왕들은 아들을 얻기 위해 노력하였다. 신문왕은 김흠돌의 딸을 태자비로 삼았는데 아들을 낳지 못했고 그 아버지가 반란을 일으켜 출궁시켰다. 신문왕 3년(683) 김흠운의 딸을 왕비로 맞아 두 아들을 낳았으니 그들이 효소왕과 성덕왕이었다. 성덕왕도 아들을 낳지 못한 성정왕후를 출궁시키고 이찬 순원의 딸을 왕비로 삼아 두 아들을 낳았는데 그들이 효성왕과 경덕왕이었다. 경덕왕도 왕비에게 아들이 없어 왕비를 출궁시켜 사량부인으로 삼고, 새로운 왕비 만월부인을 얻어 아들을 낳고자 했다. 경덕왕은 대덕 표훈을 하늘에 있는 상제에게 두 번씩이나 올려 보내 나라가 위태하더라도 아들을 얻어 뒤를 잇게 하면 만족하겠다고 하며 얻은 아들이 혜공왕이었다. 36대 혜공왕도 원비 신보왕후와 차비 창창부인이 있었다. 그런데 혜공왕은 장년이 되자 여색에 빠져 인심을 잃었고 결국 양상(37대 선덕왕)과 경신(38대 원성왕)이 일으킨 반란으로 왕위를 잃었다.

왕들은 사적으로 경제적 기반을 갖고 있었다. 고구려·백제의 평정은 왕의 경제력도 크게 강화시켰다. 명목상으로는 왕이 신라의 토지와 인민의 주인이라고 하지만 실제 신라인들은 토지나 노비, 재물과 같은 사유재산을 가지고 있었다. 문무왕 9년(670) 전국의 목마장 174곳을 나누어 주는 과정에 왕실에 22곳, 관부에 10곳, 김유신에게 6곳 등을 나누어 준 바 있다. 여기서 말하는 소내는 왕의 사신에 해당하는 내성을 가리키는 것으로 목마장을 내성 소속으로 만든 것을 뜻한다. 이는 왕실을 위한 관부인 내성에 정부의 관부보다 많은 목마장을 나눈 것을 뜻한다. 당시 내성은 목마장만 소유한 것이 아닐 것이다. 어떤 면에서 왕실은 정부의 관부들보다 많은 재산을 가졌다. 이는 왕권 행사를 뒷받침하는 결과를 가져왔을 것이다.

율령격식에 의한 지배

대평화 시기 율령격식律令格式에 의한 지배가 이루어진 것을 볼 수 있다. 성골 왕 시기 왕들은 신성함을 바탕으로 왕정을 이끌었고 신민을 지배했다. 무열왕 이후 진골들이 왕위를 계승하며 성스러움이 아닌 다른 방법을 찾지 않을 수 없었다. 그 주요한 방법이 바로 율령격식에 의한 행정적 지배였다.

무열왕 원년(654) 5월 이방부령 양수 등에게 명하여 율령을 자세히 취하여 이방부격 60여 조를 고쳐 정하게 했다. 이때 이방부의 격만 고쳐 정한 것은 아닐 것이다. 격은 율령을 수시로 보정한 조칙을 모은 것으로 율령의 개정법전이다. 법흥왕이 율령을 반포한 이후 율령은 지속적으로 보정되었다. 특히 무열왕은 그와 같은 율령의 보정을 명한 것이다.

문무왕은 681년 7월 1일 세상을 떠나기 전에 내린 유조의 끝부분에서 율령격식에 불편한 것이 있으면 개장하라고 하며 원근에 널리 알려 그 뜻을 알도록 하고 주관하는 이는 시행하라고 했다. 진골 왕이었던 무열왕과 문무왕이 율령격식의 개장과 시행에 관심을 가진 것은 국가 통치를 율령격식으로 하게 된 것을 뜻한다. 율령격식은 왕정 유지의 중요한 장치가 된 것이다. 이제 왕정은 한층 정치적이고 행정적인 방법으로 유지되었다.

정부 조직의 확대

대평화 시기 정부 조직의 확대 개편을 볼 수 있다. 특히 고구려와 백제의 옛 땅을 지배하는 과정에 늘어난 토지와 인민을 지배하기 위해 정부 조직을 개편하지 않을 수 없었다. 신문왕 대인 682년에 국학을 설치했고, 686년에 예작부를 설치한 것을 볼 수 있다. 사실 이 시기에는 이미 여러 관부가 설치되었기 때문에 새로 만들어진 관부의 수는 많지 않았다. 국학도 원래 예부에 설치되었던 대사가 업무를 담당했는데 이때 예부 예하 관부로 독립시킨 것이었다.

대평화 시기 정부 조직의 중요한 변화는 종래 령令-경卿-대사大舍-사 史로 이어진 4단계 조직을 령-경-대사-사지舍知-사의 5단계 조직으로 편제한 것이다. 이는 왕정의 강화를 위한 조치로 늘어난 국가 통치 업무를 수행하기 위하여 신료 수를 늘리고 업무를 한 단계 더 분담 처리하게 된 것을 보여 준다.

그런가 하면 지방 통치를 위한 조직도 새롭게 편제했다. 신라·고구려·백제의 옛 땅에 각기 3개의 주를 설치하여 9개의 주를 만들었다. 9주 밑에는 군과 현을 설치했다. 주에는 총관, 군에는 태수, 현에는 현령을 임명했다. 이 시기 군 밑에 현이라는 새로운 단계의 조직을 설치한 것은 그만큼 지방관의 파견을 늘린 조치로 중앙 정부의 지방 통치가 강화된 것을 뜻한다.

그 밖에 5소경도 설치했다. 소경에는 왕경인을 이주시켰다고 생각된다. 주·군·현·소경 밑에는 각기 몇 개씩의 행정촌이 있었고, 행정촌 밑에는 몇 개씩의 자연촌이 있었다. 행정촌은 현재의 면 정도에 해당하고 자연촌은 현재의 리 정도에 해당한다.

지방 통치 조직의 편성을 통하여 새롭게 늘어난 토지와 인민을 효율적으로 지배할 수 있게 되었다. 그 결과 왕정이 강화되어 국가 재정이 충실해졌고, 인적 자원을 충분히 확보할 수 있었다. 이것이 대평화 시기 왕정 강화의 또 다른 이유다.

왕경인의 지방 이주 정책

삼한통합으로 왕경의 인구가 늘어난 결과 신라 조정에서는 인구 분산책을 펴게 되었다. 5소경의 설치는 왕경인을 분산시키기 위한 조치였다. 실제로 신라는 일찍부터 왕경인을 지방으로 이주시키는 일을 벌인 바 있다. 514년 아시촌에 소경을 설치하고 왕경인과 남쪽 지역 사람들을 채운 것이 그 예다. 왕경인의 지방 이주는 이후에도 계속되었다. 그리고 왕경인들이 소경으로만 간 것이 아니라 주·군·현 지역으로 이주하는 일이 계속 벌어졌다. 이때 지방으로 이주한 세력 중에는 종성과 육부성을 가진 사람들이 많았다. 그들은 지방으로 이주한 후에 지방 세력으로 자리 잡았고, 그들의 씨족을 기억하여 나갔으며 신라 말 지방 세력들의 패권 다툼으로 벌어진 전국시대戰國時代를 거쳐 고려시대로 그 세력을 이어갔다.

유교 국가로의 전환 시도

대평화 시기 신라는 유교 국가로의 길을 걷기 시작했다. 국학 설치가 그 예다. 국학에서는 유교 경전을 학업으로 삼았는데 그 자체가 유교의 가르침인 충忠·효孝·예禮·의義·신信 등 인도人道에 대한 이해를 바탕으로 신료를 선발하기 시작한 것을 뜻한다. 원래 신라의 주요 신료 공급원은 화랑도였다. 그런데 신문왕 원년(681) 김흠돌의 난에 화랑의 우두머리 화랑인 풍월주를 지낸 자들이 여러 명 연루된 것이 드러나자, 화랑도를 폐지한 바 있다. 그 이듬해 6월에 국학을 설치하여 신료를 양성하기 시작한 것이다.

물론 곧이어 국선을 우두머리로 한 화랑도가 부활되지만 이후 적어도 신료의 주요 공급원은 국학이 되었다. 왕들이 국학에 관심을 가졌던 것은 그 때문이다. 경덕왕 6년(747) 정월 국학에 여러 학업의 박사와 조교를 둔 일이 있다. 혜공왕 원년(765)에는 왕이 태학에 행차하여 박사에게 명하여 『서경』의 뜻을 강의토록 한 일도 있다.

풍성해진 국고

신라의 재정 수입은 크게 늘어났다. 755년 또는 695년에 작성되었다고 생각되는 촌락문서를 통하여 대신라의 조·용··조 수취 체제가 발전해 있었던 것을 알 수 있다.

신문왕 대에는 문무 관료전을 주었고 매년 곡식을 주게 되었다. 대신 종래 유지되어 오던 녹읍을 폐지했다. 이는 국가가 장악한 토지와 매년 거둘 수 있던 조세 수입이 늘어났기에 가능한 일이었다. 왕이 신료들에게 직접 급여를 지급한 이 같은 조치들은 왕의 신료들에 대한 지배권을 한층 강화시킨 것이 분명하다. 왕권이 상대적으로 강화된 것이다.

특히 삼한통합 후 옛 백제와 고구려 지역에 새로 늘어난 토지와 인민을 신라 지배 세력들이 국가로부터 받아 대를 이어 그들의 경제적 기반으로 삼을 수 있었다. 국가로부터 받았던 그러한 수봉지소受封之所는 신

촌락문서 695년이나 755년에 작성된 문서일 수 있다.

라가 망해 가는 9세기까지도 후손들이 이어 받았다. 그러한 땅에 신라가 망하며 왕경인들이 이주하여 지방 세력으로 자리 잡아 갔다.

군사 조직의 개편과 피정복민의 편제

이 시기에 왕을 경호하는 군단 조직이 강화되었다. 신문왕 원년(681) 10월 시위부에 장군 6명을 두었다. 시위부는 원래 진덕여왕 5년(651)에 설치된 것인데 신문왕 때에 감監을 폐지하고 장군 6인, 대감 6인, 대두 15인, 항項 36인, 졸 117인을 두었다. 시위부의 규모는 크지 않지만 장군을 6인이나 두고 3도로 나누어 교대하며 왕을 시위한 것은 그 위상이 매우 높았음을 말해 준다.

고구려와 백제를 정복한 신라인들은 피정복국의 인민을 신라 골품제로 편제하여 지배했다. 9서당에 다양한 계통의 피정복민들을 받아들인 것이 그 예다.

중국화

토용

이 시기 대신라왕국의 중국화를 볼 수 있다. 648년 김춘추는 당 태종을 만나 신라인들에게 중국인의 옷을 입도록 하겠다고 한 바 있다. 649년 남자들이 당나라 사람들과 같은 중국식 옷을 입기 시작했고, 문무왕 4년(664)에는 부인들도 중국식 의상을 입기 시작했다. 겉으로 보기에 신라의 남자와 여자들이 당나라 사람과 같아진 것이다. 물론 당시 중국식 옷을 입을 수 있던 사람들은 지배 세력에 한정되었을 것이다.

664년 3월에는 28명의 신라인을 웅진부성에 보내 당악을 배우도록 했다. 674년에는 당에 들어가 숙위하던 대나마 덕복이 역술을 배워 오기도 했다. 682년 국학을 설치하여 신라의 젊은이들에게 유교 경전을 가르치기 시작했다.

신국의 도를 중심으로 움직이던 사회에 불교와 유학이 들어오며 또 다른 차원의 삶의 길이 나타난 것이다. 신라 사람들은 대평화 시대에 중국화, 즉 국제화하여 나간 것을 볼 수 있다. 그런데 분명한 사실은 신라인들이 신국의 도를 버리고 중하(中夏, 중국)의 도를 택한 것이 아니라 중하의 도를 신라의 실정에 맞게 조정하고 변화시켜 신국의 도와 중하의 도를 함께 유지했다는 것이다.

신라 때부터 있었던 일본의 역사 왜곡

668년부터 779년 사이에 신라와 일본 사이에 사신들이 오갔다. 신라에서는 45회, 일본에서는 25회의 사신을 보낸 바 있다. 그러는 중에도 731년 등 일본인들은 신라의 변경으로 쳐들어와 계속 도둑질을 했다. 신라와 일본의 국제 관계는 순탄하지만은 않았다. 실제로 742년 10월 일본 사신이 왔는데 받아들이지 않고 귀국시킨 일이 있었다. 또한 753년 8월에도 일본국 사신이 왔는데 아무렇게나 하고 무례하여 왕이 만나 주지 않아 돌아가기도 했다.

그런데 『속일본기』에는 전혀 다른 이야기를 하고 있다. 그에 따르면 752년 윤 3월 신라 왕자 대아찬 김태렴과 조공사 김훤 등 7백여 명이 7척의 배를 타고 다자이후에 머물다 6월 14일 신라 왕자가 370명을 이끌고 헤이조쿄에 가서 알현하고 조공했다고 한다. 신라에서 일본에 조공했다는 이야기를 하는 것이다.

그러나 742년과 753년에 신라에 온 일본 사신이 쫓겨 간 것을 보면 신라가 일본에 조공한 것이 아니었음을 알 수 있다. 오히려 당시 일본의 지배 세력들은 신라의 선진 물품을 구입하는 데 많은 관심을 기울였던 것이 사실이다. 일본인은 그때부터 이미 역사 왜곡의 DNA를 갖고 있었던 것인가.

골품제의 강화

대평화 시대는 성골이 사라진 때였다. 그렇기에 진골 왕은 더욱 골품제를 강화하고 그 정점에 진골 왕 자신을 위치시키고자 했다. 그 방법이 율령격식 강화였다. 율령격식 강화는 골품제의 강화·시행이었고 그 결과는 왕정 강화로 이어졌다.

대신라시대의 대평화는 여러 요인에 의해 이루어진 것이다. 그런데 왕국 대평화의 혜택은 신라 사람 모두가 동등하게 누린 것이 아니었다. 왕과 왕비 등 왕의 일족과 그 밑의 다른 진골 그리고 6두품 등의 두품 신분층은 신분에 따라 차별 대우를 받았다.

예를 들면 716년 성덕왕이 왕비 성정왕후를 출궁시킬 때 채색 비단 5백 필, 밭 2백 결, 조 1만 섬, 집 한 채를 주었다. 712년 김유신의 처를 부인으로 삼고 매년 곡식 1천 섬을 주었다. 신문왕 대(681~692)에 6두품 강수가 죽자 그 처에게 조 1백 섬을 주었는데 그 아내가 사양한 일이 있다. 왕비는 1만 섬, 진골은 1천 섬, 6두품은 1백 섬의 조를 준 것을 볼 수 있다. 신분에 따라 주어진 조의 차이가 10배가 되는 것을 알 수 있다. 그 아래 신분에 대한 대우도 그와 같이 10배씩 차이가 있었을 것이다.

대평화의 성격

왕국의 대평화는 고구려와 백제를 평정함으로써 얻은 것이다. 이후 대신라는 전쟁을 피할 수 있었다. 국가 재정이 충실해진 결과 조정에서는 흉년이 들 때 백성을 진휼할 수 있었다. 성덕왕 6년(707) 정월 백성이 많이 굶어 죽자 하루 3승씩 곡식을 나누어 주었다. 대평화 시대에 백성들이 때로 굶주리기도 했으나 조정에서 구휼할 능력이 생긴 것이다. 왕국의 대평화는 우연히 이루어진 것이 아니었다. 무열왕·문무왕·신문왕과 같은 유능한 왕들이 왕국의 중심이 되었기 때문이다. 또한 왕과 운명을 같이 하였던 신료들이 유능했고, 왕이 이끄는 왕정의 강화를 위하여 목숨을 바치던 인물들이 채워져 있었다.

성덕왕 21년(722) 8월, 백성정전百姓丁田을 지급한 사실에 주목할 필요가 있다. 고구려와 백제를 정복하여 패강(청천강) 이남을 지배하게 된 신라 조정에서는 백성에게 토지를 나누어 줄 여유가 생겼다. 이는 백성의 생활 안정을 불러왔을 뿐 아니라 조·용·조를 거둘 수 있는 폭이 커진 것을 의미한다.

거기에 더하여 불교가 생활 깊숙이 파고들었다. 유학은 신료들만이 아니라 사람과 사람의 관계를 영위하는 원리로 자리 잡았다. 왕에 대한 충성과 부모에 대한 효도, 친구 사이의 신의 등은 신국의 도로 움직이던 신라인의 인간관계가 중국의 그것과 같은 보편적인 원리로 자리 잡기 시작한 것을 말한다. 그러한 유학의 가르침에 따른 인간관계 원리는 고려·조선을 거쳐 지금에 이어지고 있다.

3. 대평화에 드리운 그림자

왕국의 대평화에도 그림자가 드리우기 시작했다. 수십 년에 걸친 왕국의 평화는 왕정의 피로로 이어졌다. 그때까지 조정에서는 문무관료전을 나누어 주어 직에 대한 보수를 지급하였는데 이는 직을 떠나면 조정에서 환수하는 것이었다. 또한 조정에서 거둔 조세를 가지고 신료들에게 급여를 주었는데 이 모든 것이 경덕왕 대에 가서 폐지되었다. 그리고 다시 녹읍을 내리기 시작했다. 녹읍의 부활은 군신들의 경제적 기반을 확대시킨 것을 의미한다. 반면 국가 수입이 줄어들고 국가 재정을 정상적으로 유지할 수 없게 된 것을 뜻한다. 이는 왕정의 피로가 나타난 것을 의미한다.

경덕왕 대에 벌어진 한화정책漢化政策도 왕정의 피로를 보여 주는 증거이다. 757년 12월 사벌주를 상주라 하는 등 주·군·현의 명칭을 전면적으로 바꾼 바 있다. 758년에는 내성을 전중성殿中省이라 바꾸는 등 관부의 명칭을 바꾸었고, 759년 정월에는 병부의 경과 창부의 감을 시랑으로 고치는 등 관직명을 바꾸었다. 이 같은 명칭의 개정은 실질적인 개혁

없이 명칭만 바꾼 것으로 한화정책 자체가 실질적인 개혁과는 거리가 있었다. 경덕왕의 한화정책은 명칭만 바꾸는 허구적 개혁에 그친 것이며 근본 이유는 왕정의 피로에 있었다. 후일 혜공왕 12년(776)에 경덕왕이 개정했던 명칭들을 모두 원래대로 되돌린 것이 그 증거다.

신라의 대평화는 여덟 살 나이의 혜공왕(765~780)이 즉위한 것으로 끝이 났다. 경덕왕을 거쳐 혜공왕 대에 이르면 왕실을 수호할 가까운 왕족들이 거의 사라졌다. 또한 왕정을 수호할 신료 집단이 사라졌다. 혜공왕 4년(768) 7월 일길찬 대공 등이 반란을 일으켜 33일 동안 왕궁을 포위하였으나 진압되었다. 혜공왕 10년(774) 9월 이찬 김양상을 상대등으로 삼았다. 이때부터 김양상과 이찬 김경신 등이 왕정을 좌지우지한 것을 생각할 수 있다.

780년 2월 김지정이 반란을 일으켰는데 4월까지 이들이 궁궐을 장악했다. 그해 4월 상대등 김양상과 이찬 김경신이 병사를 일으켜 김지정을 죽였는데 그때 혜공왕과 왕비는 반란군에게 죽었다. 어쩌면 김지정은 왕을 제압한 김양상과 김경신에 맞서 친위 쿠데타를 일으켰을 가능성도 있다. 김지정의 난을 진압한 상대등 김양상은 왕위에 올랐다. 그가 37대 선덕왕이다. 이로써 무열왕계의 왕위 계승이 이루어지던 왕국의 대평화 시대는 끝이 났다.

 '신라길 1' 제3처

괘릉(원성왕릉) · 신무왕릉
– 신라 왕정의 분열

괘릉 · 신무왕릉 가는 길

괘릉: 경주시 외동읍 괘릉리 산 17번지, 사적 제26호
신무왕릉: 경주시 동방동 산 660번지 외 48필, 사적 제185호

여기서는 37대 선덕왕(780~785)과 38대 원성왕(785~798)에서 45대 신무왕(839)을 거쳐 47대 헌안왕(857~861)까지의 역사를 보겠다. 52대 효공왕까지는 원성왕의 후손들이 왕위 계승을 하게 되었다. 『삼국사기』에서는 선덕왕 이후 경순왕까지를 하대下代로 시대를 구분했다.

신라왕국의 왕정 분열은 적어도 세 단계로 진행되었다. 첫째는 왕위 계승전에 의한 왕정 분열과 지방 세력의 성장 단계다. 둘째는 왕경인의 지방 이주와 지방의 군웅群雄, 軍雄과 대군웅大軍雄의 성장 단계다. 셋째

는 후백제와 마진(태봉) 후백제와 고려 사이의 패권 쟁탈전과 신라의 멸망 단계이다.

현재 한국은 신라와 다른 정치체제를 갖고 있다. 대한민국 헌법 제1조 2항에는 "대한민국의 주권은 국민에게 있다. 모든 권력은 국민으로부터 나온다."라 되어 있다. 헌법 조항만 보면 대한민국의 흥망성쇠는 국민에게 달린 것을 알 수 있다. 그러나 신라의 경우는 달랐다. 신라의 헌법을 만든다면 제1조 2항은 "신라왕국의 주권은 국왕에게 있다. 모든 권력은 국왕으로부터 나온다."라 할 수 있다. 이 같은 조항은 왕정이 살아 있을 때 의미를 가질 수 있다. 왕위 계승전에 의한 왕정의 분열은 왕국을 통제할 힘을 상실케 하여 지방에서 군웅들이 성장하는 출발점을 열어 주었다.

1. 왕정 분열의 표지적 유적

이 시기를 대표하는 유적으로 괘릉을 들 수 있다. 또한 장보고의 군대 5천을 동원하여 왕위 계승전을 종식시킨 신무왕릉을 답사할 수도 있다.

'신라길 1'의 제3처~1, 괘릉

이 시기를 상징할 수 있는 유적을 찾기가 쉽지 않다. '신라길 1'에서는 괘릉을 표지적 유적으로 삼아 답사하겠다. 1669년 민주면이 경주 부사로 있을 때 지은 『동경잡기』에 괘릉은 어느 왕의 능인지 알 수 없다고 했다. 그러나 괘릉은 현재 원성왕의 능으로 이야기되고 있다.

『삼국사기』를 보면 원성왕은 원래 이름이 김경신이었다. 그가 798년 12월 29일 세상을 떠나자 시호를 원성이라 했다. 유언에 따라 관을 들어 봉덕사 남쪽에서 불태웠다. 『삼국유사』를 보면 원성왕의 능이 토함산 서쪽 골짜기의 곡사(일연이 책을 편찬할 당시 숭복사)에 있는데 최치원이 지은 비문이 있다고 했다. 현재 숭복사지와 괘릉은 가까운 곳에 위치하고 있다.

여기서 최치원이 지은 『숭복사비』를 볼 수 있다. 그에 따르면 원래 곡사라는 절을 옮기고 그 터에 원성왕의 능을 만든 것을 알 수 있다. 그때 공전이 아닌 부근의 땅 1백여 결을 좋은 값에 사서 능역에 보탰다. 이를 값으로 치면 2천 점(1점=15두)이었다. 당시 신라의 모든 땅은 왕토라 하지만 공전이 아닌 땅은 조정에서 사야했던 것을 볼 수 있다. 여하튼 숭복사 근처에 있던 곡사 터가 원성왕의 능인 괘릉이 된 것을 추측할 수 있다.

　단정하기는 어려우나 원성왕의 능으로 여기고 있는 괘릉은 경주에 있는 신라 왕릉 중 가장 잘 만들어진 것이다. 괘릉에 있는 석상들 중 좌우에 서 있는 무인상 한 쌍은 신라인의 얼굴 모습이 아니다. 서역인의 모습을 한 것으로 보고 있다. 구체적으로 어느 지역 사람의 모습을 조각한 것인지는 알기 어려우나 당시 신라인이 서역인과 접촉이 있었고 그런 까닭에 신라인의 모습이 아닌 석상을 만든 것이라 생각하기 어렵지 않다. 또

괘릉(원성왕릉)

(전)헌덕왕릉　　　　　　흥덕왕릉

한 좌우에 각기 두 쌍의 사자상이 있다. 매우 역동적인 모습을 하고 있는 사자상은 괘릉을 한층 새롭게 보도록 만들고 있다. 이 같은 무덤을 통해 당시 신라가 당나라의 문물을 받아들이는 데 적극적이었던 것을 알 수 있다.

원성왕 이후 그를 시조로 하는 종족들이 왕위 계승권을 주장하며 여러 차례 왕위 쟁탈전을 펼쳤다. 무열왕의 후손들은 장자가 왕위를 계승하는 원리를 지킨 것과 달리 원성왕의 후손이라면 누구나 왕위 계승권을 주장한 것이다. 그 과정에 왕위 계승을 노리던 원성왕의 후손들에게 왕위 계승권을 주장할 기준이 되는 원성왕은 중시되지 않을 수 없었다. 그렇기에 어느 왕릉보다 화려한 모습을 지니도록 축조하였다고 생각된다. 그러나 원성왕은 왕정을 분열시키는 출발점이 되기도 했다.

흥덕왕릉 사자상

괘릉 사자상

'신라길 1'의 제3처~2, 신무왕릉

45대 신무왕릉을 답사할 수도 있다. 『삼국사기』에 따르면 신무왕은 제형산 서북에 장사 지냈다고 한다. 그런데 제형산(형제산)의 위치와 왕릉의 위치가 맞지 않는다. 따라서 (전)신무왕릉의 주인공이 신무왕인지에 대한 의심이 있다. 왕릉은 원형봉토분으로 지름이 14.9미터이고 높이가 3.41미터이다.

　신무왕(839)은 장보고의 도움으로 왕위에 오를 수 있었다. 그 이후 왕위 계승전은 끝이 났다. 그러나 장보고가 내어 준 청해진의 병사들로 왕위를 장악하였다는 사실은 신무왕 이후 지방 세력이 그만큼 성장한 것을 보여 준다. 그 같은 지방 세력들은 이미 신라 정부로서 통제가 어려워진 상황이다. 그들은 일정한 지역을 장악하고 정부의 명령을 받아들이지 않고 독자적인 세력으로 성장한 군웅軍雄들이었다. 그런데 그와 같은 군웅들이 하나가 아니라 많이 있었다. 따라서 이들 군웅軍雄들을 '군웅群雄'이라 부르는 것이다. 왕위 계승전으로 인해 군웅의 시대가 시작되었다.

(전)신무왕릉

2. 왕정의 분열과 군웅의 등장

왕위 계승과 왕정의 분열

먼저 이 시기 왕위 계승을 보겠다. 780년 혜공왕이 살해되었을 때 상대등 김양상은 김경신을 중심으로 한 군신들이 추대하여 왕위에 오른 사람이다. 김양상은 죽은 후 시호를 선덕왕宣德王으로 했다. 선덕왕은 재위 동안 왕위에서 물러나려고 했던 것으로 보아 그의 지위가 불안했던 것을 알 수 있다.

선덕왕이 죽고 왕위에 오른 사람은 김경신이었다. 김경신은 선덕왕이 왕위에 오를 때 그 공으로 상대등 자리를 차지했던 인물이다. 그런데 원성왕의 왕위 계승은 당연한 일이 아니었다. 『삼국유사』에서 김경신의 꿈 이야기를 보자.

> 이찬 김주원이 처음에 상재가 되었고 당시 김경신은 차재인 각간으로 있었다. (그때 김경신의) 꿈에 머리의 복두를 벗은 채 흰 갓을 쓰고 십이현

금을 들고 천관사 우물 속으로 들어갔다. 김경신은 꿈에서 깨어나자 사람을 시켜 점을 치게 하니 "복두를 벗은 것은 관직을 떠날 징조이고, 십이현금을 든 것은 칼을 쓰게 될 조짐이고, 우물 속으로 들어간 것은 옥에 갇힐 징조입니다." 했다. 김경신은 그 말을 듣고 크게 근심하여 문을 닫고 집밖으로 나가지 않았다.

그때 아찬 여삼이 와서 뵙자고 했으나 김경신은 병을 핑계로 만나지 않았다. 여삼이 다시 청하여 한번 뵙기를 원하자 이를 허락했다. 여삼이 물었다. "공이 근심하는 것은 무슨 일입니까?" 김경신은 꿈을 점친 일을 자세히 말하자, 여삼이 일어나 절하며 말했다. "그것은 좋은 꿈입니다. 공이 만일 왕위에 오른 후 저를 저버리지 않는다면 공을 위해 해몽을 하겠습니다." 이에 김경신이 좌우의 사람들을 물리치고 해몽을 청하자 여삼이 말했다. "복두를 벗은 것은 다른 사람이 공의 위에 앉을 이가 없는 것이고, 흰 갓을 쓴 것은 면류관을 쓰게 될 징조이고, 십이현금을 든 것은 12세 손이 대를 이을 징조이고, 천관사 우물로 들어간 것은 궁궐로 들어갈 징조입니다." 했다. 김경신이 "위에 주원이 있는데 어찌 윗자리에 앉을 수 있겠소."라고 하자, "비밀히 북천 신에게 제사 지내면 좋을 것입니다."라고 했다. 김경신은 그대로 따랐다.

얼마 지나지 않아 선덕왕이 세상을 떠나니 국인들이 김주원을 받들어 왕으로 삼으려 왕궁으로 맞아들이려 했다. 그러나 그 집이 내의 북쪽에 있었는데 갑자기 비가 내려 냇물이 불어 건너오지 못했다. 때문에 김경신이 먼저 궁궐에 들어가서 왕위에 올랐다. 상재 김경신의 무리들이 모두 와서 따르고 새로 왕위에 오른 임금에게 삼가 치하를 했다.

『삼국유사』 2, 기이 하, 원성대왕

표 6 38대 원성왕에서 47대 헌안왕까지 왕위 계승표

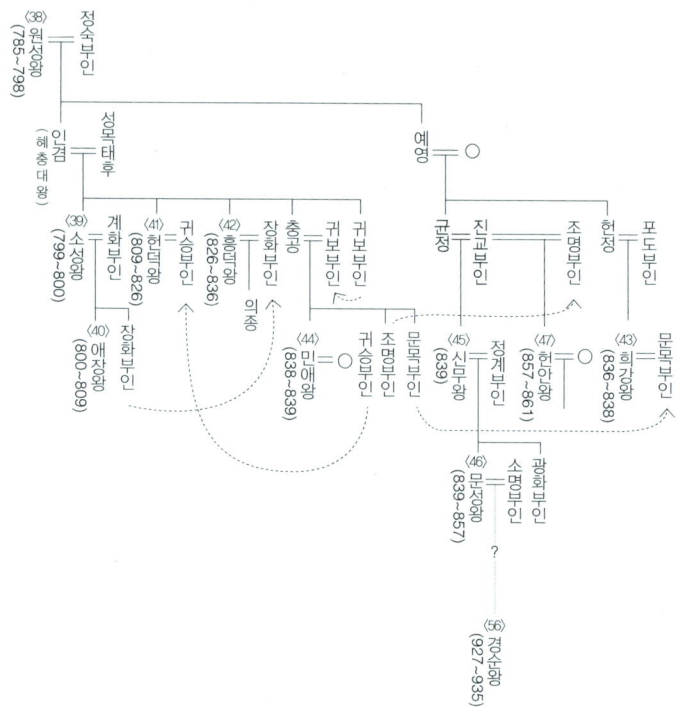

　37대 선덕왕이 죽었을 때 왕의 친족인 김주원을 왕으로 세우려 했으나 무리들에 의하여 김경신이 왕위에 올랐던 것으로, 그러한 사정을 알 수 있다. 후일 김주원의 아들 김헌창이 반란을 일으킨 것은 그 때문이다.

　원성왕이 죽은 후 45대 신무왕에 이르기까지 그의 후손들은 모두 왕위 계승권을 주장하고 나섰다. 한마디로 이때는 원성왕계 종족(宗族, lineage)들의 왕위 계승권 주장 시대라고 하겠다. 이와 관련하여 앞의 왕

위 계승표(《표 6》)를 주목할 필요가 있다.

원래 원성왕은 장자인 인겸(시호를 혜충이라 함)을 왕태자로 삼았다. 그런데 그가 일찍 죽자 인겸의 동생인 의영을 태자로 삼았다. 의영도 죽자 인겸의 아들 준옹을 태자로 삼았는데, 그가 39대 소성왕이다. 소성왕의 아들인 40대 애장왕은 열세 살의 나이에 왕위에 올랐는데 숙부 언승이 섭정했다. 상대등으로 있던 언승은 809년 7월 궁에 들어가 난을 일으켜 왕을 죽이고 왕위를 차지했다. 그가 바로 41대 헌덕왕이다. 헌덕왕 14년(822) 정월 왕의 친동생 수종을 부군副君으로 삼아 월지궁에 들어가게 했다. 부군은 태자가 없을 때 왕위 계승권자를 정한 것이고 수종은 42대 흥덕왕이 된 인물이다.

흥덕왕이 세상을 떠났을 때 의종이라는 아들이 있었으나 그가 당에 가 있었기에 왕위에 오를 수 없었다. 이에 균정과 제륭(43대 희강왕)이 왕위에 오르고자 전투를 벌여 균정이 패하여 죽고 제륭이 왕위를 차지했다. 838년에는 김명(44대 민애왕) 등이 난을 일으키자 희강왕은 스스로 목을 매 죽었다.

민애왕 2년(839) 청해진으로 도망가 있던 우징(균정의 아들)이 장보고의 군사 5천 명을 빌려 왕경으로 진격했다. 839년 정월 민애왕은 왕군 3천을 보내 달벌(현재의 대구)에서 우징의 군대를 물리치도록 했으나 왕군의 반 이상이 죽었다. 이 전쟁에서 우징의 밑에는 김주원의 증손자인 김양이 있었고 왕군에는 김주원의 또 다른 증손자인 김흔이 있었다. 전쟁에서 패한 김흔은 낙향하여 산중재상이 되었다. 전쟁에서 승리한 우징(45대 신무왕)이 왕위에 올랐는데 그해 7월 신무왕이 죽고 그의 아들 문성왕이 즉위했다. 문성왕의 유언으로 신무왕의 동생인 헌안왕이 즉위했다. 아들이 없던 47대 헌안왕은 희강왕의 손자 응렴(48대 경문왕)을 사위로 삼아 왕위를 물려주었다.

809년 41대 헌덕왕의 즉위에서 839년 45대 신무왕의 즉위까지 길지 않은 기간 동안 있었던 헌덕왕, 희강왕, 민애왕, 신무왕의 왕위 계승은 군사적 힘에 의한 것이었다. 그들은 모두 원성왕의 후손으로서 원성왕을 시조로 하는 종족들이 왕위 계승권을 주장한 것이다. 이 시기 왕위 계승을 한 사람들은 시중侍中·병부령兵部令·사신私臣·상대등上大等의 자리를 차지하며 실력을 쌓아갔다. 이는 원성왕의 후손 중 군사적 실력을 갖춘 자가 왕이 되는 시기였음을 보여 준다.

왕위 계승전은 원성왕계 종족 사이에서만 벌어진 것은 아니었다. 김주원의 아들인 김헌창이 헌덕왕 14년(822) 웅천주 도독으로 있을 때 그의 아버지 김주원이 780년에 왕위에 오를 가장 유력한 자리인 상재上宰로 있었으면서도 왕위에 오르지 못했던 것을 이유로 반란을 일으킨 것이 그 예다.

원래 37대 선덕왕이 죽었을 때 아들이 없자 군신들이 의논하여 족자인 김주원을 왕으로 세우려 했다. 그러나 결국 김경신이 왕위에 올랐다. 이에 김주원은 명주(현재의 강릉)에 가서 정착했다. 그런데 그의 아들들은 왕경에 남아 왕정에 참여했다. 김주원의 둘째 아들인 김헌창은 애장왕 8년(807) 이찬으로 시중이 되었고 헌덕왕 5년(813)에 무진주 도독이 되었고 814년에 다시 시중이 되었으며 816년에 청주 도독이 되었고 821년에 웅천주 도독이 되었다.

822년 정월 헌덕왕의 동생 수종이 부군副君이 되어 다음 대의 왕위 계승권을 갖게 되었는데 그해 3월 김헌창이 반란을 일으켰다. 수종이 부군이 된 것이 반란의 이유일 수 있다. 김헌창은 국호를 장안이라 하고 연호를 경운이라 했다. 그는 9주 중 무진주·완산주·청주·사벌주의 4주 도독과 5소경 중 국원경·서원경·금관경의 3소경 사신, 그리고 여러 군·현의 수령들을 위협하여 거느렸다. 헌강왕은 8명의 장군을 동원하여 반란을 진압했다. 김헌창은 스스로 목숨을 끊었는데 왕이 보낸 군대는 그의 시체를 찾아 목을 베고 반란에 가담한 종족과 무리 239명을 죽이고 백성들은 놓아주었다.

한편 김헌창의 반란에 가담했던 8장군들은 이후 왕위 계승전에 참여한 것을 볼 수 있다. 제릉은 43대 희강왕으로 생각되며, 이찬 균정과 대아찬 우징은 흥덕왕이 세상을 떠났을 때 희강왕과 왕위를 다투었고, 우징은 그 후 45대 신무왕이 된 인물이다. 각간 충공은 44대 민애왕의 아버지다. 적어도 세 명의 왕들이 8장군과 관련이 있다. 김헌창의 난을 진압한 장군들은 사병을 거느리고 왕위 계승전에 참여한 것이다.

839년 우징이 장보고의 군대 5천 명을 빌려 청해진에서 왕경으로 진격하여 왕위를 장악한 일은 신라 왕정의 약화를 드러낸다. 당시 민애왕이 3천의 군사밖에 동원할 수 없었다는 것은 중앙 정부에서 동원할 수 있는 군사력이 청해진보다 적었던 사실을 보여 준다. 원성왕계 종족들의 왕위 계승전으로 신라 중앙 정부의 군사적 기반이 무너졌기 때문이다.

왕정 분열로 인한 지방 군웅(軍雄 또는 群雄)들의 성장

여러 차례의 왕위 계승전에서 패한 왕경의 지배 세력들이 지방으로 이주하여 지방 세력으로 자리 잡아 가는 현상이 벌어졌다. 원성왕계 종족 사이의 왕위 계승전 결과 그 일족들은 지방으로 쫓겨 가 정착했다. 그 예로 김주원이 명주에 정착하고, 민애왕을 도왔던 김흔이 낙향해 산중재상이 된 것을 들 수 있다. 그런데 그들에게는 지방에 일정한 근거지가 있었다. 김흔이 그의 7대 조祖 김인문이 삼한통합의 공으로 받았던 토지를 희사하여 성주사를 창건한 것으로도 그러한 사정을 알 수 있다.

기록에는 나오지 않지만 여러 차례 벌어진 왕위 계승전 때마다 패한 세력들은 죽거나 그들의 조상이 소유했던 토지가 있던 곳으로 가서 정착하였다. 삼한통합 후 조정에서는 공을 세운 사람들에게 옛 백제나 고구려 지역의 토지를 지급했고 그러한 토지는 여러 대를 거쳐 후손이 소유해 왔다. 왕경 지배 세력의 지방 이주자 수는 생각보다 많았다. 그와 같은 낙향 세력들은 지방에서 군족郡族 등의 지위를 차지했다. 이는 왕경에서 이주한 세력이 진촌주 층보다 한 단계 높은 사회·정치적 지위를 차지한 것을 보여 준다. 실제로 김주원계는 명주의 군왕郡王으로서의 지위를 가졌다.

원성왕계 종족들의 왕위 계승전이 벌어지는 동안 중앙 정부의 국가 통치력은 크게 줄어들었다. 45대 신무왕 이후 왕위 계승전은 그쳤다. 그러나 한번 약화된 왕권은 회복되지 않았고, 왕정은 무너져 갔다. 이후 지방에는 왕정의 통제에서 벗어난 군웅들이 성장했다.

원성왕계 종족들이 왕위 계승을 하던 시기에는 골품제도의 원래 규정을 지키기 힘든 상황이 벌어졌다. 흥덕왕 9년(834)에 왕은 교서를 내려 "사람들은 상하가 있고 지위는 존비가 있어서 이름이 같지 않고 의복도 다르다. 풍속이 점차 경박해지고 백성들이 사치와 호화로움을 다투게 되어 오직 외래품의 진기함을 숭상하고 토산품의 천하고 거친 것을 싫어하여 예의가 거의 사라진 상황에 이르고 풍속이 쇠퇴하여 사라지는 지경에 이르렀다. 이에 옛 법에 따라 하늘의 명령을 거듭 밝히는 바이니 진실로 혹 고의로 범하는 자가 있으면 오로지 법에 따른 형벌을 내릴 것이다."라 했다. 흥덕왕이 내린 교敎는 그 이전 율령격식에 의하여 만들어진 골품제의 규정을 정리한 것이다.

당시 이와 같은 교서를 내린 까닭은 백성들이 골품제 규정을 지키지 않았기 때문이다. 골품제를 유지할 수 없다는 것은 왕정을 유지하는 데 문제가 생긴 것을 뜻한다. 834년 이후 왕경만이 아니라 지방의 세력들을 골품제 규정에 따라 통제하기가 더욱 어려워졌다. 그러한 상황에서 지방의 군웅들은 세력을 더욱 크게 키워 나갔다.

지방에서 군웅들이 성장한 출발점은 장보고에 의한 청해진 설치라 하겠다. 장보고는 9세기 전반 신라는 물론이고 당과 일본에서 이름을 떨친 인물이다. 그가 신라의 역사 무대에 등장한 것은 흥덕왕 3년(828) 4월이었다. 당의 군중소장軍中小將을 지낸 장보고가 신라에 와서 흥덕왕을 알현하고 "온 중국이 신라인을 노비로 삼고 있습니다. 원컨대 청해에 진을 설치하면 도둑들이 서방(당)으로 사람을 잡아 가는 것을 막을 수 있습니다." 했다. 왕은 장보고를 청해진의 대사로 삼고 1만 명을 주어 지키게 했다. 이후 해상에서 신라인을 잡아 사고파는 자가 없어졌다.

839년, 5천의 군사를 빌려 주어 신무왕의 즉위를 가능케 한 공으로 왕은 장보고를 감의군사로 삼고 식읍 2천 호를 주었다. 문성왕은 839년 교를 내려 장보고를 진해장군으로 삼고 장복을 내렸다. 845년 3월에는 장보고의 딸을 차비次妃로 맞이하려 했는데 조정의 신료들이 섬사람 궁복(장보고)의 딸을 어찌 왕의 배우자로 삼을 수 있겠는가 하여 왕이 따랐다.

그 무렵 장보고는 조정에 반기를 들었다고 여겨진다.『삼국사기』에는 846년 봄에 장보고가 반란을 일으켰다고 나온다. 그런데 조정에서는 군대를 동원하여 장보고를 제압할 힘이 없었다. 따라서 무주인 염장을 자객으로 보내 장보고의 목을 베게 했다. 이로써 장보고의 난을 진압할 수 있었다. 여기서 당시 중앙 정부에서 1만 명의 병력을 거느린 청해진의 장보고를 제압할 힘이 사라진 것을 확인할 수 있다.

828년 장보고를 대사로 하여 청해진을 설치할 때 흥덕왕이 병졸 1만을 주었다는 사실은 의미가 있다. 당시 신라의 왕이 장보고에게 병사를 준 것은 중앙 정부가 그와 같은 병사를 장악하는 일을 포기한 것이다. 신라의 군사제도에 변화가 생긴 것이고, 왕의 군사력을 포기하는 것이었다. 그 결과 839년에는 장보고가 갖고 있던 5천의 병사를 힘으로 한 신무왕이 왕위 계승전에서 승리할 수 있었다.

헌덕왕 7년(815) 서변의 주군에 기근이 들어 도적이 봉기하자 군대를 내어 평정하였다. 헌덕왕 11년(819)에는 초적이 두루 일어나 여러 주군의 도독과 태수에게 명하여 잡도록 했다. 흥덕왕 7년(832)에도 흉년이 들어 도둑이 두루 일어났다. 당시까지만 해도 지방에서 일어난 도둑들을 국가가 제압할 수 있었다. 그 이후에는 도둑이나 초적이 일어났다는 기록은 나타나지 않지만 실제 사라진 것은 아니었다.

여기서 왕정을 수호할 공식 군대를 상실한 신라 조정은 지방에서 성장하기 시작한 도적과 초적들을 막아낼 방법이 부재했다는 사실을 추측할 수 있다. 그 결과 지방에서는 도적들이 세력 집단을 이루는 상황이 벌어졌다. 도적들은 왕정 붕괴로 보호받을 수 없게 된 백성들이었다. 시간이 지날수록 그들은 정부의 군대와 맞설 정도가 되었다. 후백제를 세웠던 견훤 같은 세력은 유민을 모아 나라를 세운 집단이 되었다.

또한 이에 맞서 지방의 촌락민들은 촌주 세력들을 중심으로 스스로를 지켜 향토 방위를 해야 할 필요가 생겼다. 그 결과 촌주들의 군웅화가 전개되었다. 대표적인 예가 왕건이다. 그런가 하면 왕경인으로 낙향했던 세력들도 점차 군웅화하였다. 명주(강릉) 지역에 정착했던 김주원의 후손 세력이 그 예다.

   48대 경문왕 대에 이르면 지방에서 성장한 군웅들의 존재는 무시할 수 없게 되었다. 기록에는 잘 나타나지 않지만 원성왕계 종족들의 왕위 계승전이 벌어지는 과정에 왕정을 수호할 중앙 정부의 군대가 사라졌고 지방에도 점차 도적이나 촌주, 낙향 세력들이 군웅화하는 현상이 벌어진 것을 생각할 필요가 있다.

   군웅들이 성장한 결과 신라 왕경의 정치 위상은 무너지기 시작했고 골품제도 무너져 갔다. 군웅들이 성장한 결과 중앙 정부에서 파견했던 지방관들이 소임을 다할 수 없는 상황을 맞게 되었다. 지방 군웅들이 지방을 장악하였고 왕의 지배를 벗어난 세력으로 성장하기 시작했다.

3. 괘릉에서 이야기하는 신라의 국제 관계

괘릉에 서 있는 무인상은 서역인 모습을 하고 있다. 왜 이 같은 무인상이 괘릉에 있는 것일까. 이 시기 신라의 국제 관계를 주목할 필요가 있다. 우선 신라와 당나라와의 관계다. 원성왕은 재위 2년(786) 4월 당나라에 사신을 보내 방물을 바쳤다. 이에 당의 덕종은 김경신(원성왕)을 신라왕으로 책봉하며 신라를 지키라는 조서를 내리고 선물을 주었다. 그때 당에서는 왕, 왕비, 재상들에게도 선물을 주었다. 당으로부터 책봉을 받은 원성왕은 왕의 권위를 세울 수 있었다. 헌덕왕 11년(819) 7월에는 당의 운주절도사 이사도가 반란을 일으키자 당의 요청에 따라 3만 명의 군사를 보내 돕게 한 일도 있었다.

9세기에는 많은 유학생들이 당에 가 머물러 있었다. 문성왕 2년(840)에는 당 문종이 외국과의 조공 등의 문제를 담당하던 관부인 홍려시에 명하여 일종의 인질인 질자質子와 연한이 찬 학생 105명을 신라로 돌려보낸 일도 있다. 당의 홍려시에서는 신라 유학생들에게 체재비를 지급했다. 신라 유학생들은 당 문명을 익혔고 적지 않은 유학생들이 당의 과거

시험에 합격하여 당의 관리로 임명되기도 했다. 때로는 신라인을 당나라 사신으로 임명한 일도 있었다. 841년 7월 당 무종은 김운경을 사신으로 삼아 신라에 보내 문성왕을 신라 왕으로 책봉하고 처를 왕비로 삼은 일도 있다. 단정하기는 이르나 장보고도 대사로 신라에 파견된 것일 수도 있다.

한편 이 시기 당나라에는 신라인 승려들이 많이 머물고 있었다. 일본인 승려 엔닌이 839년에서 847년까지 당을 순례한 내용을 담고 있는 『입당구법순례행기』에는 그가 당에 머무는 기간 동안 많은 신라인의 도움을 받았던 사실이 나온다. 그리고 산둥반도에서 양자강 하구까지에 여러 신라방이 있었고, 신라방에는 신라인 총관과 통역이 있어서 신라인들을 자치적으로 관할하여 치외법권적 특권을 가지며, 중국 지방관의 통할을 받았다고 기록했다. 그런가 하면 장보고가 세웠던 사찰인 적산법화원에는 1년 소출이 5백 섬인 토지가 있었고, 8월 15일에는 떡과 수제비를 마련하여 8월 명절(한가위)을 지냈다고 한다. 법화경 강의에는 40명의 승려가 모이기도 했고, 840년 1월 14일 법회에는 250명이 참석했다.

당나라에 머물던 신라인들은 국제무역과 당나라 연안무역을 했다. 9세기 페르시아 상인들이 중국에 왔는데 양자강 하구까지 왔다고 한다. 그 북쪽과 동쪽의 국제무역은 신라인들이 주도하여 중국·신라·일본과 교역을 했다. 839년에는 신라인 김정남이 귀국하는 일본 사신을 위해서 9척의 배와 60명의 신라인 선원을 구해 주기도 했다.

장보고는 국제무역을 주도했다. 특히 그가 청해진 대사로 있던 828년에서 846년까지 신라인의 국제무역 활동은 절대적이었다. 신라 조정에서는 장보고를 대사로 임명, 청해진을 설치하여 해적을 물리치고 신라의 서남해를 안정시킬 수 있었다. 나아가 당에 조공하는 물건을 청해진으로부터 조달받기도 했을 것이다.

괘릉의 무인상은 당나라에서 활동하던 신라인의 존재를 무시하고는 설명할 수 없다. 당시 당나라에는 서역·동호 등 다양한 지역에서 온 사람들이 활동하고 있었고, 그들 중 신라까지 온 사람도 있었을 것이다. 또한 당나라에 갔던 신라인은 그러한 외국인의 존재를 신라 왕릉에 끌어들였다.

 '신라길 1' 제4처

헌강왕릉 · 정강왕릉
– 신라왕국 멸망의 전주곡

헌강왕릉 · 정강왕릉 가는 길

헌강왕릉: 경주시 남산동 산 55번지, 사적 제187호
정강왕릉: 경주시 남산동 산 53번지, 사적 제186호

대체로 48대 경문왕(861~875)과 그의 세 자녀인 49대 헌강왕(875~886), 50대 정강왕(886~887), 51대 진성여왕(887~897)이 왕위에 있던 시기가 대군웅이 등장하던 때였다. 여기서는 대군웅의 등장과 왕경인의 지방 이주에 대한 문제를 다룰 것이다.

헌강왕릉 · 정강왕릉을 찾는 이유

신라의 멸망은 한순간에 이루어진 것이 아니었다. 왕위 계승전으로 인한 왕정 약화와 그 틈을 타 지방에 군웅들이 성장했고, 이어 여러 군웅을

지배하는 대군웅이 등장하여 신라의 토지와 인민을 지배하는 시기가 나타났다. 이 시기 멸망으로 향하던 신라왕국의 운명을 되돌릴 장치는 아무것도 없었다.

경문왕에서 진성여왕까지 천년 넘게 이어 온 신라왕국은 무너져 내렸다. 왕을 축으로 한 왕정은 인민을 통제할 수 없는 상황에 이르렀다. 율령 체제가 무너지고 골품제가 시행되지 않았다. 국가는 인민을 보호할 힘을 상실했다. 그 결과 천년 왕국 도읍이었던 왕경은 신라의 정치적·경제적·군사적·사회적 중심지로서의 기능을 상실하게 되었다. 신라왕국은 지방 군·현에서 대두한 군웅과 주 정도를 단위로 성장한 대군웅의 세력권으로 분할되어 나갔다.

표7 48대 경문왕에서 52대 효공왕까지 왕위 계승표

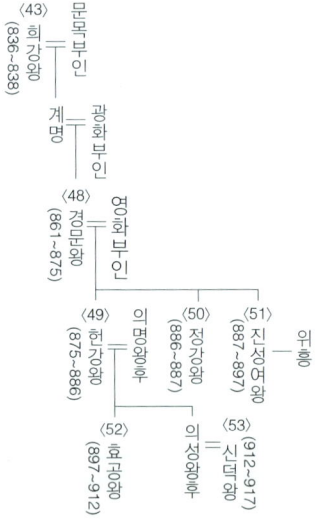

1. 왕국 몰락의 표지적 유적들

이 시기를 대표할 수 있는 유적을 찾기는 쉽지 않다. 기간이 짧기도 하지만 신라가 망해 가는 시기였기에 표지적인 유적을 남긴 것이 없다. 헌강왕릉과 정강왕릉 정도를 볼 수 있지만 실제로 헌강왕과 정강왕의 능인지 확실하지 않다. 또한 헌강왕과 정강왕의 누이동생인 진성여왕은 황산에 장사 지냈다고 하는데 황산이 어디인지 알 수 없어 현재 진성여왕의 능은 찾을 길이 없다.

'신라길 1'의 제4처~1, 헌강왕릉

『삼국사기』에 따르면 헌강왕의 능은 보리사의 동남쪽에 있다. 현재 조선 시대에 헌강왕릉으로 비정된 능이 경주시 남산동 55번지 일대에 있다. 헌강왕의 능인지는 확신하기 어렵다. 하지만 위치 비정이 옳고 그른 것을 떠나 이 왕릉 앞에서 신라가 망해 가는 모습을 이야기할 수는 있겠다.

(전)헌강왕릉은 직경 15.8미터, 높이 4미터 정도의 봉토를 가진 횡혈식

(전)헌강왕릉

석실분이다.[38] 봉토에는 4단의 외호석이 둘려져 있다. 석실은 현실·연도·묘도로 이루어졌다. 북쪽의 현실은 남북 2.9미터, 동서 2.7미터의 장방형인데, 석실 중 현실의 벽면은 돌을 쌓아 만들었고 벽면은 위로 올라갈수록 안으로 기울게 만들었으며 그 위를 2매의 천정석으로 덮었다. 현실의 남쪽 벽 동쪽에 치우쳐 연도를 만들었는데 석비, 문지방, 폐쇄석을 갖추었다. 연도 남쪽에는 묘도를 만들었다. 장방형의 화강암 2매를 다듬어 길이 2.4미터, 너비 70센티미터, 높이 50센티미터의 시상대로 만들어 현실의 동쪽과 남쪽 벽에 붙여 설치했다.

헌강왕릉은 1993년에 발굴되었다. 당시 많은 비가 내려 현실의 서벽 일부가 무너져 내리며 봉분 정상부에 1.6미터의 원형 구멍이 생겨 국립

---

38. 국립경주문화재연구소, 경주시, 「신라고분 기초학술조사연구 Ⅲ」, 2007, pp. 459~463.

경주문화재연구소에서 수습 조사를 했다. 무덤은 도굴된 것으로 두침과 족좌, 금판, 금동제판, 금실, 구슬편 등이 수습되었고 토기편들도 나왔다.

'신라길 1'의 제4처~2, 정강왕릉

『삼국사기』에 따르면 정강왕의 능은 보리사의 동남쪽에 있다고 한다. 현재 조선시대에 (전)정강왕릉으로 비정된 능이 경주시 남산동 53번지 일대에 있다. 헌강왕릉 남쪽에 있는 것으로 전해지는 정강왕의 능 또한 그 위치를 제대로 전하고 있는지 확인하기 어렵다. 정강왕릉과 헌강왕릉의 위치가 바뀐 것은 아닌지 궁금하기도 하다.

정강왕릉은 봉분이 15.7미터이고 높이는 4미터 정도이다. 봉토에는 2단의 외호석이 둘려져 있다. 그 구조는 알 수 없으나 원형봉토에 횡혈식 석실분으로 추정된다.

(전)정강왕릉

2. 신라 멸망의 전주곡

[모델 2.5]를 만든 관학파들은 헌강왕 대의 신라를 태평성대로 생각해온 것이 사실이다. 그 이유는 『삼국사기』에 나오는 기록을 잘못 받아들여서이다. 헌강왕 6년(880) 9월 9일 왕이 좌우의 신료들을 거느리고 월상루에 올라 사방을 바라보았는데 경도의 민가들이 연이었고 노래와 피리 소리가 끊이지 않았다고 한다.

그때 왕은 시중 민공을 돌아보고 말했다. "내가 들으니 지금 민가에서 기와로 집을 덮고 띠로 덮지 않으며 숯으로 밥을 짓고 나무로 짓지 않는다는데 정말인가?" 민공이 답하기를 "저도 또한 일찍이 그와 같이 들었습니다." 하였다. 그리고 왕에게 아뢰었다. "대왕께서 왕위에 오르신 후 음양이 조화를 잘 이루어 바람과 비가 순조롭고, 해마다 풍년이 들어 백성들이 먹을 것이 넉넉하며 변경 지방은 조용하고 평온하여 시가에서는 기뻐하고 즐거워하니 이것은 거룩하신 덕의 소치입니다." 했다. 그러자 왕이 기뻐하며 말했다. "이것은 그대들이 나를 잘 도와준 힘이지 내가 무슨 덕이 있겠는가?" 하였다.[39]

『삼국유사』에도 비슷한 이야기가 나온다. 제49대 헌강대왕 시대는 서울로부터 지방에 이르기까지 집과 담이 연이어 들어섰고, 초가집은 한 채도 볼 수 없었으며, 길거리에는 풍악소리와 노랫소리가 끊이지 않았고 사철 풍우마저 순조로웠다고 나온다.[40]

헌강왕과 시중 민공 사이에 오갔던 위의 대화나 『삼국유사』에 나오는 이야기는 [모델 2.5]가 신라의 평화와 번영을 이야기해 주는 증거로 삼아 온 것이다. 그러나 곧이어 보려는 것과 같이 이 시기 신라의 왕경은 텅 비어 가고 있었다. 이같이 헛다리 짚고 있는 이야기를 가지고 당시의 시대상을 그려 낸 [모델 2.5]는 [모델 1]이 전하는 이야기를 사료 비판하여 해석하지 못한 것이다. 그와 달리 [모델 3]은 당시 신라의 정치적 상황을 볼 때 위의 이야기들이 나라가 망해 가는 상황을 감춘 것이라고 본다. 한마디로 헌강왕이 들었던 노래와 피리 소리는 신라왕국 멸망의 전주곡이었던 것이다.

---

39. 『삼국사기』 11, 「신라본기」 11, 헌강왕 6년.
40. 『삼국유사』 2, 「기이」 2, 처용랑 망해사.

3. 지방으로 도망간 많은 왕경인들

여기서 49대 헌강왕 대에 어떤 일이 일어났는지 보지 않을 수 없다. 『삼국유사』에는 헌강왕이 산신이나 지신들을 만난 것으로 나온다. 헌강왕이 포석정에 행차했을 때 남산신이 왕 앞에 나타나 춤을 추었는데 좌우의 사람들은 보지 못하고 왕 홀로 보았다. 또 왕이 금강령에 행차했을 때 북악신이 춤을 바쳤는데 그 이름이 옥도금이라 했다. 동례전에서 잔치를 할 때는 지신이 나타나 춤을 추었는데 그의 이름을 지백 급간이라고 하였다고 한다. 『어법집』에 따르면 그때 산신이 춤추며 노래를 부르되 "지리다도파도파智理多都波都波"라 한 것은, "대개 지혜로 나라를 다스리는 자는 알면서 도망하는 자가 많아 왕도가 장차 결단날 판이라고 말하는 것이다. 지신과 산신이 나라가 장차 망할 줄 알고 춤을 추어 경계한 것인데 나라 사람들은 이를 알지 못하고 상서가 나타났다 하여 유흥에 빠졌기에 마침내 나라가 망한 것"[41]이라 한 것으로 나온다.

---

41. 『삼국유사』 2, 「기이」 2, 처용랑 망해사.

헌강왕 대 신라 서울 왕경에 살던 사람 중 지혜가 있는 사람은 망해가는 나라를 보면서 지방으로 떠나고 있는 모습이 여실히 나타난다. 그런데 헌강왕과 시중 민공이 880년에 나누었던 위의 이야기는 신라의 모습을 왜곡시키는 거짓말들이었다. 그들이 물정을 몰라 그 같은 허언을 하고 있었던 것은 아니라고 본다. 문제는 [모델 2.5]가 그러한 상황을 무시하고 두 사람의 이야기를 신라의 번영과 평화를 묘사한 것으로 보게 만든 역사이다.

875년 즉위한 헌강왕은 886년 7월 5일 세상을 떠나고, 그의 동생 정강왕이 즉위했다. 정강왕은 887년 7월 5일에 세상을 떠나고 진성여왕이 즉위하여 897년 6월까지 재위하다 효공왕에게 왕위를 물려주고 북궁에 머물다 죽었다. 여기서는 진성여왕에 주목하겠다.

887년 5월 정강왕이 병이 들었는데 시중 준흥에게 말했다. 병이 위중하여 다시는 일어나지 못할 것인데 불행히 왕위를 이을 자식이 없다고 하였다. 그러나 누이 만曼은 천성이 총명하고 민첩하며 골법이 장부와 같으니 그대들은 마땅히 선덕과 진덕의 옛일을 본받아 그를 왕위에 세우는 것이 좋겠다고 했다. 정강왕이 죽자 여동생 만이 왕위에 올랐다. 그가 진성여왕이었다.

이 시기 지방으로 갔던 많은 왕경인들의 후손들이 후일 고려와 조선의 지방 세력으로 자리 잡았다.

4. 지방 대군웅들의 등장

진성여왕 대(887~897)의 신라는 천년 왕국이 무너져 내리는 본격 출발점이다. 진성여왕 3년(889)에는 주·군에서 공부貢賦가 올라오지 않아 정부 창고가 텅 비었다. 주군을 통제할 힘이 사라진 것이다. 실제로 지방에서 성장한 군웅들로 인하여 중앙 정부에서 지배할 군·현도 거의 사라진 상황이었다. 889년 왕명으로 반란을 진압하기 위해 동원된 군대가 사벌주에 웅거하여 반란을 일으킨 원종과 애노의 무리들을 보고 겁을 내어 공격을 못할 정도였다.

진성여왕 3년(889) 이후에는 지방의 일정 지역 군웅들이 대군웅 밑으로 들어가는 상황이 벌어졌다. 궁예를 통하여 대군웅의 등장을 볼 수 있다. 진성여왕 5년(891) 북원의 적수로 표현된 양길은 그의 보좌 궁예에게 1백여 명을 거느리고 북원의 동쪽 부락과 명주 관내의 주천 등 10여 군·현을 습격하여 장악하게 했다. 궁예의 활동은 이어졌다. 894년 10월에는 궁예가 북원에서 하슬라로 들어갔는데 무리가 6백여 명에 이르렀고 궁예 스스로는 장군을 칭했다. 895년 8월에는 궁예가 한주 관내의 부약·

철원 등 10여 군현을 공파했다.

기록에는 진성여왕 5년(891)에 이미 왕국 주·현의 반을 상실했다고 한다. 그러나 실제는 그보다 더 많은 주·현에 지방관을 파견할 수 없었던 것이 틀림없다. 그리고 그러한 상황이 가속화된 것도 사실이다. 진성여왕 6년(892)에는 완산의 적으로 표현된 견훤甄萱이 완산주에 웅거하여 후백제를 칭했는데 무주의 동남쪽 군·현을 예속시켰다. 이 같은 대군웅들로는 궁예와 견훤 외에 죽주의 기훤, 북원의 양길, 명주의 김순식 등이 있었다. 조정에서는 이들 대군웅이 자리 잡았던 지역에 지방관을 파견할 수 없었다.

대군웅들이 대두하고 있던 때 중앙 정부의 지방 통제력은 사라졌다. 그 과정에 지방에는 군웅이나 대군웅과 달리 도적들이 각지에서 일어났다. 진성여왕 10년(896)에는 나라 서남쪽에서 도적이 일어났는데 그들은 바지를 붉게 하여 남들과 달리하였기에 적고적赤袴賊이라 일컬었다. 그들은 주·현을 넘어 왕경의 서쪽에 있는 모량부에 이르러 인가를 약탈해 가기도 했다. 905년에는 적의적, 황의적 등이 궁예에게 귀순한 일이 있었는데 이로 보면 도적들이 힘을 과시하기 위해 단일한 색의 옷을 입었던 것도 알 수 있다.

이 시기 군·현 지역에서 성장한 군웅들은 각기 성주·장군을 칭하였다. 그들 성주·장군들은 독자적으로 정부 조직을 만들어 장악한 지역을 지배해 나갔다. 군웅들은 양길·궁예·기훤·김순식 등의 대군웅 밑으로 들어갔다. 군웅과 대군웅 관계는 엄격한 지배·피지배 관계는 아니었다. 관계는 필요에 따라 또는 상황에 따라 언제든 깨질 수 있는 것이었다. 군웅들은 보다 큰 대군웅이 나타나면 그에게 항복하여 지위를 보장받는 구조였다. 대군웅들은 군웅들을 공격하여 토지와 인민을 장악하는 것이 아니라 군웅들을 제압하여 제후적인 존재로 거느리는 일종의 봉건제 방식을 택하였다.

신라 전역에서 군웅과 대군웅이 등장하던 시기인 진성여왕 8년(894) 2월 왕은 신료들에게 시무책時務策을 올리도록 했다. 이는 당시 국가에서 시급하게 꼭 시행해야 할 정책을 올리라고 한 것이다. 신료들이 올린 시무책 중 최치원崔致遠이 올린 시무 10여 조를 왕이 기꺼이 받아들였으며 최치원을 아찬으로 삼았다.

지금까지 최치원이 올린 시무책의 내용에 대하여 과거에 의한 인재 등용책이 있었다거나, 시무책이 유교적 정치 이념에 의한 것으로 그 안에 골품제를 타파하려는 6두품의 움직임이 들어 있었다는 견해도 있었다. 그러나 최치원이 시무책을 올릴 때 신라는 과거제 시행이나 유교 정치 시행 그리고 골품제 타파와 같은 정책을 논할 정도로 한가한 상황이 아니었다.

전국 각지에서 성장한 군웅이나 대군웅, 심지어 견훤 같은 인물이 후백제를 세운 상황에서 신라 왕정은 실질적으로 붕괴되었고 골품제도 대부분 지역에서 작동하지 않는 상황이었다. 최치원의 시무책은 왕정을 되살리고 골품제를 전국적으로 시행하기 위한 정책을 담고 있었을 것으로 보인다. 그런데 당시 신라 위기는 최치원의 시무책으로 수습될 상황이 아니었다. 그 결과 그의 시무책은 정책으로 집행될 수 없었고 그 역시 벼슬을 버리고 유랑하게 되었다.

진성여왕 11년(897) 6월 왕은 좌우의 신료들에게 "근년에 백성들이 곤궁하여 도둑이 벌떼처럼 일어났는데 이는 내가 덕이 없는 까닭이다. 어진 이에게 자리를 비켜 왕위를 물려주기로 내 뜻이 결정되었다."고 하고 태자 요에게 왕위를 물려주었다. 태자 요는 52대 효공왕이었다.

 '신라길 1' 제5처

삼릉 · 경애왕릉 · 포석정
– 신라왕국의 멸망

삼릉 · 경애왕릉 · 포석정 가는 길

삼릉: 경주시 배동, 사적 219호
㈜경애왕릉: 경주시 배동 산 73~1번지, 사적 제222호
포석정: 경주시 배동 454~1번지, 사적 제1호

삼릉 · 경애왕릉 · 포석정을 찾는 이유

역사상 존재했던 모든 왕국은 망했다. 신라왕국도 마찬가지였다. '신라길 1' 답사는 포석정과 삼릉을 찾아 신라 멸망을 이야기할 차례가 되었다. 52대 효공왕(897~912)에서부터 3명의 박씨 왕을 거쳐 경순왕(927~935)까지의 기간에 벌어진 일들을 보겠다. 효공왕부터 경순왕까지의 기간인 39

표 8 신라말 박씨 왕위 계승표

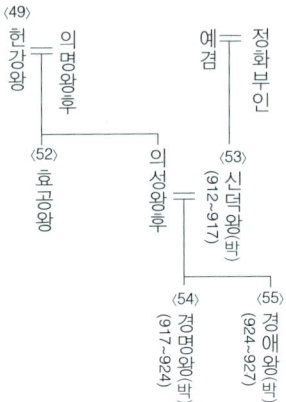

년은 한 사람의 기억 속에 들어가는 짧은 기간일 수 있다. 여기서는 이 시기 성장한 세력들 간의 패권 쟁탈전과 신라의 멸망에 대하여 이야기하겠다.

이 기간 동안 견훤이 세웠던 후백제와 궁예가 세웠던 마진(태봉)의 1차 패권 쟁탈전이 벌어졌고, 918년 이후에는 후백제와 고려 사이에 2차 패권 쟁탈전이 벌어졌다. 935년 신라가 고려에 항복했고, 936년 후백제가 고려에 멸망하며 신라는 사라지고 고려왕국이 들어서게 되었다.

1. 신라 멸망의 표지적 유적들

신라왕국의 멸망과 관련된 표지적 유적으로는 포석정과 삼릉을 들 수 있다. 시간 여유가 있으면 삼릉을 먼저 답사한 후 포석정을 답사할 수 있다. 포석정에서 '신라길 1'의 마지막 이야기를 할 것이다.

'신라길 1'의 제5처~1, 삼릉과 경애왕릉

포석정에서 다시 남쪽으로 1킬로미터를 가면 삼릉이 있다. 삼릉에서 150미터쯤 남쪽으로 가면 경애왕릉으로 알려진 무덤이 있다. 그중 삼릉에는 북쪽의 무덤이 8대 아달라왕, 가운데의 무덤이 53대 신덕왕, 남쪽의 무덤이 54대 경명왕의 능이라고 알려져 있다.

신덕왕릉으로 알려진 무덤은 원형봉토(지름 19.43미터, 높이 5.75미터) 안에 연도가 달린 횡혈식 석실(길이 3.1미터, 높이 3.9미터)로 되어 있다. 1935년과 1963년에 도굴된 것을 조사하여 그 구조를 알게 되었다. 석실에는 회칠이 되어 있고, 현실의 벽에는 채색이 되어 있다.『삼국사기』에는 왕이 917

　　　　삼릉　　　　　　　　　　　　(전)경애왕릉

년 7월에 세상을 떠나니 시호를 신덕이라 하고 죽성에 장사 지냈다고 한다. 현재 삼릉 중에서 신덕왕의 능을 비정한 것은 조선시대였다.

　삼릉 중에는 54대 경명왕의 능이 알려지고 있다. (전)경명왕릉은 봉분(높이 4.49미터, 직경 15.92미터)이 있고 그 아래 횡혈식 석실로 이루어진 무덤으로 보고 있다. 경명왕은 924년 8월 세상을 떠났는데 시호를 경명이라 하고 황복사 북쪽에 장사 지낸 것으로 되어 있다.[42] 한편 『삼국유사』에는 황복사에서 화장하고 성등잉산 서쪽에서 뼈를 뿌린 것으로 나온다.[43]

　경애왕릉으로 전해지는 무덤은 원형봉토분(높이 4.2미터, 직경 18.32미터)으로 되어 있고 횡혈식 석실분으로 추정된다. 『삼국사기』에는 경순왕이 경애왕의 시체를 서당에 안치하고 여러 신하들과 통곡하면서 시호를 경애라 하고 남산의 해목령에 장사 지냈다고 나온다.[44] 현재 (전)경애왕릉으로 전해지는 능을 비정한 것도 조선시대였다.

　이와 같이 보면 신덕왕, 경명왕, 경애왕의 능으로 전해지는 무덤들은

---

42. 『삼국사기』 12, 「신라본기」 12, 경명왕 8년.
43. 『삼국유사』 1, 「왕력」 편.
44. 『삼국사기』 12, 「신라본기」 12, 경순왕 즉위조.

그 주인이 확실한 것이 아니다. 나라가 망하는 순간 왕위를 이었던 세 왕의 능을 제대로 알 수 없다는 것 자체가 신라의 운명을 말해 주는 증거일 수 있다.

'신라길 1'의 제5처~2, 포석정

나정 남쪽으로 1킬로미터 떨어진 곳에 포석정으로 알려진 유적이 있다. 포鮑는 전복을 가리키며 정亭은 정자나 여관을 가리키기도 한다. 이에 포석정은 전복 모양의 돌로 된 정자를 가리킬 수 있다. 현재 포석정으로 알려진 유적은 포석 모양을 하고 있다고 여겨지나 그 자체가 정자는 아니다. 이 시설은 포석정의 한 부속 시설로 생각되며 이를 포석으로 불러야 한다는 생각을 해 본다. 물길은 22미터 길이로 되어 있다.

1999년 4~5월 국립 경주문화재연구소에서 발굴한 포석정 70미터 지점에서 "포석砲石"이라는 명문이 있는 기와가 발굴되었다. 이와 같은 기와를 덮었던 포석정은 『화랑세기』에 나오는 포석사와 관련 있는 건물임에 틀림없다.

포석정은 기록에 몇 차례 나온다. 『삼국사기』에 따르면 경애왕 4년(927) 11월 견훤이 갑자기 왕경으로 쳐들어왔다. 그때 왕은 비빈과 종친·외척들과 포석정에서 놀면서 잔치를 베풀고 즐기다가 적병이 닥치는 것을 알지 못했으므로 창졸 간에 어찌할 바를 몰랐다고 한다. 왕은 왕비와 함께 후궁으로 달려 들어가고 종친·외척과 공경대부와 사녀士女들은 사방으로 흩어져서 도망해 숨었으나 적에게 사로잡힌 자는 귀천을 가리지 않고 모두 놀라고 겁을 먹어 땅에 엎드려 기면서 노복이 되기를 애걸했지만 죽음을 면치 못했다.

포석정

　견훤은 또 그의 군사를 풀어 공사公私의 재물을 거의 다 약탈하고 궁궐에 들어가서 머물렀다. 이에 측근을 시켜 왕을 찾게 했는데, 왕은 비첩 몇 사람과 후궁에 숨어 있었다. 견훤은 경애왕을 군대의 진영 안으로 잡아다 강제로 자살하게 하고 왕비를 강간했다. 그리고 부하들을 놓아 왕의 비첩들을 욕보이게 했다. 그리고 왕의 족제族弟를 세워 국사를 맡게 했으니 이가 바로 경순왕敬順王이다.[45] 『삼국유사』에는 이런 기록과 함께 경순왕이 왕위에 올라 서당에 경애왕의 시체를 안치하고 여러 신하들과 함께 통곡했다고 나온다.[46]

　지금까지는 이 같은 기록을 통해 경애왕이 포석정에서 잔치를 베풀고

---

45. 『삼국사기』 12, 「신라본기」 12, 경애왕 4년.
46. 『삼국유사』 2, 「기이」 2 김부대왕.

놀다가 견훤의 침략을 받아 죽었던 것으로 이야기되어 왔지만 기록을 다시 보면 그렇게 단정하기도 어렵다. 『삼국사기』에는 경애왕이 죽은 해 9월에 견훤이 고울부(현재의 영천)에서 신라의 군대를 공격하므로 경애왕이 고려 태조 왕건에게 구원을 청했고, 왕건은 장수에게 명하여 날랜 병사 1만을 거느리고 가서 구원하게 했다. 고려 원병이 오기 전에 견훤이 신라 왕경으로 쳐들어왔던 것이다.[47]

한편 『삼국유사』는 다소 다른 내용을 전한다. 927년 9월 견훤이 근품성(현재 문경군의 산양면 일대)을 쳐서 빼앗고 그 성에 불을 지르니 경애왕이 왕건에게 구원을 청했고, 왕건은 출병하려 했는데 견훤이 고울부(현재의 영천)를 빼앗고 진군하여 갑자기 신라 왕도로 쳐들어갔다고 한다. 그때 경애왕은 왕비와 함께 포석정에 나가 놀다가 이로 말미암아 낭패를 당했다. 견훤은 왕비를 끌어내 능욕하고 왕의 족제 김부를 왕으로 삼고 왕의 아우 효렴과 재상 영경을 사로잡고 신라의 진귀한 보물과 무기와 자제, 공인 중 뛰어난 자를 데리고 갔다.[48]

여기서 생각할 문제가 있다. 927년 9월 견훤이 신라에 쳐들어오자 경애왕이 왕건에게 청병을 한 상황인데 과연 포석정에서 놀았을까 하는 문제가 있다. 더욱이 11월은 한겨울이다. 그때 포석정에서 신라 왕이 놀았다고는 생각되지 않는다.

그러면 경애왕이 포석정에는 왜 갔을까? 『화랑세기』에서 답을 찾을 수 있다. 8세 풍월주 문노文弩 조를 보면 문노의 화상畵像이 포석사鮑石祠에 있었던 것으로 나온다. 또한 김유신이 삼한을 통합한 후 문노를 삼한통

---

[47] 『삼국사기』 12, 「신라본기」 12, 경애왕 4년.
[48] 『삼국유사』 2, 「기이」 2, 후백제 견훤.

합을 이룬 사기의 종주宗主, 즉 우두머리로 삼아 각간으로 추증하고 신궁의 선단仙壇에서 대제를 행했다고 한다.[49] 선단은 화랑들을 모시고 제사를 지내는 제단이나 사당을 의미한다. 여하튼 포석사는 신라 삼한통합의 정신적 지주가 되었던 문노의 화상을 모신 곳이었다. 이를 생각하면 실제로는 경애왕이 일단의 무리를 거느리고 포석사에 가서 문노의 화상 등 앞에서 견훤의 침략으로부터 나라를 지켜달라고 빌었던 것으로 생각할 수 있다.

이같이 생각하면 포석정은 포석사를 잘못 기록한 것으로 보아야 한다. 또한 포석사에는 현재 포석정으로 알려진 시설만이 아니라 다른 시설들 즉 사당들이 있었던 것을 짐작할 수 있다.

---

49. 『화랑세기』, 8세 문노, 2005, pp. 136~137.

2. 패권 쟁탈전이 벌어진 전국시대

효공왕(897~912)의 뒤를 이어 신라 왕위에 오른 사람은 신덕왕(912~917)이었다. 신덕왕은 아달라왕의 원손인 예겸의 아들로 박씨였다. 신덕왕의 두 아들인 경명왕(917~924)과 경애왕(924~927)이 그 뒤를 이어 왕위에 올랐다.

견훤과 궁예의 패권 다툼

이때 신라의 전 국토는 전국戰國시대로 접어들었다. 892년에 견훤이 완산주에 웅거하여 후백제를 세웠고 900년에 왕을 칭했다. 효공왕 2년(898)에는 궁예가 패서도와 한산주 관내 30여 개의 성을 장악하고 송악군에 도읍했다. 901년에는 궁예가 왕이라 칭했다. 이때부터 견훤과 궁예는 패권 쟁탈전을 벌여나간 것으로 생각할 수 있다.

904년에는 궁예가 백관을 설치하고 국호를 마진, 연호를 무태라 했다. 궁예는 911년에 국호를 태봉, 연호를 수덕만세라 고쳤다. 914년에는 연호를 정개로 고쳤다. 이 시기 신라 왕이 다스릴 수 있던 지역은 과거 서라벌 소국 영역(현재의 경주시 정도)에 한정되었다.

지금까지 후백제, 마진, 신라를 후삼국이라 불러 왔다. 그러나 신라 전역에는 후백제나 마진 또는 신라가 다스릴 수 없던 대군웅들의 영역이 있었다. 따라서 이 시기를 후삼국 시대라고 할 경우 대군웅들의 존재를 무시하는 것이 된다. 당시 역사 또한 후삼국만의 것도 아니었다. 이에 나는 이 시기를 대군웅들이 패권을 다투던 전국戰國시대로 보고자 한다.

전국시대에는 패권 쟁탈전이 벌어졌다. 대체로 2차의 패권 쟁탈전을 주목할 수 있다. 1차 패권 쟁탈전은 후백제와 마진(태봉) 사이에 벌어진 것이고, 2차 패권 쟁탈전은 918년 고려가 선 후 고려와 후백제 사이에 벌어진 것이었다.

진성여왕·효공왕은 물론이고 신덕왕에서 경애왕까지의 박씨 왕 시대 신라는 이미 왕정이 무너져 있었다. 진성여왕 대 이후 신라는 지방 지배를 포기한 상황이었다. 진성여왕 7년(893) 최치원을 하정사로 삼아 당에 보내려 했으나 해마다 흉년이 들어 도적이 종횡하여 길이 막혀 당에 가지 못한 일도 있다. 다만 신라는 주로 후백제와 마진(후에 태봉), 후백제와 고려 사이에 벌어진 패권 쟁탈전에 있어 주 왕실과 같은 위치에 있었다.

궁예는 47대 헌안왕과 궁녀 사이에서 출생한 아들이라거나 48대 경문왕의 아들이라고도 한다. 915년 궁예가 법도에 없는 일을 많이 하므로 부인 강씨가 이를 간하였다. 궁예는 이를 싫어하여 신통력으로 강씨가 간통한 것을 알았다고 하여 쇠방망이를 달구어 그의 음부를 찔러 죽이고 두 아들도 죽였다. 궁예는 터무니없이 반역죄를 꾸며서 많은 장상을 죽였다. 이에 부양과 철원 사람들이 그 해악을 견디지 못했다.

918년 6월 홍유 등이 왕건을 추대하였다. 궁예는 미복으로 도망하였다가 허기가 심하여 이삭을 몰래 끊어 먹다가 부양민에게 살해되었다. 궁예는 891년에 일어나서 918년까지 28년간 나라를 다스렸다.

왕건의 고려 건국

왕건의 아버지 왕륭은 896년 송악군을 들어 궁예에게 귀부했다. 군웅으로 성장했던 왕륭이 궁예 휘하에 들어간 것이다. 898년에 궁예는 송악으로 도읍을 옮겼다. 왕륭과 왕건 부자는 그들의 모든 것을 궁예에게 바쳐 궁예의 모든 것을 차지하는 데 성공했다. 왕건은 903년 3월 수군을 거느리고 광주계에 이르러 금성군 등 10여 군·현을 뺏고 나주를 설치한 바 있다. 그 후 왕건은 궁예를 위하여 영토를 넓히는 일을 했다. 시중 직에 올랐던 왕건은 궁예의 관심법에 걸려 죽을 위기에 처하기도 했다. 궁예의 흉포함이 거리낌이 없어 신하들이 몹시 두려워했다. 918년 6월 장군 홍술(홍유), 백옥(배현경), 삼능산(신숭겸), 복사귀(복지겸) 네 사람이 비밀리에 왕건을 추대했다.

왕건은 궁예가 포학하다고 하나 무릇 신하로서 임금을 바꾸는 혁명革命을 할 수 없다고 했다. 부인 유씨가 손수 갑옷을 입히고 장수들이 부축하여 밖으로 나와 사람을 시켜 달려가며 "왕공이 이미 의기義旗를 들었다."고 외치게 했다. 이에 달려오는 자들이 헤아릴 수 없었고 궁문에 이르러 북을 치며 기다리는 자들이 1만여 명이나 되었다. 궁예는 도망하고 신왕을 맞이하였다. 896년 왕륭이 궁예에게 귀부하여 참고 견딘 결과 새로운 나라를 세운 것이다. 왕건은 철원의 포정전에서 즉위하여 국호를 고려高麗, 연호를 천수라 하고 관제를 개혁했다. 919년에 송악 남쪽에 도읍을 정하고 3성·6상서·9시를 설관하고 3대의 조상을 추시했다.

왕건과 궁예의 패권 다툼

918년에는 웅주 등 10여 주·현이 배반하여 후백제에 귀부했고 920년 정월에 신라가 사신을 보내 내빙했다. 또한 강주康州에서 아들을 보내 항복했다. 920년 10월에는 견훤이 신라를 공격하자 신라가 고려에 원병을 청하여 왕건이 병사를 보내 구원하니 이때부터 왕건과 견훤 사이에 틈이 생겼다. 922년에는 명주 장군 김순식이 아들을 보내 항부했으며 925년에는 발해 장군 등 5백여 명이 내투했다.

925년 10월 고울부(경북 영천) 장군 능문이 내투하였는데 그 성이 신라 왕도와 가까워 노고를 위무하고 돌려보냈다. 927년 8월에는 왕건이 강주를 순행하니 후백제 여러 성주들이 항부했다.

927년 9월 견훤이 고울부를 습격하여 머물며 신라 왕경의 변경을 핍박하자 경애왕은 고려 왕건에게 구원을 청했다. 왕건이 1만의 병력을 거느리고 구원에 나섰는데 고려 원병이 도착하기 전인 11월 견훤이 갑자기 왕경으로 쳐들어왔다. 그때 견훤은 경애왕을 자살하게 했고 김부를 왕으로 세우고 돌아갔다.

한 가지 궁금한 점이 있다. 견훤이 신라 왕경을 장악하고 경애왕을 죽인 후 어떤 이유로 신라를 장악하지 않았을까 하는 것이다. 견훤이 신라를 멸망시켰으면 왕건을 비롯한 모든 군웅들이 견훤을 공동의 적으로 삼았을 가능성이 있다. 또한 앞에서 본 것처럼 전국시대에 신라는 주 왕실과 같은 역할을 했기에 신라를 멸망시킬 수는 없었을 것이라 추측할 수 있다.

한편 왕건은 경애왕의 청을 받아들여 직접 구원에 나섰다. 왕건은 정예 기병으로 공산 동수(대구 북방 공산)에서 견훤과 싸웠으나 패하여 신숭

겸 등이 전사하고 단신으로 도망했다. 928년 7월에는 견훤이 의성부성을 치니 성주 장군 홍술이 전사했다.

930년 정월 왕건은 고창군 병산에 진을 쳤고 견훤은 5백 보 가량 떨어진 석산에 진을 친 후 전투를 벌여 견훤은 패주하였고, 사로잡히거나 죽은 자가 8천에 이르렀다. 이때 영안(영천) 등 30여 군·현이 차례로 왕건에게 항복했다. 2월에는 신라 동쪽 연해의 주·군 부락들이 모두 와서 항복하자 명주에서 흥례부(안동)까지 110여 성이 되었다. 이때 왕건은 신라에 사신을 보내 고창 전투의 승첩을 알리니 경순왕이 왕건을 만나기를 청했다. 왕건은 이어진에 행차했다. 930년에 있었던 고창 전투의 승리는 고려가 전국을 통합하는 출발점이 되었다.

931년 2월 경순왕이 왕건을 만나기를 다시 청했다. 이에 왕건은 50여 기를 거느리고 신라 왕경으로 갔다. 경순왕은 모든 관원들에게 교외에 나가 왕건을 맞이하게 하고 스스로 왕궁 정문 밖에 나가 영접했다. 경순왕은 왼편, 왕건은 오른편으로 상견례를 하며 전상에 올라 호종한 신하들에게 경순왕을 향해 절하게 하니 정리와 예의가 극진했다. 임해전에서 잔치를 베풀었는데 경순왕이 신라가 하늘의 버림을 받아 견훤에게 유린된 바가 되어 통분하기 끝이 없다고 하며 눈물을 흘렸다. 좌우의 신하들도 모두 목메어 울었고 왕건도 눈물을 흘리며 위로했다. 왕건이 10여 일 동안 있다가 돌아가는데 경순왕이 혈성까지 전송하고 인질을 함께 보냈다. 신라 도성 사람들과 사녀들이 "전에 견훤이 왔을 때는 늑대와 호랑이를 만난 것 같았는데 왕건이 오고 보니 마치 부모를 만나 뵌 것 같구나." 하였다.

3. 신라 항복과 후백제 멸망

935년 6월 후백제 견훤이 고려에 항복했고, 11월에는 경순왕이 고려에 항복했다. 936년 9월 고려와 후백제 군대가 일리천 전투를 치렀는데 고려 군이 승리하고 후백제는 망하였다. 후백제는 45년간 존속하였다.

신라의 멸망을 보자. 경순왕 9년(935) 10월 왕은 사방의 영토가 모두 다른 사람의 소유가 되어 나라가 약하고 외로워져 자체로 보전할 수 없게 되었다고 생각하고 군신들과 국토를 들어 왕건에게 항복할 것을 모의했다. 군신들은 혹은 옳다고 했고 혹은 옳지 않다고 했다. 이때 왕자가 "나라의 존망은 반드시 천명에 달려 있으니 오로지 충신과 의사들과 함께 민심을 수습하여 굳게 지키며 힘을 다한 뒤에 그만두어야지 어찌 1천년 사직을 하루아침에 가볍게 남에게 내어 주겠습니까?" 했다. 경순왕은 "(나라가) 고단하고 위태로움이 이와 같으니 형세가 온전할 수 없다. 이미 강하지도 못한데 더 약해질 수도 없으니 무고한 백성들로 하여금 참혹하게 죽게 하는 것은 나로서는 차마 할 수 없는 일이다." 했다.

경순왕은 시랑 김봉휴에게 편지를 주어 왕건에게 항복을 청했다. 왕자

경순왕릉(장단, 경순왕 계보는 〈표 6〉 38대 원성왕에서 47대 헌안왕까지 왕위 계승표에 나온다)

는 통곡하며 왕에게 하직을 하고 개골산에 들어가 바위를 집으로 삼고 마의초식으로 일생을 마쳤다. 11월에 왕건이 편지를 받고 대상 왕철 등에게 영접하게 했다. 경순왕은 백료를 거느리고 왕도를 떠나 태조 왕건에게 귀순했다. 수레와 말이 30여 리에 뻗쳤고 길은 사람으로 메워졌으며 구경꾼들이 담과 같이 둘러서 있었다. 왕건은 교외로 나가 영접해 위로하고 대궐 동쪽에 가장 좋은 집 한 구역을 주며 맏딸 낙랑공주를 그의 처로 삼게 했다.

12월에는 경순왕을 봉하여 정승공으로 삼았는데 지위가 태자 위에 있었다. 봉록 1천 석을 주고 시종한 관원과 장수들을 모두 임용했다. 그 후 신라를 고쳐 경주慶州라 하고 경순왕 식읍으로 삼게 했다. 왕건은 경순왕 큰아버지 잡간 억렴의 딸을 아내로 맞아 아들을 낳았으니 그가 후일 현종의 아버지로 추봉된 안종이었다. 경종은 정승공(경순왕)의 딸을 왕비로 삼고 정승공을 봉하여 상보로 삼았다. 경순왕은 978년에 세상을 떠나니 시호를 경순왕이라 했다.

　신라 항복과 후백제 멸망은 전국시대가 끝난 것을 뜻한다. 고려의 전국戰國 통합은 민족 통일이 아니었다. 당시 민족이라는 개념은 없었다.

4. 신라의 멸망

모든 국가는 흥망성쇠 과정을 거친다. 신라도 그러한 과정을 거쳐 역사 속으로 사라졌다. 신라 멸망 과정을 요약해 보겠다.

첫째, 신라 멸망의 간접 원인을 먼저 보겠다. 그중 하나는 무열왕에서 혜공왕까지 이어진 시기 왕위 계승 문제를 들 수 있다. 당시에는 왕위 장자 상속의 원칙을 지켜 나갔다. 그 과정에서 왕정을 수호할 왕의 혈족수가 감소하였다. 결국 왕위는 37대 선덕왕을 거쳐 38대 원성왕 후손들에게 넘어가게 되었다. 이들은 29대 태종무열대왕의 직계가 아닌 17대 내물왕의 후손들이었다. 다른 하나는 삼한통합 후 혜공왕에 이르는 동안 오랜 평화로 인한 왕정 피로를 들 수 있다. 전쟁이 사라진 당시, 위기의식을 잃게 되어 왕정에 긴장이 풀렸다. 그 결과 왕정 강화 의식이 사라지게 되었다.

둘째, 38대 원성왕 후손들 간에 벌어진 왕위 계승전을 들 수 있다. 원성왕 후손들은 저마다 왕위 계승권을 주장하며 왕위 계승전을 벌이는 과정에 왕위가 많은 사람들의 경쟁 대상이 되어 불안한 자리가 되었고,

왕권은 말할 수 없이 약화되기에 이르렀다. 839년까지 벌어진 몇 차례 왕위 계승전 결과 44대 민애왕이 동원할 수 있던 병사는 3천뿐이었다. 민애왕의 왕군은 청해진 장보고가 우징(신무왕)에게 지원해 준 5천의 병력에 패하여 왕위를 물려줄 수밖에 없었던 것이 그 증거다. 원성왕계 후손들의 왕위 계승전은 왕정을 붕괴시킨 주범이었다.

셋째, 왕정 붕괴는 신라왕국을 지탱해 온 율령 체제를 무너뜨리고 나아가 신라인을 하나의 신분제로 묶어 통제하던 골품제를 무너뜨렸다. 그 결과 신라 중앙 정부는 지방 세력을 통제할 수 없게 되었다. 지방에서는 도적이 일어났고 그들을 막아내는 과정에 각지 세력이 군·현을 단위로 무장을 하고 군사 실력을 갖춘 세력 집단으로 성장하였다. 그들 지방 세력들은 성주·장군을 칭하며 비록 소규모이지만 독자적인 정부와 군대를 갖춘 군웅軍雄 세력으로 성장하게 되었는데 그 수가 크게 늘었다. 846년 장보고의 난 이후 그들을 제압할 힘을 중앙 정부는 크게 상실해 갔다.

넷째, 헌강왕(875~886)·정강왕(886~887)·진성여왕(887~897) 3남매의 왕위 계승 기간 동안에는 군·현 지역 세력가들인 군웅들 위에 현재의 도道에 해당하는 주州 정도를 장악한 대군웅들이 등장한 것을 들 수 있다. 이 무렵 신라 통치 영역은 현재 경주 지역에 한정하게 되었다. 한편 양길·기훤·견훤·궁예·김순식 등 여러 대군웅들이 등장하였고 중앙 정부에서는 그들을 통제할 수 없었다. 그러한 대군웅 중 견훤과 궁예는 독자적으로 국가를 세웠다. 견훤과 궁예 그리고 견훤과 왕건 사이에 패권 쟁탈전이 벌어졌고 마침내 고려가 신라의 항복을 받고 후백제를 멸망시켜 신라의 뒤를 이어 한반도를 지배하는 왕국이 되었다.

다음은 신라의 직접적인 멸망 요인을 보겠다. 신라가 망한 까닭은 무엇일까? 무엇이 신라를 멸망으로 이끌었을까?

첫째, 중앙 정부의 군사력 상실을 들 수 있다. 망할 때까지 신라는 중국이나 발해 등 외적의 침략을 받지 않았다. 그 결과 외적을 막기 위한 긴장감이 약해지고 중앙 군사력을 유지할 필요가 사라졌다. 이는 9세기 중반 이후 중앙 정부가 지방에서 성장한 군웅이나 대군웅들을 군사적으로 제압할 능력을 상실한 것을 뜻한다.

둘째, 중앙 정부의 정치체제 붕괴를 들 수 있다. 원성왕계 후손들의 왕위 계승전 결과 중앙 정부 정치 조직이 기능을 발휘할 수 없게 되었다. 중앙 정부에서는 군웅과 대군웅들이 성장한 지역에 지방관을 파견할 수 없게 되었는데 이는 군웅들이 자리한 주·군·현의 통치를 포기한 것을 의미한다.

셋째, 율령 체제에 바탕을 둔 골품제를 유지할 수 없었던 것을 들 수 있다. 흥덕왕 9년(834) 색복色服·거기車騎·기용器用·옥사屋舍에 대한 금령을 내리는 교를 볼 수 있다.[50] 당시 신라인은 신분에 따른 금령禁令을 지키지 않았던 것이 분명하다. 진골·6두품·5두품·4두품·평인(백성)에 따른 신분적 차별을 지키도록 조치한 것이다. 그런데 그 이후 지방에서 성장한 군웅과 대군웅들은 골품제의 통제를 벗어난 집단이었다. 골품제를 중심으로 유지하던 신라의 사회 체제가 붕괴된 것이다.

넷째, 중앙 정부의 재정 고갈을 들 수 있다. 이후 신라 중앙 정부는 지방인들을 골품제 규정에 묶어둘 수 없게 되었다. 그것은 지방의 주·군·현으로부터 조·용·조 수취를 할 수 없게 된 것을 뜻한다. 진성여왕 3년(889) 이후에는 중앙 정부 부고가 텅 비게 되어 왕의 정치력은 축소될 대로 축소되었다.

---

50. 『삼국사기』 33, 「잡지」 2.

다섯째, 9세기 중반 이후 신라 중앙 정부는 왕국의 황혼에 대처하여 난국을 타개할 수단을 찾지 못했다. 진성여왕 8년(894) 2월 최치원이 올렸던 10여 조의 시무책은 당시 신라가 처한 난국을 타개하기 위한 정책을 담고 있었던 것이 분명한데 그 시무책은 시행되지 못했다. 이는 신라 중앙 정부에서 군웅들이 패권 다툼을 벌이는 난국을 타개할 정책을 찾을 수 없었던 것이다.

여섯째, 신라 중앙 정부의 인적 자원 고갈을 들 수 있다. 헌강왕 대에 이르면 신라 왕경인 중 많은 사람들이 지방으로 이주하여 왕도가 텅 빈 상황이 되었다. 신라 왕정을 위해 충성을 바칠 인적 자원을 구하기 어려운 상황이 되었다.

일곱째, 신라인을 하나로 묶을 사상적 장치 상실을 들 수 있다. 성골 왕 시대의 신라 왕실은 주도적으로 불교를 받아들여 왕실의 신성함을 확보하고 골품제의 최고 신분으로서 성골 집단의 존재를 인민들에게 과시할 수 있었다. 그런데 9세기에 들어서면 중국으로부터 선종禪宗이 수입되면서 중앙 정부가 불교를 장악할 수 없는 상황에 처했다. 신라 왕들은 불교를 통한 인민의 사상적 통제를 포기했다.

여덟째, 고려의 패권 장악을 들 수 있다. 고려 왕건은 군웅들의 생리를 잘 알고 있던 인물로 여러 방법으로 군웅들을 장악해 나갔다. 그 과정에 신라도 견훤의 후백제 침략을 막기 위해 고려에 청병하는 등 의존적인 정책을 택했다. 더 이상 왕국을 지탱할 수 없게 된 상황에서 경순왕은 고려에 항복한 것이다.

'신라길 1' 답사를 마치며

신라·신라인이 한국·한국인을 만들다

1. 신라·신라인이 남긴 역사적 유산

'신라길 1' 답사를 통하여 신라가 한국·한국인의 오리진이라는 사실을 이야기했다. 한국인 중 종성과 육부성을 갖고 있는 사람은 신라인을 시조로 하고 있다. 그밖에도 한국에서는 많은 신라의 오리진을 찾을 수 있다. 정치적인 면에서 신라의 주-군-현(행정촌)제는 현재 도-군-면제로 이어지고 있다. 언어적인 면에서 한국인은 신라어를 잇고 있다. 종교적인 면에서 신라인은 전통적인 신앙인 선도仙道 등과 당시 새로이 들어온 불교·유교를 잘 조화하며 누층적인 편제를 해 나갔다. 그러한 종교 전통이 현재 한국인들 사이에서 종교 전쟁이 일어나지 않는 이유이다. 신라인은 왕을 정점으로 전국의 인민을 하나의 골품제로 묶어 통제했다. 그러한 전통은 한국인의 중앙집권적이고 왕경(서울) 지향적인 성향을 만든 출발점이 되었다.

2. 신라인과 현재 한국인의 연계

경주 지역 신라인의 후손으로 이루어진 지배 세력

우선 신라 왕경이었던 경주 지배 세력들의 인적 구성을 살펴보겠다. 이와 관련하여 『호장선생안戶長先生案』을 주목할 수 있다. 여기에는 경주에 호장을 둔 시기가 고려 광종 대로 되어 있으나 『고려사』에는 성종 2년이었던 것으로 되어 있다. 경주에 호장을 둔 것은 광종 대이고 전국의 군·현에 호장을 임명하여 향직을 둔 것은 성종 대였던 것으로 볼 수 있다.

향직鄕職을 설치하여 호장 등을 임명할 때 어떤 세력을 임명하였는지 궁금하다. 여기서 경주의 호장을 지낸 사람 중 우두머리 호장인 수호장들의 명단이 기록된 『호장선생안』을 볼 필요가 있다. 이 책은 두 종류로 구안과 신안으로 나뉜다. 그 안에는 1281년부터 1907년까지 626년 동안 416명의 호장의 이름을 나와 있다. 『호장선생안』에는 그들 수호장들의 이름만 기록된 것이 아니라 수호장의 부·조·증조·외조의 4조·이름도 기록하고 있다. 그러한 자료를 통하여 보면 고려 초부터 조선에 이르기까지 경주의 호장들은 서로 다른 씨족 간에 혼인을 하며 그 세력을 유지한 것을 볼 수 있다. 특히 박씨, 김씨, 이씨, 최씨, 정씨, 손씨들이 수호장이 되었던 사실은 중요한 의미를 지닌다.

조선시대에 편찬된 『세종실록지리지』에는 경주부 본부의 토성土姓이 여섯으로 이·최·정·손·배·설이라고 하였다. 조선 왕실의 세계를 보면 경주 이씨에서 나왔다고 한다. 또한 천강성天降姓이 셋으로 박·석·김이라 나와 있다.[51]

『호장선생안』을 보면 1281년 이전 고려시대에도 육부성과 종성이 경주의 지배 세력이었는지 궁금해진다. 신라가 망한 935년에서 1280년까지 고려시대에도 경주부에는 육부성과 종성이 지배 세력으로 있었던 것을 추측하기 어렵지 않다. 실제로 그와 같은 육부성과 종성은 신라시대부터 존속한 씨족들이 사용한 성이라는 사실을 주목할 필요가 있다.

고려시대에 들어선 후에도 신라시대의 종성과 육부성을 가졌던 씨족의 후손들이 경주 지배 세력으로 남아 있었다는 사실은 중요한 의미를 지닌다. 그러한 사정은 조선시대에도 마찬가지였던 것이 틀림없다. 종성과 육부성을 가졌던 신라시대 지배 세력의 후손들이 고려와 조선시대에 지속적으로 경주 지배 세력으로 남아 있었다. 나라가 망하면 망한 나라의 지배 세력은 사라지고 새로운 지배 세력이 등장했을 법하다. 그러나 실제는 신라·고려·조선을 이어가며 경주의 지배 세력들이 상호 혼인을 하며 지배 세력으로서의 지위를 유지한 것이 사실이다.

현재 신라의 종성과 육부성을 가진 한국인이 많은 이유

신라시대에 일찍부터 종성과 육부성을 가진 사람들이 지방으로 이주한 것을 볼 수 있다. 지증왕 15년(514) 정월 아시촌에 소경을 설치했는데 7월에 서울인 왕경의 6부인과 남쪽 지역 사람들을 사민시켜 채운 바 있다. 신라 왕경인들의 지방 이주는 계속되었다. 삼한통합 후 왕경의 늘어난 인구를 분산시키는 방책으로 소경과 주·군·현으로의 이주는 지속되었다.

---

51. 『세종 장헌대왕 실록』 150, 경주부.

9세기에는 왕위 계승전에서 패한 세력들이 지방으로 이주한 것도 볼 수 있다. 원성왕 즉위 시 강릉으로 이주한 세력인 김주원의 일족은 후일 전국시대에 김순식과 같은 대군웅으로 성장한 것도 볼 수 있다. 대군웅이 성장하던 헌강왕 대(875~886)에는 사람들이 지방으로 도망하여 왕도가 텅 비어 가는 상황이었다.

신라의 전성기 왕경 인구는 17만 8,936호⌐였다고 한다. 여기서 말하는 호는 인(人)으로 보아야 할 것이다. 대신라시대에 만들어진 신라 촌락 문서에 보면 지방의 호들에 평균 10명 정도의 가족이 있었던 것으로 나온다. 이 경우 17만 호를 그대로 인정하면 신라 왕경에는 170만여 명의 인구가 살았던 셈이 된다. 당시 신라 왕경은 그처럼 많은 수의 인구를 수용할 능력이 없었다. 따라서 17만 호를 17만 명으로 보는 것이 타당해 보인다.

여하튼 그들 중 반 정도만 왕경을 떠났다고 하면 8~9만 명의 왕경인들이 지방으로 이주한 것이 된다. 신라 9주 아래에 450여 군·현이 있었다. 산술적으로 나누면 1개 군·현에 200명 정도의 왕경인이 이주한 셈이 된다. 그들은 한 가족일 수 없다. 여러 가족들이 각 군·현에 이주한 것으로 계산된다.

지방으로 이주한 왕경인들은 원래부터 토지와 노비가 있던 지역으로 이주한 것이 분명하다. 김흔은 그의 7대조 김인문이 나라로부터 받았던 땅을 제공하여 9세기 후반 성주사를 창건하게 했다. 이와 같이 신라가 망해 갈 때 왕경인 중 지방으로 도망한 사람들은 생각보다 많았다. 지방으로 이주한 세력들은 전국시대에 군웅이 되거나 군족郡族으로 자리 잡았다.

신라가 망한 후 이들 군족들은 고려의 향리층이 되었다. 물론 고려의 향리층에는 신라 행정촌의 진촌주층이 포함되었다. 그러한 진촌주들 중에는 옛 고구려인이나 백제인의 후손이 있었을 것이다. 그들 신라에 정복된 옛 고구려인과 백제인은 항상 반신라적이었는지, 언젠가는 고구려와 백제가 부흥할 것을 기다렸는지, 그렇기에 원래 신라인과의 혼인을 거부하고 그들의 혈통을 순수하게 지킬 수 있었는지 단정하기는 어렵다.

어찌 되었든 왕경에서 지방으로 이주한 종성과 육부성을 가진 사람들은 고려 향리층이 되었고, 조선 양반층이 되어 번성했기에 현재도 그 후손들이 인구의 많은 비중을 차지하고 있다. 왕건과 이성계에 의한 두 차례 역성혁명이 신라인을 시조로 하는 지배 세력의 존재를 없애지 못했던 것이다.[52]

16세기까지만 해도 전체 인구 가운데 적어도 40퍼센트 안팎은 무성층(천민층)이 차지했다는 사실과 17세기까지도 명실상부한 양반층은 10퍼센트 미만이었다는 주장이 있다.[53] 이 같은 주장을 통해 16세기 조선시대에 60퍼센트 정도는 성을 사용한 것으로 볼 수는 없을까? 그 후 성이 없는 사람들은 도태되고 성이 있는 사람들 중에는 신분이 양반에서 떨어지는 사람들이 늘어난 현실을 생각할 수 있다. 여하튼 조선 말에 이르면 신라인을 시조로 하는 성을 사용하는 사람의 수가 늘어나게 되었던 것을 짐작할 수 있다.

---

52. 현재 한국인이 사용하는 274개 성(1985년 기준) 중 140여 개의 외래 귀화 성씨들이 있다. 그중에는 중국계, 몽골계, 여진계, 일본계 등 귀화 성씨가 있는데 신라, 고려, 조선시대에 그러한 성씨가 생겨났다. 그러한 귀화 성씨를 가진 세력들 중에 지배 세력이 된 세력이 적지 않다. 그렇더라도 그들은 첫 대가 지나면 이미 2대, 3대 부터는 귀화 성씨를 가진 사람들끼리만 혼인을 할 수 없었기에 세대가 지날수록 신라인을 시조로 하는 성을 가진 사람들과 혼인을 하지 않을 수 없었다. 또한 고려와 조선시대 사람을 시조로 하는 성을 가진 사람도 적 지 않다. 이 같은 성을 가진 한국인들도 현재는 신라인의 피를 더욱 많이 갖고 있는 것을 생각할 필요가 있다.

53. 이수건, 「한국의 성씨와 족보」, 2003, p. 5.

조선시대에 성을 가졌던 사람들이 모두 양반이었다는 이야기를 하자는 것이 아니다. 현재 한국인 중 반이 넘는 사람이 신라인을 시조 또는 중시조로 하는 성을 갖고 있다는 사실에 주목하지 않을 수 없다는 것이다.[54] 한국인들이 고구려나 백제인을 시조로 하는 성이 아니라 신라인을 시조로 하는 성을 갖고 있다는 현상을 설명할 필요가 있다. 그래서 나는 한국·한국인의 오리진이 신라에 있다고 보는 것이다.

신라 유적을 기억한 신라인의 후손들

신라 건국신화의 현장인 나정 유적은 후대인의 기억 속에 이어져 왔다. 남산 서북록의 넓은 지역에서 원형 건물지와 팔각 건물지 바로 위에 1803년 나정비를 세운 것은 당시까지 나정 유적의 존재가 알려졌기 때문이다. 그 밖에 혁거세 능이 있는 오릉, 알지의 탄강지인 계림, 김씨 최초의 왕이었던 미추왕릉, 내물왕릉, 무열왕릉, 문무왕릉인 대왕암, 신라 멸망의 이야기가 담긴 포석정 등 많은 유적들에 대한 기억을 그들 경주에 살던 사람들이 대를 이어 전한 것이라 할 수 있다.

여기서 신라가 망한 후 1천 년 넘게 경주에 살고 있던 신라 지배 세력의 후손을 주목하지 않을 수 없다. 『호장선생안』에 들어 있는 세력들이

---

54. 한국인 중 신라인을 시조로 하는 종성과 육부성을 갖고 있는 사람은 적지 않다. 1985년에 이루어진 경제기획원의 인구조사에 의하여 그러한 사실을 확인할 수 있다. 2000년도 인구조사 결과도 1985년의 그것과 큰 차이가 없어, 종성과 6부성을 가진 사람들이 인구의 반이 넘는다. 물론 한국인 중 위의 성을 갖고 있더라도 신라인을 시조로 하지 않는 성이 있다. 그러나 그러한 사람의 수는 많지 않다. 그런가 하면 위의 종성과 육부성이 아니더라도 안동 권씨와 같이 신라인을 시조로 하는 성이나 본관도 있다. 따라서 한국인 중 적어도 반이 넘는 사람들은 신라인을 시조로 하는 성이나 본관을 갖고 있다는 것을 알 수 있다.

그들이다. 그들이야말로 신라 유적의 존재를 기억해 준 이들이다. 그들은 구전을 통해 신라 유적을 다음 세대에게 전했다. [모델 3]은 이 같은 신라인의 후손들이 갖고 있는 기억의 보따리를 인정한다.

그렇다고 지금 우리가 알고 있는 모든 유적이 신라 유적을 옳게 전하는 것이라고는 생각하지 않는다. 지마왕릉, 일성왕릉, 아달라왕릉, 법흥왕릉, 진흥왕릉, 진지왕릉 등 여러 왕릉을 포함한 많은 유적들이 후세에 위치가 잘못 비정된 것이라고 본다. 그것은 후세 사람들의 필요에 따라 내용이 바뀌고 새로 비정되기도 했기 때문이다.

그렇더라도 이 책에서 찾는 '신라길 1'의 유적들 모두가 잘못 기억된 것일 수는 없다. 그러한 유적을 인정하고 신라의 역사와 문명에 대하여 이야기를 해도 큰 문제는 없다.

3. 민족·민족사를 넘어 신라 오리진을 찾아서

국가가 주도해 온 역사 교육을 통해 단군이 한민족 시조이고, 한민족은 단군의 자손이라고 배워 왔다. 조선시대나 일제시대까지 한국인에게 그와 같은 교육을 시킨 일은 없었다. 대한민국에서 단군이 새롭게 민족의 시조로 발명된 것이다. 단군을 시조로 한다는 민족은 한국인의 정체성을 찾기 위하여 국가가 주도하여 만들어 낸 상상의 공동체라 하겠다. 국정교과서 고등학교 『국사』가 한국인의 정체성을 형성한 구체적인 도구라 할 수 있다.

한국인의 자긍심을 갖게 하기 위해 국가가 주도하여 역사 왜곡을 한 것이다. 이 같은 한국사 교육은 한국인들로 하여금 왜곡된 역사 지식, 역사의식, 역사관(정치관)을 갖도록 만들었다.

그러나 '신라길 1' 답사 중 이야기한 것과 같이 한국·한국인·한국 사회·한국 정치·한국 문화는 신라에 오리진을 두고 있는 것이 사실이다. 고구려·백제 사람들과 역사적 유산은 대신라에 들어서며 스러져 버렸다.

물론 고조선이나 부여·고구려·백제·가야 등의 역사도 한국사가 아닐 수 없다. 특히 왕건이 세운 고려는 고구려를 내세운 것이고 이성계가 세운 조선은 단군이 세웠던 (고)조선에서 이름을 딴 것이 그 증거라 하겠다. 그와 같은 왕국의 역사도 한국·한국인의 간접적이고 먼 오리진을 찾는다는 의미에서 당연히 한국사에서 다루어야 한다. 나도 그런 이유에서 『고조선사 연구』(1993)나 『고구려의 역사』(2005)를 펴냈고 백제에 대한 여러 논문도 썼다. 다만 한국·한국인을 만든 오리진을 찾아 올라가면 고조선·고구려·백제·신라의 역사에게 동등한 자격을 줄 수는 없다.

지난 몇 년 동안 국가가 주도하여, 중국의 동북공정에 대처하는 과정에 막대한 세금을 투입하여 "고구려연구재단"이나 "동북아역사재단"을 만들어 고조선·부여·고구려·발해 등의 역사를 연구해 왔다. 나는 그러한 국가 프로젝트에 대하여 이의를 제기할 생각이 없다. 한국에서 적절하게 대응을 하지 않는다면 중국이나 일본이 한국의 역사를 중국사나 일본사로 둔갑시킬 것이기 때문이다.

그런데 그와 같은 국가 프로젝트에 한국·한국인의 역사적 고향인 신라에 대한 연구가 빠져 있다는 것은 문제가 된다. 반면 신라 연구에 국가가 나서 세금을 투입하면 [모델 2.5]를 발명해 낸 관학파들의 주장만 살찌게 만드는 결과를 가져올 것이라는 사실도 예측할 수 있다. 그럴 경우 신라 오리진을 탐구하는 일은 더 어려워질 것이다.

나는 [모델 2.5]의 이야기가 고등학교 『국사』에서 사라질 때, [모델 2.5]

에 대한 비판을 뺀 수정판을 낼 것이다. 이제 한국인이 한국 역사상 최초의 국가를 세웠던 단군의 자손이라는 역사가 아닌, 현재 다수 한국인의 시조들이 살던 신라에서 오리진을 찾는 한국사로 전환해야 한다. 단군을 한국인의 시조로 삼기에는 그 관계가 너무 멀다. 한국인이 신라에 오리진을 두고 있음을 '신라길 2'에서 이야기할 것이다.

제1처 나정 유적
제2처 오릉
제3처 계림과 교동고분군
제4처 대릉원
제5처 월성 · 황룡사지
제6처 한국인의 시조를 모신 사당들

신라길 2

신국의 도 10킬로미터

신라 건국에서 성골 왕 시대까지, 한국인의 오리진을 찾아서

프롤로그
왜 경주에서 신라의 건국신화를 이야기하는가

　신라 건국신화에는 신라 왕을 배출했던 박씨와, 6촌장을 시조로 하는 이씨·최씨·정씨·손씨·배씨·설씨 시조들이 나온다. 이들 성씨에 더하여 내물왕 이전에 왕을 배출했던 석씨와 김씨 성을 가진 사람들이 한국인의 다수를 차지한다. 한마디로 신라 건국신화는 한국인의 오리진을 밝히는 출발점이다.

　그동안 일제 식민사학자들과 한국의 관학파들이 실제 한국인의 뿌리를 밝히는 신라의 역사를 훔쳐 갔다. 지난 세기 일제 식민사학자의 그늘에 머물고 있는 관학파, 특히 서울대 교수이자 문교부 장관을 지낸 이병도와 그 제자들이 국가를 등에 업고 몇 세대에 걸쳐 신라 건국신화는 물론이고 내물왕(356~402 재위) 이전의 역사까지 은폐·침묵시켜 왔다. 그 때문에 우리는 신라가 한국인의 오리진이라는 사실을 생각할 수 없었다.

　'신라길 2'에서는 한국·한국인의 오리진 또는 역사적 고향을 이야기할 것이다. 특히 신라 왕경(서울)이었던 현재 경주는 공간적인 면에서 한국인의 역사적 고향이고, 신라는 시간적인 면에서 한국인의 역사적 고향이라는 사실을 밝히고자 한다.

'신라길 2' 답사에는 여권과 비자가 필요하다. 1945년 이후 대한민국의 관학파 역사학자들이 만든 신라 내물왕 이전의 역사를 부정하는 한국사를 버리고 이 책을 읽을 마음을 먹는 것으로 여권은 자동 발급된다. 신라인에게 그들이 살아가던 도리인 신국神國의 도道가 있었다는 사실을 인정하면 비자도 즉시 발급된다. 신라인은 현재의 우리가 중시하는 자유·평등·민주의 개념이 아니라, 골품에 따른 신분적 차별을 천부의 질서로 받아들이던 사람들이었다.

내가 구상해 온 '신라길'은 여럿이 있다. 한국·한국인을 만든 신라의 삼한통합을 '신라길 1'로 다루었기에 한국·한국인의 오리진을 다루는 이 부분을 '신라길 2'로 하려고 한다. 여기에서 나는 '신라길 2'에 해당하는 촌락사회에서 성골 왕 시대까지의 역사를 다섯 시기로 나누어 나정, 오릉, 계림·교동고분군, 대릉원, 월성·황룡사지 등을 각 시기의 표지적 유적으로 삼아 답사하며 한국·한국인의 오리진에 대해 이야기하겠다. 신라 건국신화에서 시작하는 '신라길 2'는 10킬로미터 정도 거리가 된다. 걸어서 답사하기를 권한다.

1. 다수의 한국인이 신라인을 시조로 하는 근본 이유

지금까지 이야기한 것과 같이 한국인 중 신라인을 시조로 하는 사람이 다수인 것이 사실이다. 1985년 경제기획원의 인구조사에 의하면 4,030만 명이 274개(2000년 조사에는 286개 성)의 성을 갖고 있는데 그중 56퍼센트 정도인 2,250만 명 정도가 김씨 879만 명(21.7퍼센트), 이씨 599만 명(15퍼센트), 박씨 344만 명(9퍼센트), 최씨 191만 명(5퍼센트), 정씨 178만 명(4퍼센트), 손씨 37만 명(0.9퍼센트), 배씨 32만 명(0.8퍼센트)으로 나타났다. 설씨는 3.4만 명, 석씨는 8천 명 정도가 된다.

2000년도 조사에서는 김씨의 수가 993만 명 정도로 늘었으나 비율은 21.6퍼센트로 줄어든 것을 볼 수 있다. 2000년도 인구조사 결과도 1985년의 그것과 큰 차이가 없다. 신라인을 시조로 하는 위의 성을 가진 사람이 한국인의 반을 넘는다.[55]

한편 위의 성씨 중 본관을 달리하는 경우가 있다. 그러나 그들도 대부분 신라인을 시조로 하는 본관이다. 예컨대 전주 이씨는 경주 이씨에서 갈라진 본관이고, 전주 김씨도 원래 경주 김씨에서 갈라진 본관이다.[56] 또한 위의 성이 아니더라도 안동 권씨 등 신라인을 시조로 하는 성이나 본관도 있다. 따라서 한국인 중 적어도 반이 훨씬 넘는 사람들은 신라인을 시조로 하는 성이나 본관을 갖고 있다.

'신라길 1'에서 신라인을 시조로 하는 한국인이 다수인 까닭을 이야기했다. 신라가 백제와 고구려를 정복했기 때문이다. 만일 백제나 고구려가 삼국을 통일했다면 신라인을 시조로 하는 한국인은 찾기 어려울 것이다.

'신라길 2'에서는 박씨·석씨·김씨의 종성과 이씨·정씨·최씨·손씨·설씨·배씨의 육부성을 가진 사람들이 한국인의 다수를 차지하는 이유를 볼

---

55. 김씨 중에는 수로왕을 시조로 하는 김해 김씨가 많다. 그러나 이 성도 중시조인 신라인 김유신이 없었다면 번성할 수 없었던 성이기에 신라인을 시조로 하는 성으로 보기로 하는 것이다.
56. 룰돈 종싱과 육부성과 같은 성 중에 신라인을 시조로 하지 않는 성이 있다. 그러나 그러한 성을 가진 사람의 수는 한정되어 있다.

것이다. 먼저 신라 건국신화를 주목하면 박씨와 육부성의 시조들이 모두 나온다. 그런가 하면 4대 탈해왕이나 13대 미추왕을 통해 석씨와 김씨의 존재를 확인할 수 있다.

이제 한국인의 다수를 차지하는 종성과 육부성의 시조들에 대해 알아보기로 한다. 이를 위해 나정·오릉·계림·교동고분군·대릉원·월성(황룡사지) 등 유적을 찾아 신라의 초기 국가 형성과 성장부터 성골 왕 시대에 이르기까지의 역사를 이야기하기로 한다.

2. 내물왕 이전 신라 역사를 보는 네 가지 모델

신라인을 시조로 하는 한국인이 다수인데 왜 한국인을 단군의 자손이라 하는 것일까? 그런가 하면 신라인이 현재 한국인의 오리진인데 우리는 왜 고구려를 자랑스럽게 여기고 한국인의 조상이 살던 신라를 부끄러운 나라로 여기게 되었을까? 어떤 연구자 집단이 왜 무슨 이유로 언제부터 한국 역사를 왜곡시켰는지 생각해 보자. 이와 관련하여 신라 역사를 보는 네 가지 모델을 주목할 수 있다. 어떤 모델이 한국·한국인·한국 정치·한국 사회·한국 문화 등 한국의 오리진을 찾는 작업과 관계가 있는지 분명히 해둘 필요가 있다.

[모델 1]

고려시대에 편찬된 『삼국사기』와 『삼국유사』 조선시대에 편찬된 『삼국사절요』 등 여러 사서에 나오는 신라 이야기가 [모델 1]이다. [모델 1]은 건국신화에서 멸망까지 신라의 역사를 다루고 있다. [모델 1]은 일제 식민사학자들이 발명해 낸 신라사의 틀을 부둥켜안고 있는 관학파들이 말하는 것과 같이 내물왕 이전의 역사를 침묵시키는 일은 없었다.

그런데 [모델 1]은 한국인의 시조나 한국·한국인의 오리진에 대한 이야기를 하지는 않았다. [모델 1]에서는 단군을 시조로 한다는 민족에 대한 생각조차 없었다. 그런가 하면 고구려를 자랑스럽게 여긴 것도 아니다. 또한 신라의 삼한통합이나 태종무열대왕 김춘추를 부끄럽게 여기는 것이 아니라, 자랑스럽게 여긴 것이 사실이다.

[모델 2] 일제 식민사학의 내물왕 이전 말살론

20세기 초 일제가 한국을 강점한 후 일제 식민사학자들에 의하여 신라 역사가 새롭게 발명되었다. 일제시대에 만들어진 식민사학은 한국사 자체가 아니었다. 일본의 역사를 강해 보이게 만들기 위해 한국사를 희생양으로 삼았다. 내물왕 이전 신라 역사를 은폐함으로써 한국·한국인의 오리진을 찾을 수 없게 만든 것은 일제가 만든 [모델 2]다. 일제 식민사학자인 쓰다 소키치津田左右吉가 1919년에 『삼국사기』 내물왕 이전 기록은 허구의 산물이라고 하는 논문을 발표하여,[57] 내물왕 이전 역사를 침묵시킨 것이 출발이다.

한국을 강점한 일본 역사가들은 4세기경부터 왜가 한반도 남부에 있던 신라·가야·백제를 신민으로 삼았다는 소위 임나일본부설을 만들어 냈 . 그런데 [모델 1]에 속한 『삼국사기』나 『삼국유사』를 따를 경우 신라나 백제는 일찍부터 강한 왕국으로 성장한 것을 알 수 있다. 이 경우 왜

---

57. 津田左右吉, 「三國史記の新羅本紀について」, 『古事記及び日本書紀の研究』, 1919, 545~564쪽.

가 한반도 남부의 신라·가야·백제를 신민으로 삼았다고 하기 위해서는 이 지역의 정치적 성장을 은폐한 역사를 발명할 필요가 있었다.

이를 위해 일제 식민 사학자들은 구체적으로 신라 내물왕(356~402) 이전의 역사를 말살할 방법을 찾아냈다. 역사를 과학적·객관적으로 연구하는 방법이라고 하는 소위 실증사학이라는 것이다. 쓰다 소키치는 혁거세가 알에서 태어났다고 하는 신라 건국신화를 허구라고 했다. 사람이 어떻게 알에서 나오는가 등이 이유였다. 이 같은 방법으로 신라 건국신화에 나오는 신라 종성 중 박씨의 시조와 육부성의 시조들을 모두 은폐·말살시켰다.

그러나 『삼국사기』에 따르면 신라가 이미 기원후 1세기 중반부터 시작하여 3세기 중반까지 현재 경상북도 일대에 있던 소국들을 모두 정복한 왕국으로 성장했던 것이 사실이다. 일제 식민 사학자들은 이 같은 신라 왕국의 정복 활동을 은폐했다.

이는 1919년 3·1독립운동 이후 일제의 문화정책의 하나로 한국의 역사를 왜곡·침묵시키기 위한 것이었는데 해방 후 한국 역사가들이 이를 따른 것이다.

[모델 2.5]

1945년 해방된 후 지금까지 서울대 중심 관학파들이 일제 식민사학의 틀을 부둥켜안고 신라 역사 나아가 한국 고대사를 만들어 온 것이 사실이다. 신라의 역사와 관련하여 관학파들은 임나일본부설을 발명하기 위해 신라 내물왕 이전 역사를 은폐·침묵시켰던 일제 식민사학의 학통을 이어 받았다. 그 결과 관학파들은 내물왕 이전에 등장했던 종성과 육부성의 존재를 인정할 수 없게 되었고, 나아가 한국인의 오리진을 알 수 없게 만들었다. 다만 관학파들도 임나일본부설을 인정하지는 않았다. 따라서 관학파들이 만든 것을 [모델 2]라고 할 수는 없다. 이에 [모델 2.5]라 부른다.

여기서 [모델 2.5]가 만든 역사의 구체적인 예를 든다.

첫째, 관학파들은 단군을 시조로 한다는 민족을 만들었다. 단군을 시조로 한다는 민족이 한국인의 역사 지식이 된 것은 불과 몇 십 년 전부터다. 믿기지 않겠지만, 1945년 광복 후 제대로 된 한국사 개설서가 한 권도 없던 상황에서 자기가 "민족을 발견"했다[58]고 외친 사람은 서울대 교수이자 사범대학장을 지낸 손진태였다. 그는 문교부 차관 겸 편수국장을 지내며 한국인에 대한 역사 교육을 주도하기도 했다. 손진태를 필두로 한 관학파들이 국가를 등에 업고 한국사에 대한 연구와 교육을 장악하며 단군이 한민족의 시조라는 역사를 만들어 각급 학교에서 가르치도록 했다.[59] 손진태는 일본 와세다 대학에서 역사를 공부하며 일제 역사학자들이 만세일계 일본 천황을 구상해 일본 민족을 만들어 낸 방법을 한국사에 적용했다. 그는 일본천황 대신 단군을 대입하여 단군을 시조로 한다는 순수 혈통의 단일민족이라는 이야기를 만들어 신화화했다.

둘째, 관학파들은 고구려를 자랑스럽게 여기고 신라를 부끄럽게 여기도록 하는 역사를 만들었다. 손진태는 수·당과 맞서 싸운 고구려를 민족을 지킨 왕국으로 그려 내 자랑스럽게 여기도록 만들었고,[60] 신라를 외세를 끌어들여 동족의 나라를 멸망시켜 한민족의 무대를 쪼그라들게 만들었다 하여 부끄럽게 여기도록 만든 이야기를 발명해 초·중·고등학교 교육[61]을 통해 국민에게 주입시키게 한 장본인이었다.

손진태는 단군을 시조로 하는 유구한 역사를 가진 민족의 정체성을 만든 것이고, 수당의 침략을 막았던 고구려를 통하여 민족의 자긍심을 불러오게 했다.

이병도와 손진태는 그들을 잉태한 일제 식민사학의 가르침을 고수하며 신라 건국신화는 물론이고 내물왕 이전의 역사조차 침묵시켰다. 그 결과 관학파들은 내물왕 이전에 등장했던 종성과 육부성의 존재를 인정할 수 없게 되었고, 나아가 한국·한국인의 진정한 오리진을 찾을 수 없게 만들었다.

민족이라는 신화는 효용성을 가진 것이다. 관학파들이 만든 신라의 역사를 보니 E. H. Carr가 말한 "역사는 과거와 현재의 대화"라는 말이 새삼 떠오른다. 내물왕 이전 역사에 대한 불신론은 임나일본부설을 만들기 위한 일제 식민사학의 정치 행위이고, 손진태의 민족은 남북 분단을 극복하기 위한 또 다른 정치 행위였다. 그것은 역사를 정치의 시녀로 만든 것이었다. 손진태는 민족 정체성을 만들어 남북한으로 나뉜 한국인의 정체성을 만들어 냈으나, 그것이 사실일 필요는 없었던 것이다. 또한 이병도의 내물왕 이전 역사 기록 불신론도 신라 역사를 망친 것이지만 관학파들이 학문 권력을 장악한 상황에서 그것이 역사를 과학화·객관화하는 실증사학의 방법에 따른 것이라며 주장해 왔다. 안타까운 일이다.

관학파들이 식민사학 청산을 외쳤지만 그 그늘에서 못 벗어난 관학파들이 만든 [모델 2.5]가 이어지는 한, 신라의 역사 나아가 한국의 역사는

---

58. 손진태, 『조선민족사개론』, 1948, pp. 1~4.
59. 고등학교 『국사』, 2011, p. 32.
60. 고등학교 『국사』, 2011, p. 54.
61. 고등학교 『국사』, 2011, p. 55 참조.

은폐되고 침묵당하고 있는 것이다.

[모델 3]

[모델 3]은 내가 재구성한 것이다. 누구에게나 주어진 [모델 1]의 자료를 가지고, [모델 1]을 넘어 인류학·사회학적 관점과 고고학적 연구 성과의 도움을 받아 신라의 역사를 새롭게 재구성했다. 신라 역사에 대해 내물왕 이전은 물론이고 건국신화를 통하여 신라의 역사를 새롭게 되살려냈다.

그 결과 [모델 3]은 내물왕 이전의 역사를 은폐하고 만들어진 [모델 2.5]와는 완전히 다른 길을 가고 있다. [모델 2.5]가 내물왕 이전 신라의 역사를 은폐시켜 온 것과 달리, [모델 3]은 내물왕 이전의 역사 기록들을 통해 신라·신라인을 오리진으로 하는 한국·한국인의 역사를 찾아냈다. 내가 만든 [모델 3]은 현재 한국·한국인을 한국사와 옳게 연결시켜 주는 것이며 한국·한국인을 만든 역사를 찾는 작업이다.

[모델 3]은 역사 사실을 옳게 이야기하는 것이다. '신라길 2'에서 한국·한국인의 오리진을 이야기하는 것은 한국인을 만든 역사를 탐구하는 것이다.

 '신라길 2' 제1처

나정 유적
– 이씨 · 정씨 · 최씨 · 손씨 · 설씨 · 배씨의 조상이 살던 촌락사회

'신라길 2' 답사의 첫 출발지는 남산 서북록에 위치한 나정蘿井 유적이다. 나는 1977년 대학 교수가 된 이래 경주 답사의 첫 출발지는 늘 나정으로 삼아왔다.

나정 유적 가는 길

경주시 탑동 700~1번지, 사적 제245호

'신라길 2' 답사를 나정 유적에서 출발하는 데에는 두 가지 이유가 있다. 첫째, 나정 유적은 신라 건국신화의 현장이기 때문이다. 그런데 1945년 일제가 물러난 후 한국사 연구와 교육을 장악해 온 서울대 중심 관학파들은 일제 식민사학의 가르침에 따라 신라 건국신화는 물론이고 내물왕(356~402) 이전 역사마저 은폐·침묵시켜 오고 있다. 만일 나정 유적이 신라 건국신화의 현장으로 인정된다면 그들 식민사학자나 관학파들이 만

든 신라의 역사는 심각한 오류에 빠지게 된다. 나는 그들 관학파가 만든 신라 역사는 출발부터 잘못된 것이라 본다.

둘째, 신라 건국신화를 통하여 혁거세가 등장하여 서라벌 소국(사로국)을 세우기 전에 서라벌 지역에는 6촌이 있었고, 그러한 6촌은 당시 각기 독립된 정치체를 형성했다. 그러한 촌으로 이루어진 정치발전 단계를 국가 형성 이전 촌락사회라고 부를 수 있다. 각 촌에는 하나씩의 씨족들이 살았다. 이런 씨족들은 후일 중국식 성을 사용하게 되면서 각기 이씨·정씨·최씨·손씨·설씨·배씨 성을 택했다. 이 같은 촌락사회는 관학파들로서는 상상도 못하던 정치발전 단계가 아닐 수 없다.

나정 유적을 신라 건국신화의 현장으로 인정하면 많은 한국인들의 시조를 찾을 수 있다. 이는 중요한 사실이다. 조선시대에 신라인 중 왕을 배출했던 박씨·석씨·김씨를 천강성天降姓 또는 종성宗姓이라 했고, 신라 건국신화에 나오는 이씨·정씨·최씨·손씨·설씨·배씨 성을 육부성六部姓이라 했다. 그런데 신라 건국신화에는 종성 중 박씨와 육부성 모두의 시조들이 나온다. 이에 건국신화의 현장인 나정 유적은 많은 한국인의 역사적 DNA의 출발점에 해당하는 곳이다. 나정 유적은 많은 한국인들의 조상이 나타났던 곳으로 한국인들이 찾아보아야 할 유적 중 하나이다.

1. 신라 건국신화의 현장 나정

신라 건국신화는 한국·한국인의 오리진을 찾는 출발점이다. 여기서는 건국신화에 나오는 육부성의 시조, 즉 많은 한국인의 시조에 대한 기록에 주목하자. 『삼국사기』보다 『삼국유사』의 건국신화가 보다 풍부한 내용을 전하고 있다.

> 진한 땅에는 옛날에 6촌이 있었다.
> 1은 알천양산촌인데 남쪽은 지금의 담엄사다. (촌)장은 알평이며 처음에 표암봉에 내려오니 이가 급량부 이(李)씨의 조상이 되었다. 노례왕 9년에 부를 두어 급량부라고 했는데 고려 태조 천복 5년 경자에 이를 중흥부라 고쳤다. 파잠, 동산, 피상, 동촌이 이에 속한다.
> 2는 돌산고허촌인데 장은 소벌도리이며 처음에 형산에 내려오니 이가 사량부 정(鄭)씨 조상이 되었다. 지금은 남산부라고 하며 구량벌 마등오, 도북, 회덕 등 남촌이 이에 속한다.
> 3은 무산대수촌인데 장은 구례마이며 처음에 이산에 내려오니 이가

점량부 또는 모량부 손孫씨의 조상이 되었다. 지금은 장복부라 하며 박곡촌 등 서촌이 이에 속한다.

4는 자산진지촌인데 장은 지백호이며 처음에 화산에 내려오니 이가 본피부 최崔씨 조상이 되었다. 지금은 통선부라고 하며 시파 등 동남촌이 이에 속한다. 최치원은 본피부 사람이다. 지금 황룡사 남쪽 미탄사 남쪽에 옛터가 있으니 이것이 최후의 고택이라고 하는데 거의 분명하다.

5는 금산가리촌인데 장은 지타이며 처음에 명활산에 내려오니 이가 한기부漢祇部 또는 한기부漢祇部 배裵씨의 조상이 되었다. 지금은 가덕부라고 하니 상서지, 하서지, 내아 등 동촌이 이에 속한다.

6은 명활산고야촌인데 장은 호진이며 처음에 금강산에 내려오니 이가 습비부 설薛씨의 조상이 되었다. 지금은 임천부라 하며 물이촌, 잉구미촌, 궐곡 등 동북촌이 이에 속한다.

전한 지절 원년(기원전 69) 임자 3월 1일 6부의 조祖들이 각기 자제들을 거느리고 알천의 언덕 위에 모여 의논을 했다. "우리는 위로 군주君主가 없어 백성들을 다스리지 못하기 때문에 백성들이 방자하여 저 하고자 하는 대로 하니 어찌 덕이 있는 사람을 찾아 군주로 삼고 입방설도立邦設都하지 않겠는가?" 하였다.

이때 높은 곳에 올라 남쪽을 바라보니 양산 밑 나정蘿井 곁에 이상한 기운이 번개처럼 땅에 드리우더니 흰말 한 마리가 꿇어 절하는 모양을 하고 있었다. 그곳을 찾아 살펴보니 하나의 자주색 알(혹은 푸른 큰 알이라고 한다)이 있었는데 말은 사람을 보고 길게 울며 하늘로 올라갔다. 그 알을 쪼개니 사내아이가 나왔는데 모양이 단정하고 아름다웠다. 놀랍고 이상하게 여겨 동천에서 목욕시켰다. 몸에는 광채가 났고 새와 짐승이 모두 춤추며 천지가 진동하고 해와 달이 정명해졌다. 따라서 혁거세

왕赫居世王이라 했다.

『삼국유사』 1, 「기이」 2, 신라 시조 혁거세왕

이 건국신화를 그대로 역사 사실로 받아들일 수는 없다. 그러나 신화 속 사실과 사건, 시간을 역사적인 것으로 전환하면 이를 통해 몇 가지 중요한 역사 사실을 알아낼 수 있다.

첫째, 혁거세가 등장하는 장면에 나정이 나온다. 우리에게 알려진 현재의 나정 유적은 신라 건국신화의 현장이라 할 수 있다.

둘째, 신라의 시조 혁거세가 나라를 세우기 전에 현재 경주 지역에는 6촌이 있었다. 하나의 소국인 서라벌 소국(사로국)이 형성되기 이전 정치체로 촌村이 있던 단계를 찾을 수 있다. 나는 이를 촌락사회라 부른다. 소국 서라벌은 현재의 군郡 또는 경주시 정도에 해당하는 영역을 가졌다면 6촌의 촌은 면面 정도에 해당하는 영역을 가졌다. 서라벌 6촌은 현재 경주시 안강읍과 양남면·양북면 지역을 제외한 공간을 나눈 정도이다. 후일 서라벌 6촌이 혁거세 세력에게 통합되어 서라벌 소국을 형성한다.

셋째, 서라벌 각 촌에는 촌장이 있었다. 이들 촌장들은 현재의 면장에 해당하는 존재들이다. 그들 촌장들은 각기 하나의 촌을 다스렸다.

넷째, 건국신화에 나오는 촌장들은 혁거세를 군주로 추대하였는데 후에 육촌장들은 한국인 중 육부성의 시조가 되었다고 나온다. 혁거세를 군주로 추대한 육촌장 이전에도 많은 촌장들이 있었겠지만, 혁거세를 군주로 추대한 육촌장들이 육부성의 시조가 되었던 것이다. 이 같은 사실은 고려·조선시대에도 인정되었다.

다섯째, 6촌의 촌장과 6촌을 통합해 형성한 서라벌 소국의 군주인 혁거세왕은 정치·사회 등 모든 면에서 격을 달리하는 정치 세력이 된 것을 의미한다. 최소한 그 차이는 군수와 면장 정도보다 큰 것이었다.

여기서 신라 건국신화가 우리와 동떨어진 것이 아니라, 현재 적지 않은 한국인의 시조에 대한 이야기라는 사실을 알 수 있다. 관학파들은 이 같은 사실을 은폐해 왔기에 한국인이 단군의 자손이고, 고구려인의 후손이기를 바라는 역사를 만든 것이다. 또한 [모델 2.5]는 신라의 왕을 배출한 박씨족·석씨족·김씨족을 촌의 후신인 부의 세력으로 보는 잘못도 저질러 왔다. 왕을 배출했던 세 씨족들은 처음부터 촌(또는 부)의 세력이 아니라 6촌을 통합한 소국의 지배 세력이었다.

한국·한국인의 오리진, 신라를 되찾기 위한 전제

현재 한국인과 떼려야 뗄 수 없는 '경주 그리고 신라'

신라의 왕경(서울)이었던 경주의 신라 유적들은 현재 한국인과 필연적인 연관이 있다. 경주에는 나정·오릉·계림·표암 등 종성과 육부성의 시조들과 관련된 유적이 전해지고 있다.

지금도 종성과 육부성을 가진 후손들이 그들의 시조와 관련된 유적을 기억하고 있으며 연중 때맞추어 시조에 제향을 드리고 있다. '신라길 2' 뒷부분에서 종성과 육부성 등의 사당과 제향 시기를 밝히겠다.

경주를 찾는다는 것은 신라의 역사 유적을 찾는 것이고, 그것은 역사적 고향을 찾는 의미를 지닌다. 이 책은 한국인이 역사적 고향을 방문히는 안내서이다.

나정 유적에 대한 서로 다른 해석과 그 이유

'신라길 2'의 제1처 나정 유적-건국신화의 현장

신라 역사를 보는 관점이 다른 결과 [모델 2,5]와 [모델 3]은 나정을 보는 관점도 다르다. 나정을 어떻게 보는가에 따라 신라 역사만이 아니라 한국인 조상을 보는 관점도 달라진다.

최근 행해진 발굴을 통하여 나정으로 알려진 바로 이 유적이야말로 건국신화에 나오는 나정인 것을 확인하게 되었다. 나정 유적은 지난 2002년부터 2005년까지 경주시의 의뢰에 의하여 중앙문화재연구원에서 4차에 걸쳐 발굴했다. 발굴 결과 나정 유적은 신라 국가 형성 이전부터 삼한통합 이후까지 다양한 시대의 유적이 발굴되었다.

2002년에 있었던 1차 조사에서는 신라(대신라)시대에 축조된 팔각 건

팔각 건물지(왼), 원형 건물지(오, 팔각 건물지 밖의 원형 유구): 중앙문화재연구원 제공 사진

물지가 조사되었다. 2003년에 있었던 2차 조사에서는 팔각 건물지 중앙부에 우물지로 추정되는 유구가 확인되었고,[62] 나정 유적 외곽에서 청동기 시대 주거지들이 발견되었다. 3차 조사에서는 팔각 건물지 아래에 보다 먼저 축조되었던 원형 건물지(발굴단에서는 구상유구라고 했음)가 조사되었다. 그 중앙에는 보다 앞선 시대의 우물지가 나왔고 그 주변에는 목책으로 판단되는 기둥 구멍이 돌아가고 있는 것을 확인했다. 또한 7기에 달하는 청동기 시대의 주거지도 조사되었다. 그다지 넓지 않은 지역에서 여러 기의 청동기 시대 주거지가 발굴 조사 되었다는 사실은 큰 의미가 있다.

네 차례에 걸친 조사 결과 원래 청동기 시대 주거지가 있던 장소에 신라의 원형 건물지가 축조되었고, 그 위에 팔각 건물지가 축조된 것이 확인되었다. 나정 유적은 다른 곳에서 쉽게 찾을 수 없는 결코 평범하지 않은 건물지다. 신라인이 중하게 여긴 장소가 틀림없다. 원형 건물지와 팔각 건물지는 모두 신라인이 축조했던 건물로, 그것은 분명히 혁거세가 등장했다고 하는 나정과 관련된 건물이라 할 수 있다.

고려 · 조선에 이어 기억되어 온 나정 유적

나정 유적에 1803년에 비석을 세웠는데, 글자가 훼손되어 1929년에 다시 세운 나정비와 그것을 보호하기 위한 비각이 세워져 있었다. 2002년 나정 유적 발굴을 위해 비각은 철거된 상태이다.

나정비에는 "신라 시조왕 탄강정기비명 병서新羅始祖王誕降井基碑銘幷序"라고 전서篆書로 비액이 쓰여 있다. 당시 남산 서북록의 넓은 지역에서 어떻게 그곳에 나정비를 세울 수 있었는지 궁금해진다. 누군가 나정 유적

나정비각. 중앙문화재연구원 제공 사진

을 기억한 사람들이 있었던 것이다. 분명한 사실은 당시 사람들이 나정의 위치를 알았고 그것을 공식 인정했다는 것이다.[63] 사실 신라가 망한 후 경주 지역에는 신라인 후손이 계속 살고 있었다.

그들 중 혁거세를 시조로 하는 박씨족들은 그들의 시조인 혁거세의 탄강지인 나정을 고려를 거쳐 조선시대까지 기억했던 것으로 생각할 수 있다. 조선시대까지 기본적으로 나정 유적은 혁거세의 후손에 의하여 기억되어 왔다. 조선시대에 세워진 나정비에도 신라 종성 세력이 번성하고 있음을 이야기하고 있으며 그런 나정 유적은 최근 발굴을 통해 모습을 드러내게 되었다.

---

62. 이문형, 「경주 나정(사적 제245호) 발굴 조사 개요」, 『경주 나정-신화에서 역사로-』, 2005, pp 22~25.
63. 이수건, 『한국의 성씨와 족보』, 2003, p. 2.

나정 유적의 존재를 침묵시키려는 관학파의 해석과 문제점

나정 유적에 대한 발굴이 이루어진 후 관학파들의 해석이 나왔다. 해석들은 [모델 2.5]의 관점을 그대로 드러낸다.

첫째, 원형 건물지와 팔각 건물지 중앙에 있는 유구가 우물인가 하는 점이다. 발굴단에서는 이를 우물지로 보았다.[64] 그런데 이를 기둥 구멍으로 보는 견해[65]와 솟대 구조물과 같은 제사 시설로 보는 견해[66]가 나왔다. 이에 대하여 2005년에 열린 제1회 중앙문화연구원 학술대회 현장에서 그와 같은 거대한 기둥이 건물의 중앙에 위치할 경우 건물이 무너질 수밖에 없다는 반론이 나왔다.

둘째, 나정 유적의 용도에 대한 주장이다. 현재 나정이 신궁神宮이라는 주장이 퍼져 있다. 『삼국사기』 「신라본기」에는 소지왕 9년(487) 2월 신궁을 나을奈乙에 설치했는데, 나을은 시조가 처음 탄생한 곳이라는 기록이 있다. 「제사」 조에는 22대 지증왕이 시조가 탄강한 장소인 나을에 신궁을 창립했다고 나온다. 여기서 분명히 짚어야 할 사실이 있다. 나을에서 탄생했다는 시조가 누구인가 하는 문제다. 나을에서 탄생한 시조는 혁거세가 아니라 김씨의 시조인 알지였다. 이 경우 신궁은 나정과 같은 곳이 아니라 '신라길 2'의 제3처에 위치한 계림 또는 그 근처일 수 있다.

이러한 논쟁은 관학파들이 『삼국사기』와 『삼국유사』에 나오는 내물왕 이전의 역사를 침묵시켰기에 벌어진 일이다. 그들은 나정 유적을 신라 건국신화 속에 나오는 나정 유적과 연관시킬 생각을 하지 못한 것이다.

셋째, 앞의 두 견해와 달리 나는 『삼국사기』, 『삼국유사』의 건국신화부터 내물왕 이전의 기록을 역사 재구성의 자료로 당당하게 받아들여야 한다고 본다.[67] 나는 나정 유적 발굴 이전부터 동 유적을 신라 건국신화의 현장으로 인정해 왔다. 이것이 [모델 3]이다.

그런데 1945년 이래 이병도·손진태를 중심으로 한 관학파들은 『삼국사기』나 『삼국유사』에 나오는 신라 건국신화는 물론이고 그 후 내물왕(356~402) 이전의 기록을 허구라고 이야기해 왔다. 그들이 만든 [모델 2.5]는 나정 유적을 건국신화의 현장으로 인정할 수 없는 것이다.

나정 유적은 [모델 2.5]에게는 그 운명을 다하게 하는 치명적인 것이고, [모델 3]에게는 그 정당성을 확인받게 하는 유적이다. [모델 2.5]를 만든 관학파들은 나정 유적을 신라 건국신화의 현장으로 인정하지 않는다. 그와 달리 [모델 3]은 나정 유적이 신라 건국신화의 현장임을 인정한다.

---

64. 이문형, 「경주 나정(사적 제245호) 발굴조사 개요」, 『경주 나정-신화에서 역사로-』, 2005, pp. 22~25.
65. 박방룡, 「왕경에서 본 나정에 대한 토론」, 『경주 나정-신화에서 역사로-』, 2005, p. 118.
66. 이은석, 「왕경에서 본 나정」, 『경주 나정-신화에서 역사로-』, 2005, pp. 101~102, p. 107.
67. 이종욱, 『신라국가형성사연구』, 1982.

2. 육부성의 시조들이 살던 서라벌 6촌, 촌락사회

경주 지역에는 기원전 12세기(그 시기가 더 올라갈 가능성이 있다)부터 기원전 2세기까지 6촌이 최고의 정치체였던 시기가 있었다. 신라는 소국 형성 이전에 6개의 촌락이 있었다. 그 촌락이 최고의 정치체가 되었던 사회·정치발전 단계를 촌락사회라 한다. 한국사에서 촌락사회 단계를 설정한 것은 내가 처음이었다.

당시 사람들은 평생 직경 10킬로미터 정도의 공간인 촌을 떠나는 일이 거의 없었다. 촌락사회는 [모델 2.5]를 만든 연구자들은 생각 못한 정치발전 단계다. 『삼국사기』나 『삼국유사』 같은 사서는 신라 건국신화를 통하여 육부성의 시조들이 살던 촌락사회에 대한 중요한 단서를 제공한다. 건국신화를 통해 혁거세 집단에 의한 서라벌 소국 형성 이전 현재 경주 지역에 존재했던 정치체가 6촌이었고, 6촌의 정치발전 단계는 국가(소국) 형성 이전 단계인 촌락사회(또는 추장사회, chiefdom)였음을 보여 준다.

촌락사회의 표지적 유적들

촌락사회 단계의 서라벌 6촌에 살던 사람들은 그들의 삶을 보여 주는 흔적과 정치적 지배자가 등장했다는 증거를 남겼다. 하나는 그들이 살던 주거지이고, 다른 하나는 그들이 묻힌 지석묘다. 나정 유적에서는 촌락사회 시대 사람들이 살던 주거지가 발굴·조사되었다. 나정 유적 가까이에는 지석묘가 조사·보고된 것이 없지만 경주에는 많은 지석묘가 있다. '신라길 2'에서는 청동기 시대의 주거지와 지석묘를 통하여 서라벌 6촌 촌락사회의 정치적 성격에 대하여 보도록 하겠다.

'신라길 2'의 제1처~1, 나정 유적의 촌락사회 시대 주거지

나정 유적 발굴을 통해 생각하지 않았던 고고학적 유적이 나왔다. 2세기 신라 건국 이전 청동기(촌락사회) 시대 주거지 7기가 발굴·조사된 것이 그것이다. 그중 3호 주거지는 장방형으로 규모가 730센티미터(기장)×390센티미터(넓이)×20센티미터(깊이)로 나타났다. 또한 이 시대 주거지에서는

촌락사회 시대 주거지(원), 청동기 시대 주거지 출토 유물(오). 중앙문화재 연구원 제공 사진

무문토기, 방추차, 석기, 갈판과 갈돌, 숫돌 등의 유물이 출토되었다.

발굴·조사된 유적에서 촌락사회 시대의 주거지가 모습을 드러냈다. 이 유적의 팔각건물지 밑에는 또 다른 주거지가 분포되었을 가능성이 있다고 한다. 이를 보면 나정 유적에는 촌락사회 시대의 주거지가 밀집된 마을이 있었던 것을 알 수 있다. 이곳은 혁거세가 등장하기 이전부터 촌락사회 사람들이 살던 곳이다. 혁거세 세력은 그와 같은 나정 마을에 자리 잡으며 그들 세력을 일차적으로 지배하였다.

'신라길 2'의 제1처~2, 경주 지역의 지석묘

나정 유적에서 지석묘는 찾을 수 없다. 그러나 경주 지역에는 많은 지석묘들이 축조된 것이 사실이다. 지석묘는 많은 인력을 동원해야 만들 수 있는 것으로, 지석묘를 축조토록 명하고 그 안에 매장될 수 있는 정치권력 사회가 존재했음을 보여 준다. 나정 마을 주변 어디인가에도 분명 지석묘가 축조되었겠지만 지금은 찾아볼 수 없다.

경주 일대에는 많은 지석묘군이 있어 '신라길 2'를 답사하는 중에 볼 수 있다. 황룡사 답사를 마치며 분황사 앞의 지석묘 1기와 낭산 북쪽에 있는 지석묘군을 답사할 수 있다.

지석묘는 고인돌 또는 돌멘dolmen이라고도 불러왔다. 지석묘는 한반도 거의 모든 지역에 분포한 유적이다. 한반도의 지석묘를 중심으로 중국 산동반도, 요동지역, 남만주 일대에 퍼져 있고 일본 북구주 지역에도 분포되어 있다. 지석묘는 지석(받침돌)과 개석(뚜껑돌) 부분으로 구성된다. 지석과 개석으로 마련된 공간은 시체를 매장하던 곳이다.

평안도·황해도·요동지역에 있는 지석묘는 지식이 지상에 노출된 모습

오야리 지석묘

이며 소위 북방식으로 불리고 탁자 모양으로 되어 있다. 그와 달리 한반도 남부에서는 지석이 잘 노출되지 않는 것으로 매장 부분이 땅속에 있는 것이 대부분이다. 이를 남방식, 기반식(바둑판식) 또는 변형 지석묘라고도 불러 왔다. 경주 지역에는 후자 형태의 지석묘가 축조되었다.[68]

경주 지역의 경우 지석묘 축조 시기를 통하여 촌락사회의 존속 시기를 알 수 있다. 지석묘 축조의 상한 시기는 기원전 12세기(또는 더 올라갈 수 있음)에서 기원전 2세기경까지로 볼 수 있다. 따라서 6촌이 촌락사회

---

68. 지석묘는 지역에 따라 축조 시기가 달랐고 축조 당시의 정치발전 단계도 같은 것만은 아니었다. 특히 기원전 20세기 또는 그 이전에 축조가 시작되어 기원전 12세기까지 축조된 요동지역 지석묘는 고조선 건국 이전 권력자의 탄생을 증명해 주는 자료가 된다. 지석묘는 한반도 남부지역에서도 사로국이나 가락국 같은 소국들의 탄생 이전, 해당 지역 권력자의 무덤으로 축조되었던 유적이다. 한편 지석묘를 축조하던 시대에 또 다른 묘제가 나타난 것을 알 수 있다. 기원전 5세기경 요동지역의 고조선에 정치적 변동이 생겼을 때 고조선계 이주민들이 한반도 남쪽으로 내려오며 석관묘 축조가 시작되었다. 그런가 하면 기원전 2세기 위만조선계 주민들이 한반도 남부로 이주하며 토광묘가 축조되기 시작했다. 석관묘나 토광묘는 분명 지배 세력의 무덤인데 두 형식의 무덤들은 지상에 노출된 것이 아니어서 그 분묘를 잘 알 수 없는 실정이다. 더욱이 토광묘는 소국 형성 시기의 묘제라 생각된다.

단계에 있던 시기도 늦어도 기원전 12세기에서 기원전 2세기경으로 볼 수 있다.

지석묘를 축조하던 사람들은 말을 타지 않았다. 지석묘나 같은 시기에 축조된 무문토기를 출토하는 주거지에는 기마용품이 나오지 않는 것으로 그러한 사정을 알 수 있다.

경주 지역의 경우 혁거세가 등장하기 전 6촌장들이 각기 하나씩의 촌을 다스리던 시대가 있었다. 각 촌은 차이는 있으나 이해를 돕기 위해 말하자면 직경 10킬로미터 정도의 영역으로 이루어져 있었다. [모델 3]은 지석묘를 축조하던 이 시기를 촌락사회(촌사회, 촌장사회)라고 부르기도 했고, 인류학에서 말하는 추장사회chiefdom에 해당한다고 본다. 이 시기에 6촌 전체를 다스리는 정치지배자는 아직 출현하지 않았다.

서라벌 6촌의 존재에 대해 침묵한 [모델 2.5]

[모델 2.5]는 지석묘를 축조하던 촌락사회의 존재를 인정할 준비가 되어 있지 않다. 그러나 [모델 3]은 [모델 2.5]와 달리 서라벌 소국(사로국) 형성 이전 6촌 촌락사회의 존재를 인정한다. 지금까지 [모델 2.5]는 『삼국사기』나 『삼국유사』에 나오는 건국신화만이 아니라, 17대 내물왕(356~402) 이전의 신라 역사에 대한 기록을 신빙할 수 없는 것으로 취급해 왔다. 그 결과 [모델 2.5]는 건국신화에 나오는 서라벌 6촌(사로 6촌)과 지석묘를 축조하던 사회를 연결 지을 수 없었다.

[모델 2.5]는 지석묘를 성읍국가의 표지적 유적으로 보기도 했다. 그러나 서라벌 6촌의 수십 곳에 지석묘군支石墓群이 있다. 일정 지역에 많은 수의 지석묘가 여기저기 무리를 이루어 축조되었다는 사실은, 지석묘기

직경 30킬로미터 정도의 정치체인 소국의 왕과 그 일족들의 무덤이 아니라는 사실을 의미한다. 비록 소국이더라도 국가가 형성되었다면 왕이 거처하는 궁실 주변에 주로 무덤들이 만들어졌을 것이기 때문이다. 지석묘는 그 분포로 보아 소국 단계의 정치 권력자가 아직 탄생하지 않았다는 증거가 될 뿐이다. 이에 지석묘는 서라벌 소국이라는 국가 형성 이전 서라벌 6촌의 표지적 유적이라 하겠다.

내물왕 이전의 역사를 은폐해 온 [모델 2.5]는 혁거세가 서라벌 소국을 형성한 정치적 바탕이 무엇이었던가에 대하여 입을 다물 수밖에 없었다. 그들은 심지어 혁거세가 6촌을 통합하여 초기 국가로서 서라벌 소국을 세웠다는 사실조차 은폐해 왔다. 그 결과 [모델 2.5]는 신라의 역사를 첫 단추부터 잘못 채우고 있는 것이다. 그 때문에 [모델 2.5]는 그 이후 신라의 역사를 옳게 설명할 수 없게 되었다. 더 나아가 [모델 2.5]는 실제로 서라벌 6촌의 촌장을 시조로 하는 육부성의 존재를 은폐해 온 것도 사실이다. 육부성의 존재를 은폐시켜 놓은 관학파들은 그들이 만든 [모델 2.5]를 통해 단군을 시조로 한다는 민족을 창출해 낼 수 있었다.

건국신화에 나타나는 서라벌 6촌

건국신화에는 역사적 사실과 사건, 역사적 시간이 신화화되어 나온다. 신라 건국신화 속에 나오는 서라벌 6촌에 대한 이야기도 신화적인 사건과 사실, 시간을 역사적인 사실과 사건, 시간으로 전환하는 작업이 필요하다. 그 과정에서 건국신화에 나오는 이야기는 역사적 사실과 사건의 줄거리를 찾는 데 더 없이 중요한 자료가 된다. 주거지와 지석묘 같은 고고학적 자료들 또한 역사적 사실과 사건이 일어난 상황과 역사적 시간을 찾는 데 소중한 자료가 된다. 우리는 건국신화와 고고학적 자료를 통해 서라벌 6촌 촌락사회의 정체를 밝혀 나갈 수 있다.

실제로 청동기 시대의 주거지와 지석묘만으로는 서라벌 6촌, 촌락사회의 모습을 재구성하기에는 한계가 있다. 다행스럽게 『삼국사기』와 『삼국유사』에 나오는 신라 건국신화를 보면 6촌·6촌장에 대한 기록이 나오고 있어 서라벌 6촌 촌락사회의 주요한 사실을 알 수 있다. 『삼국유사』 건국신화는 앞에 제시했기에 6촌에 대한 『삼국사기』의 건국신화를 보기로 한다.

> 시조의 성은 박씨이고 이름은 혁거세다. 전한 효선제 오봉 원년 갑자 4월 병진에 왕위에 오르니 왕호는 거서간이다. 그때 나이는 열세 살이었다. 나라 이름을 서나벌徐那伐이라 했다. 이보다 앞서 조선 유민들이 산곡 사이에 나누어 살며 6촌을 이루었는데 1은 알천양산촌, 2는 돌산고허촌, 3은 자산진지촌, 4는 무산대수촌, 5는 금산가리촌, 6은 명활산고야촌이라 하였으니 이것이 진한 6부로 되었다.
>
> 『삼국사기』 1, 시조 혁거세 거서간

앞에서 제시한 『삼국유사』의 신라 건국신화에는 위의 기록에 이어 혁거세가 등장하는 장면이 나오고 군주로 모시는 이야기가 있다. 여기서는 서라벌(서나벌, 사로) 소국 형성 이전 서라벌 지역에는 6촌이 있었고 각 촌에는 촌장이 있었다는 사실에 주목할 수 있다. 이 기록은 나정 유적에서 발굴·조사된 청동기 시대 주거지와 지석묘를 설명할 난서가 된다. 또한 건국신화에 나오는 6촌장을 시조로 하는 씨족의 존재는 바로 현재 한국인 중 육부성을 사용하는 사람들의 시조에 대한 이야기인 것이다. 이처럼 신라 건국신화를 통해 우리가 생각할 수 있는 사실은 생각보다 많다.

서라벌 6촌의 위치와 영역 그리고 육부성 시조들

직경 10킬로미터 정도의 공간은 인간이 교통수단의 보조 없이 사회·정치적 활동을 하기에 쾌적한 공간이라고 한다. 경주 지역은 자연적인 조건에 의하여 6개의 공간으로 구분되고 있다. 이해를 돕기 위해 보자면 서라벌 6촌은 대체로 각기 직경 10킬로미터 정도의 영역을 단위로 했다. 『삼국유사』에 그와 같은 6촌(6부)에 대한 이야기가 나오고 있어 〈표 1〉로

표 1 『삼국유사』에 나타난 6촌(6부)과 그 지배 세력

서라벌 6촌			신라 왕경6부		고려 초 경주6부		
6촌명	6촌장명	시조강림지	6부명	성	6부명	부위치	관계
1.알천양산촌	알평	표암봉	(급)량부	이	중흥부	(중앙)	모
2.돌산고허촌	소벌도리	형산	사량부	최	남산부	남촌	
3.무산대수촌	구례마	이산	모량부	손	장복부	서촌	부
4.자산진지촌	지백호	화산	본피부	정	통선부	동남촌	
5.금산가리촌	지타	명활산	한기부	배	가덕부	동촌	여
6.명활산고야촌	호진	금강산	습비부	설	임천부	동북촌	자

『삼국사기』에는 돌산고허촌·사량부에 최씨, 자산진지촌·본피부에 정씨로 기록하고 있어 위의 표에 이를 바꾸었다. 한편 시조가 내려온 산을 현재 위치에 따라 금산가리촌은 명활산고야촌으로, 명활산고야촌은 금산가리촌으로 바꾸어야 할 것이다.

그려 보았다.

〈표 1〉을 보면 서라벌 6촌, 신라의 왕경 6부, 고려 경주 6부가 동일한 공간을 가졌던 것을 알 수 있다. 여기서 6촌·6부의 위치를 보겠다.

첫째, 중앙의 알천양산촌이 있다. 현재 경주시 중심부에 위치한 촌으로 돌산고허촌, 무산대수촌, 자산진지촌, 금산가리촌으로부터 흘러드는 냇물들이 현재의 형산강을 이루어 중심촌을 지나고 가리촌을 지나 안강과 포항 쪽으로 흘러간다. 알천양산촌은 남산, 명활산, 금강산, 선도산 등으로 둘러싸인 분지에 위치한 촌이다. 신라시대에는 양부로 되었다. 알천양산촌의 시조는 표암봉에 내려 왔다는 알평이다. 알평은 경주 이씨

지도 2 6촌의 위치

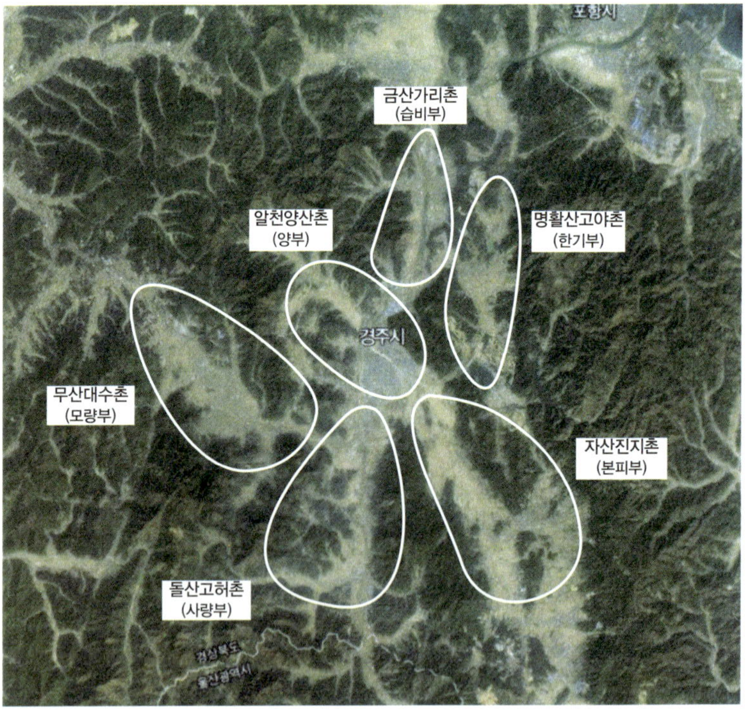

시조가 된 인물이다.

　둘째, 남촌이 있다. 탑동 남쪽 지역으로 현재 경주시 내남면과 울산시 두동면 지역 중 형산강으로 흘러드는 내들이 위치한 지역을 포함한 공간이라 생각된다. 이곳은 서라벌 6촌 중 하나인 돌산고허촌이었다. 이 촌은 신라 왕경의 사량부가 되었다. 『삼국유사』에 의하면 이 촌의 시조가 소벌도리이며 최씨의 시조가 되었다고 한다.[69]

　셋째, 서촌이 있다. 대구 쪽에서 경부고속도로를 통하여 영천을 지나 경주시 쪽으로 들어서면 서면과 건천읍이 있다. 이 지역이 사회·정치적으로 하나의 공간을 이루었다. 신라 건국신화에 나오는 무산대수촌이 이곳이다. 무산대수촌의 영역은 후일 신라시대 왕경 6부 중 모량부가 되었다. 이곳 냇물들은 하나로 모여 대천大川을 이루고 벽도산과 선도산 사이를 거쳐 형산강으로 흘러든다. 무산대수촌 시조는 구례마이며 현재 손씨의 시조가 되었다.

　넷째, 동남촌이 있다. 동방동과 배반동 남쪽에 위치한 촌으로 남천과 그 지류들이 있는 공간이다. 다만 물길이 형산강이 아니라 남쪽으로 흘러가는 현재 경주시 외동읍을 여기에 포함시킬 것인가는 생각할 문제다. 이곳은 6촌 중 자산진지촌이었고 신라 왕경의 본피부였다. 혁거세가 등장할 때 자산진지촌 촌장은 지백호였고, 현재 정씨의 시조가 되었다.[70]

　다섯째, 가리촌이 있다. 『삼국사기』나 『삼국유사』에는 이름이 금산가리촌으로 나오고 있으나 시조 지타가 내려온 곳이 명활산으로 되어 있는 것으로 보아 명활산고야촌이 되어야 할 것으로 보인다. 위치는 동쪽으로

---

69. 『삼국사기』에는 돌산고허촌의 시조가 소벌공(소벌도리)이며 최씨의 시조로 되어 있다.
70. 『삼국사기』에는 유리왕 9년에 간진부(자산진지촌)를 본피부로 고치고 정씨 성을 내린 것으로 나온다.

현재 보문단지를 비롯하여 천북면 일대로 비정된다. 신라 왕경 6부 중 한 기부로 되었다. 지타는 배씨 시조가 되었다.

여섯째, 고야촌이 있다. 『삼국사기』와 『삼국유사』에는 명활산고야촌으로 나오고 있으나 시조 호진이 내려온 산이 금강산이기에 금(강)산가리촌으로 되어야 한다고 보인다. 그 위치는 동북촌으로 나오고 있으나 현재 경주 중심부에서 보면 북쪽 포항으로 가는 7번 국도 지역에 위치한 모아리, 오야리, 모서리 지역을 포함한 곳으로 보인다. 사실 고야촌 위치는 정확하게 말할 자신이 없다. 앞으로 그 위치를 찾는 작업을 해야 할 것이다. 고야촌 시조는 호진이며, 설씨 시조가 되었다.

6촌 위치를 생각할 때 현재 현곡면 지역은 어느 촌에 속했는지 궁금하다. 나는 처음에는 이를 고야촌에 속한 것으로 보았으나, 모아나 모서 지역과는 교통로 상 문제가 있는 것이 사실이다. 현재 현곡면 지역을 알천양산촌에 속한 것으로 보는 견해가 나왔다.[71]

서라벌 6촌의 성격

이 같은 6촌의 정치적 성격을 이야기할 필요가 있다. 이와 관련하여 〈표 1〉을 보면 서라벌 6촌에 대한 해명을 할 수 있는 중요한 내용이 나온다.

첫째, 국가 형성 이전 경주 지역에 6촌이 있었고 각기 이름이 있었던 것을 알 수 있다. 위 표에 나오는 알천양산촌 등의 촌명이 증거다. 지석묘 사회의 6촌이 앞의 표와 같이 각기 이름이 있었던 것이다.

둘째, 6촌의 각 촌에는 촌의 형성 신화가 있었던 것을 볼 수 있다. 현

---

71. 이기봉, 『고대도시 경주의 탄생』, 2007. pp. 202~203.

재 남아 있는 건국신화 내용은 빈약하지만, 그 자체가 바로 6촌의 형성 신화를 보여 준다. 이는 촌마다 역사가 전해졌음을 뜻한다. 물론 신라 건국신화에 나오는 촌락 형성 신화의 내용은 후대인의 필요에 의해 조정·변경된 것일 가능성이 있다.

셋째, 촌락민들은 촌락 형성 신화를 통하여 각기 하나의 씨족임을 인정했다. 각 촌마다 촌장의 이름이나 촌장들이 내려온 장소가 나오는 것도 중요한 의미를 지닌다. 각 촌에 만들어져 있던 촌장에 대한 신화는 촌락민 전체가 받아들이고 있던 신화였을 것이다. 촌락민들은 시조 이름을 암기하고 시조들이 표암이나 형산 등 촌 안의 특정 장소에 내려 왔다는 신화를 인정하였다. 그 사실은 촌락민들이 하나의 시조를 갖고 있는 씨족이라는 생각을 표출한 것이다. 후일 촌(部)마다 있던 씨족을 단위로 성이 부여되었다.

넷째, 앞의 표를 통하여 지석묘 사회 6촌의 역사적 전통이 신라의 왕경 6부와 고려의 경주 6부로 이어진 것을 확인할 수 있다. 다만 그 이름은 바뀌었다. 6촌과 6부는 원래 지리적 조건으로 구분된 영역을 갖고 있었다. 따라서 6촌·6부는 이름들은 바뀌었지만 영역 안의 지배 세력들은 지속적으로 이어졌다. 이는 중요한 사실이다.

지석묘로 보는 서라벌 6촌 추장사회

한국 역사를 보면 시작부터 국가를 형성한 것은 아니었다. 국가 형성 이전 사회가 분명 있었다. 신라 건국신화에 나오는 서라벌 6촌이 그것이다.

소국 형성 이전에 그 같은 촌락사회가 있었던 예는 가락국 지역에서도 찾을 수 있다. 수로가 등장하여 가락 지역에 있던 9촌을 통합하여 가락국을 세운 바 있다.

『삼국유사』는 가락국 형성 이전 9촌의 촌장들을 추장酋長이라 하였다. 이에 소국 형성 이전 촌장들이 각 촌의 지배자로 있던 서라벌 6촌을 추장사회라 불러도 좋다고 본다. 다만 추장사회는 촌장사회 또는 촌락사회라고도 부를 수 있다. 여기서 추장사회에 대하여 보겠다.

경주 지역 지석묘 분포와 촌의 구조

도시의 발전과 관련하여 인구 규모에 따라 취락hamlet, 마을village, 읍town, 시city로 등급을 나누기도 한다. 한국에서는 인구 2만 이상의 주거지를 읍이라 하고, 5만 이상을 시라고 구분했다. 여기서 말하는 지석묘를 축조하던 시대에는 적어도 2단계 구조를 갖춘 것을 볼 수 있다.

앞에서 지리적 조건으로 인해 직경 10킬로미터 정도 되는 6개 촌이 경주 지역에 있었던 것을 보았다. 각 촌 안에서는 여러 개의 지석묘군이 찾아졌다. 각 지석묘군 사이의 거리는 1~3킬로미터 정도 된다. 지석묘군을 통하여 각 촌이 다시 지역 구분된 것을 알 수 있다. 각 촌마다 몇 개의

분황사옆의 지석묘(왼)와 구황동 지석묘(오)

마을이 있었고 마을마다 지석묘군을 축조했던 것이다. 촌과 마을의 역사적 유산은 현재 면面과 리里의 관계로 이어지고 있다.

당시 촌이 마을로 나뉜 데에는 이유가 있다. 지석묘를 축조하던 사람들은 농사를 지었다. 이 경우 농경지와 주거지는 밀접한 관계에 있었다. 농가로부터 반경 1킬로미터 이내의 땅은 100퍼센트 경작이 가능하고, 1~2킬로미터 반경 내의 땅은 50퍼센트 경작이 가능하며 2~3킬로미터 내의 땅은 33퍼센트 정도 경작이 가능하다고 한다. 이 같은 사실을 통하여 직경 10킬로미터 정도의 촌 안에 살던 사람들이 한곳에 몰려 살 수 없었던 것을 알 수 있다. 그 결과 각 촌은 농사를 효율적으로 짓기 위해 몇 개의 마을로 나뉜 것을 생각할 수 있다.[72] 이는 지석묘의 분포를 통하여 확인할 수 있다.

여기에서 지석묘를 통해 각 촌 구조를 상상할 수 있다. 서라벌 6촌 중 무산대수촌이 있던 지역은 현재 서면과 건천읍으로 되어 있다. 서면과 건천읍에는 29곳의 지석묘군이 있다.[73] 각 촌이 여러 개의 마을로 나뉘었고, 각 마을에는 몇 개의 지석묘군이 축조되었다. 서라벌 6촌은 1단계의 마을과 2단계의 촌으로 하는 2단계 사회·정치 조직을 갖추고 있었다.

각 촌에는 몇 개의 마을이 있었을까? 신라 왕경 6부(6촌의 후신)에 55개의 리(마을의 후신)가 있었다는 사실에 주목하면 각 촌에는 9개 내외의 마을이 있었던 것을 알 수 있다. 물론 시기를 거슬러 올라갈수록 마을 수는 적었을 것이다. 각 마을은 직경 2~4킬로미터 정도의 영역을 가졌다고 볼 수 있다.

---

72. 이종욱, 『신라국가 형성사연구』, 1982. p. 28.
73. 『경주유적지도』, 1997. 실제 지석묘군은 이보다 많았을 것이다.

이주민 집단으로 이루어진 6촌장

신라 건국신화에 나오는 6촌장은 육부성 시조가 된 사람들이다. 그들은 표암봉, 형산, 이산, 화산, 명활산, 금강산 등 봉峰이나 산에 내려온 것으로 되어 있다. 단정하기 어려우나 이들 6촌장은 어디선가 이주해 온 집단으로 생각된다. 결국 육부성의 시조들은 모두 이주민들이었던 셈이다. 6촌장 중에는 고조선·부여·중국 등으로부터 이주한 사람들도 있었을 것이다.

지석묘를 축조하던 촌과 마을의 형성

한반도 남부지역 지석묘의 축조 시기가 기원전 12세기(또는 그 이전)까지 올라간다고 한다. 경주 지역 지석묘의 축조 시기는 언제까지 올라갈지 단정하기는 어렵다. 그렇더라도 지석묘를 축조하기 시작할 때 경주 지역의 6개 촌에 고르게 사람들이 살았던 것은 아니라 여겨진다.

  신라 건국신화를 보면 고려시대의 풍속이겠지만 중흥부(알천양산촌)를 어머니라 하고, 장복부(무산대수촌)를 아버지라 하며, 임천부(고야촌)를 아들이라 하고, 가덕부(가리촌)를 딸이라 하는데 그 이유를 알 수 없다고 나온다. 6부 사이의 어머니·아버지·아들·딸의 관계가 나온 이유를 모른다고 했는데, 6촌 중 알천양산촌과 무산대수촌이 먼저 만들어졌고 이어 가리촌과 고야촌이 후에 만들어졌을 가능성을 읽을 수 있다.

  6촌의 각 촌마다 만들어졌던 마을들도 한 번에 형성된 것이 아니라, 인구가 늘어나면 일부 사람들이 또 다른 마을을 만들어 나갔던 것을 생각할 수 있다. 지석묘 사회의 말기에는 6촌의 각 촌마다 평균 9개 정

경주 신평동의 지석묘와 6촌 중 무산대수촌의 벌판

도까지의 마을로 나뉜 것도 생각할 수 있다.

이 시기 각 촌에는 2,000명 미만의 인구가 살았다고 짐작할 수 있다. 따라서 각 마을에는 200명 미만의 인구가 살았던 것으로 추정된다. 이 시기 촌의 중심에 촌장이 사는 마을이 있었으나 아직 읍town으로 발전한 것은 아니었다. 촌 안에 있던 마을들은 빌리지village 단계에 있었다고 하겠다.

추장사회의 정치체제

지석묘의 개석이 3~4톤 또는 5~6톤 정도가 되면 이를 운반하는 데 80명에서 100명 정도의 사람이 필요하다고 한다. 그런데 경주의 지석묘를 보면 개석의 규모가 훨씬 큰 것도 있다. 그와 같은 지석묘를 축조하기 위

표 2 촌락사회 시기의 2단계 정치 조직

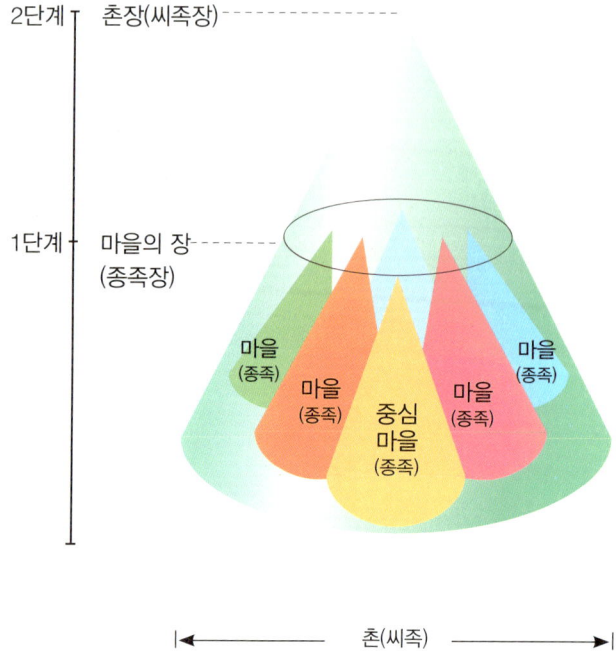

해서는 보다 많은 인력을 동원할 정치 권력자와 인력 동원 시스템이 갖추어졌던 것을 알 수 있다. 한마디로 지석묘를 축조하던 사회에 인력을 동원할 수 있는 정치 조직이 편성되었다고 하겠다.

당시에 크게 2단계 조직이 편성되었다고 보아 왔다. 직경 10킬로미터 정도 되는 각 촌을 지배하는 촌장이라는 권력자가 존재했다. 그런가 하면 촌 안의 마을들을 지배하는 세력이 있었다. 서라벌 6촌의 각 촌은 당시 촌의 지배자들이 기마와 같은 교통수단의 보조 없이 사회·정치적 활동을 하던 쾌적한 공간이었다. 그런가 하면 촌을 나눈 직경 2~4킬로미터 정도의 영역을 가진 마을은 당시 사람들이 농경을 하거나 사냥·어로를 하기에 적당한 공간이었다. 촌락사회 단계의 사람들은 기본적으로 한평생 자기가 살던 촌 안에서 살았다. 그들은 이웃한 촌에 자유롭게 왕래하지 않았다. 특히 서라벌 6촌 밖의 촌에는 갈 기회가 거의 없었을 것이다. 그들의 세상은 직경 10킬로미터 범위의 촌이었다.

각 마을을 단위로 지석묘를 축조한 것을 생각할 수 있다. 수백 년이 지나며 하나의 촌에 여러 개의 지석묘군들이 축조되었다. 그중 촌 전체를 다스리던 촌장 세력을 위한 지석묘는 규모가 컸고, 촌락민 전체가 동원되어 만들었던 것을 생각할 수 있다.

촌 안에 살던 사람들은 어떤 관계를 가지고 있었을까? 앞의 〈표 1〉을 보면 촌락사회 시대 각 촌에 시조들이 있었던 것으로 나온다. 그런가 하면 신라시대에는 6부에 하나씩의 성을 준 것도 사실이다. 여기서 촌락사회 각 촌의 사람들은 하나의 씨족clan을 형성했다고 짐작할 수 있다. 씨족마다 시조가 있었기에 촌락민들은 공동 조상을 가진 혈연 공동체를 구성했다. 그러한 씨족들은 다시 마을에 나뉘어 살았다. 마을에 살던 사람들은 씨족이 나뉜 각기 하나씩의 종족宗族, lineage 집단을 이루었다. 씨족은 공동 거주 집단이 아니지만 종족은 공동 거주 집단이다. 촌을 지배하던 촌장은 씨족장에 해당하고, 마을의 장은 종족의 장이었던 것을 알 수 있다. 여기서 촌락사회는 〈표 2〉에서와 같이 마을과 촌락을 지배하는 2단계 조직으로 편성된 것을 알 수 있다.

경주 지역의 촌락사회(추장사회)는 역사적 변동 과정을 거쳤다. 기원전 12세기(더 올라갈 수 있다)부터 몇 세기 동안은 6촌 형성기라 할 수 있다. 이 시기에 촌의 수가 늘어나 6촌이 되었다. 6촌들이 존재하는 시기를 거처 서라벌 소국이 형성되기 전 일정 기간 동안은 6촌 간의 연맹이 형성된 시기다.

하나의 촌락 전체를 다스리던 촌장은 씨족장으로서 혈연적인 원리를 중심으로 촌락민들을 다스려 나갔다. 이 같은 촌락사회는 제정祭政이 일치하는 사회였다. 촌장은 정치적인 일만이 아니라 제사를 주관하기도 했다. 구체적으로 촌장은 농경의 통제, 전쟁의 지휘, 교역의 수행, 공동 노동의 주관 등 여러 가지 일을 맡았다. 촌락사회에는 계급rank이 있었다. 촌락을 배출하던 계급과, 마을의 장을 배출하던 계급이 있었다. 그리고 그 밑에 일반 씨족원 또는 종족원들이 있었다. 이 같은 계급은 신라시대에 편제된 신분과는 다르다.

촌락사회 지배자는 청동검 등을 사용하여 정치적 위세를 나타냈다. 촌락사회의 주거지들이 화재로 폐기된 예가 많은 것은 당시 전투가 많이 벌어졌음을 읽을 수 있다. 촌 간의 전투를 통해 약탈하고 복수한 것을 생각할 수 있다. 그런가 하면 촌락사회 사이에는 교역이 이루어졌고 그러한 교역으로 위세를 나타내는 물건이 유통되고 여러 가지 물건의 제작 기술도 전해졌을 것이다. 농경 기술이나 씨앗 등도 전해진 것을 알 수 있다. 시간이 지나면서 이러한 촌락사회는 인구가 증가하고 많은 선진 문물도 받아들였으며 정치체제도 복잡해졌다.

촌락사회에는 지속적으로 이주민이 들어온 것도 알 수 있다. 한국사에 등장한 최초 국가였던 고조선의 정치적 성장과 변동에 따라 발생한 이주민들이 여러 차례 경주 지역으로도 이주해 온 것이다. 또한 부여·고구려·백제의 국가 형성과 성장 과정에서 세력을 잃게 된 이주민들이 경주 지역으로 흘러들어 왔을 가능성도 있다. 그런가 하면 기원전 3세기 중국의 진나라와 한나라가 교체된 이후 중국의 정치적 변동에 따라 중국 연

·제·조의 이주민들도 한반도로 옮겨 왔고 경주 지역에도 들어왔다.

기원전 3세기에서 2세기경 경주 지역 촌락사회는 이주민들에 의하여 무엇인가 새로운 정치발전 단계로 넘어갈 준비를 하고 있었다. 북쪽 지역으로부터 온 이주민들은 원래 국가가 형성·발전하고 있던 사회·정치체제를 경험한 세력들이었다. 그들은 이미 형성되어 있던 촌락사회를 바탕으로 서라벌 소국을 형성했다. 서라벌 소국의 형성은 기본적으로 서라벌 6촌 촌락사회를 바탕으로 한 것이다. 촌락사회가 없었다면 서라벌 소국의 형성은 미뤄졌을 것이다.

촌락사회는 세계 도처에서 찾을 수 있다. 다만 인류학이나 고고학에서는 추장사회에서 국가로 넘어가는 발전 과정을 다루기 어렵다. 그와 달리 신라의 경우 촌락사회에서 소국이지만 국가를 형성하는 과정을 건국신화를 통해 볼 수 있다. 이는 인류학이나 고고학 발전을 위해서도 큰 의미를 갖는다.

현재 찾을 수 있는 촌락사회의 유산

추장사회 단계의 서라벌 6촌은 국가 형성 이전 사회였다. 그러나 이 시대에 만들어진 역사적 유산이 그 이후 사라진 것이 아니었다. 크게 두 가지 유산을 찾을 수 있다.

첫째, 혁거세를 추대하였다는 서라벌 6촌장들을 시조로 하는 씨족이 신라시대

비파형동검(국립 경주박물관)

는 물론이고 현재도 존재한다. 이씨, 정씨, 최씨, 손씨, 배씨, 설씨의 육부성을 사용하는 씨족이 현재 한국의 인구 중 많은 비중을 차지하고 있다. 육부성을 가진 씨족의 영속성을 알 수 있다.

둘째, 촌-마을의 전통은 현재 면-리제로 이어지고 있다. 서라벌 6촌의 각 촌은 신라의 왕경 6부가 되었고 현재는 면에 해당하는 지방행정구역으로 역사적 전통을 잇고 있는 것이 사실이다. 촌을 나눈 마을은 신라시대의 리로 편제되었고 현재도 면 밑의 리로 역사적 전통을 잇고 있다.

서라벌 6촌 추장사회는 역사적 유산을 현재 한국·한국인에게 남기고 있는 것이 사실이다. 그와 달리 백제나 고구려의 역사적 유산은 찾을 수 없다. 이는 한국·한국인의 오리진이 신라에 있다는 하나의 증거가 된다.

'신라길 2' 제2처

오릉
―박·석·김씨의 등장과 소국과 소국 연맹의 형성·발전

오릉 가는 길

경주시 탑동, 사적 제 172호

'신라길 2'에서 찾는 두 번째 장소는 오릉五陵과 알영정閼英井이다. 오릉은 신라 시조왕인 혁거세 무덤이 있다고 전해지는 곳이다.

오릉을 찾는 이유

서라벌 소국은 서라벌 6촌을 통합하여 형성되었던 국가로 현재 경주시 (월성군) 일대의 직경 30킬로미터 정도 영역이었다. 당시 농경에 종사하던 일반 백성은 직경 10킬로미터 정도의 촌락 범위를 넘어가는 일은 거의 없었다. 지배 세력들도 평생 소국의 범위 밖으로 나갈 기회가 거의 없었다. 소국은 그들의 세상이었다.

서라벌 소국을 형성한 세력은 혁거세 집단이었다. 그들은 촌락사회 단계의 6촌을 통합하여 한 단계 발전한 정치발전 단계인 소국을 세웠다. 서라벌 소국 단계에서 신라 종성들이 등장했고 6촌장을 시조로 하는 육부성들은 종성 밑의 세력으로 자리 잡았다.

특히 오릉에는 종성 중 박씨의 시조라고 하는 혁거세를 비롯한 사람들의 무덤이 있다. 한국인으로서 찾아볼 만한 장소이다.

1. 소국·소국 연맹의 표지적 유적
-오릉과 알영정

소국·소국 연맹의 표지적 유적들

'신라길 2' 답사에서 두 번째로 찾는 오릉과 알영정에서는 소국과 소국 연맹의 형성과 발전에 대하여 이야기하겠다. 내물왕 이전의 역사를 침묵시켜 온 [모델 2.5]는 오릉·알영정·계림·교동고분군에 대하여 관심을 기울이지 않았다. 그러나 건국신화부터 신라 역사 재구성의 자료로 삼고 있는 [모델 3]에 있어 이들 유적은 중요한 의미를 지닌다.

소국은 촌락사회를 한 단계 넘어선 정치발전 단계다. 서라벌 6촌을 통합하여 서라벌 소국(사로국)이 형성되었다. 소국은 직경 30킬로미터 정도의 영역으로 이루어졌다. 기원전 2세기경(또는 더 올라갈 수 있다) 한반도 남부지역에는 수십 개 소국들이 형성되었다.

소국 연맹은 일정 지역의 여러 소국들이 독립을 유지하며 하나의 연맹체를 형성한 것을 뜻한다. 기원전 1세기 낙랑과의 원거리 교역을 하는 과정에 경상북도 일원의 여러 소국들이 진한이라는 하나의 교역망을 이루었는데 그 교역 창구가 되어 원거리 교역을 주관하였다. 그 결과 서라벌 소국은 진한 연맹의 맹주국이 될 수 있었다.

'신라길 2'의 제2처~1, 오릉

별생각 없이 오릉을 찾곤 하지만 기록에는 오릉보다 사릉원으로 나오고 있다는 사실에 주목할 필요가 있다. 『삼국유사』 「신라 시조 혁거세왕」 조에는 나라를 다스린 지 61년 만에 왕이 하늘로 올라갔는데 7일 후 유체가 흩어져 땅에 떨어졌다고 나온다. 왕후 또한 죽어서 국인들이 합하여 장사 지내려 하자 큰 뱀이 나와서 쫓아내고 막아서 5체를 각기 다른 능에 장사 지내고 또한 이름을 사릉이라 했다고 한다. 담엄사 북쪽의 능이 바로 그 능이다.[74] 그런데 이 기록만으로는 오릉의 정체를 알 수 없다.

그와 달리 『삼국사기』 「신라본기」에는 혁거세 거서간을 사릉蛇陵에 장사 지냈는데 담암사(담엄사) 북쪽에 있다고 나온다.[75] 그리고 남해차차웅, 유리이사금, 파사이사금의 세 왕도 사릉원 안에 장사 지낸 것으로 나오고 있다. 이 경우 5릉이라고 알려지고 있는 것은 네 명의 왕과 혁거세의 왕비였던 알영의 능을 포함하여 말하는 것이다. 그런데 이들 왕과 왕비를 장사 지낸 곳을 5릉이 아니라 사릉원이라고 한 것에 주목해 보자.

사릉원은 단순히 5명의 무덤만 있었던 것이 아닐 수 있다. 단정하기는 어려우나 서라벌 소국 초기 왕과 부인들의 무덤이 이곳에 만들어졌을 수 있다. 앞으로 고고학적 조사가 이루어진다면 소위 오릉으로 알려지

---

74. 『삼국유사』 1, 「기이」 2, 신라 시조 혁거세왕.
75. 『삼국사기』 1, 「신라본기」 1, 혁거세 거서간 61년.

오릉

고 있는 고분군의 실체를 파악할 수 있을 것이다.

한 가지 생각할 사실이 있다. 신라인들은 그들의 시조 무덤을 정확하게 알고 있었으리라는 것이다. 또한 신라가 망한 후에도 혁거세의 무덤 위치를 기억하는 세력들이 있었다는 점도 생각할 수 있다. 고려와 조선시대 경주 지역에서 그 세력을 유지하고 있던 박씨 세력들이 그들이다. 그들 박씨 세력은 시조인 혁거세 무덤을 대를 이어 기억했을 것이다. 지금도 박씨들은 그들의 시조묘에 제사를 지내고 있다. 나는 오릉에 혁거세의 무덤이 있다고 알려지는 것은 역사적 사실을 전하는 것이라고 본다.

『삼국사기』에 의하면 혁거세는 재위 61년인 기원 후 4년에 세상을 떠났다.[76] 그런데 혁거세 재위 기간은 신화 또는 설화적인 것으로, 실제로 언제 군주가 되었고 세상을 떠났는지에 대해서는 역사적 시간으로의 전환이 필요하다. 나는 혁거세가 군주가 된 시기는 기원전 2세기까지 올라간다고 본다. 따라서 사릉원도 기원전 2세기부터 시작하여 일정 기간 동안 만들어진 것으로 볼 수 있다. 파사왕 22년(101) 2월 월성을 쌓고 7월에 왕이 월성으로 옮겨 가 살았다.[77] 파사왕이 세상을 떠난 것은 112년 10월이었기에 적어도 2세기 초까지는 박씨 왕들이 오릉으로 알려진 사릉원에 묻혔을 가능성이 있다.

한편 오릉을 둘러싼 담장의 동쪽 지역에는 혁거세를 모신 사당인 숭덕전이 있다. 신라가 망한 후 박씨 세력들이 고려·조선을 거치며 경주 지역에 뿌리를 내리고 살았다. 그 결과 조선시대에 숭덕전을 축조하였고

---

76. 『삼국사기』, 1, 「신라본기」, 1, 혁거세 거서간 61년.
77. 『삼국사기』, 1, 「신라본기」, 1, 파사 이사금 22년.

혁거세 제사를 지낼 수 있었다. 현재 오릉에서는 일정한 날에 혁거세만이 아니라 박씨 왕들에게도 제사를 지내고 있다.

오릉에서는 소국인 서라벌 소국과 서라벌 소국을 중심으로 형성되었던 진한 연맹을 살펴볼 수 있다. 유리왕과 탈해왕 그리고 파사왕 대에는 사로국이 이미 진한의 소국들을 병합해 들어가던 때였다. 따라서 오릉에서 소국병합을 다룰 수 있지만 본격적으로 소국을 정복한 것은 보다 후대의 일이다. 소국 정복에 대해서는 다음 답사지인 월성 서쪽 계림과 교동고분군 지역에서 보기로 한다.

'신라길 2'의 제2처~2. 알영정

현재 오릉을 둘러싼 철책의 동남쪽에 대나무 숲이 있다. 그 한쪽에 알영정이 있고 알영정 비각 뒤에 실제로 우물이 있다. 우물은 큰 돌로 덮어 놓았지만 그 아래 우물이 보인다.

『삼국유사』 신라 건국신화에 따르면 기원전 69년 혁거세가 나정 옆에 나타난 알에서 태어난 후 사람들이 혁거세의 배필을 찾게 되었다. 그때 사량리 알영정 가에 계룡이 나타나 왼쪽 갈비에서 계집아이를 낳았는데 (혹은 용이 나타나 죽었는데 그 배를 가르고 얻었다고 한다) 자색이 고왔다. 입술이 닭의 부리와 같았는데 월성의 북천에서 목욕을 시키니 부리가 떨어졌다. 사람들이 남산의 서쪽 기슭(고려시대의 창림사)에 궁실을 짓고 혁거세와 알영을 길렀다. 계집아이가 나온 우물의 이름을 따서 알영이라 이름을 지었다. 두 성인이 열세 살이 된 기원전 57년에 남자는 왕이 되었고 여자는 왕후로 삼았다.

알영정과 비각

초기 국가 형성·발전 단계를 은폐한 [모델 2.5]

현대 한국 사학이 만든 [모델 2.5]에서는 『삼국사기』에 나오는 신라 내물왕(356~402) 이전의 역사를 인정하지 않는다. [모델 2.5]는 내물왕 때 신라가 활발한 정복 활동으로 낙동강 동쪽 진한 지역을 차지하였다고 주장한다.[78] 이는 내물왕 이전의 신라를 삼한의 한 소국 정도로 본 것이다. 그 결과 [모델 2.5]는 한국 초기 국가의 형성과 발전을 파악할 수 없었다.

지금까지 [모델 2.5]는 신라 내물왕 이전의 역사를 성읍국가(부족국가, 군장국)를 거쳐 연맹왕국(부족연맹)으로 이어지는 두 단계로 시대 구분을 했다. 이 같은 구분은 신라만이 아니라 한국 초기 국가들이 거쳤던 정치 발전 과정을 설명하는 데에도 적용되었다.

그와 달리 [모델 3]은 [모델 2.5]가 발명한 시대 구분이나 정치발전 과정으로는 신라를 포함한 한국의 초기 국가 형성과 발전을 설명할 수 없다고 본다. [모델 3]은 종래 [모델 2.5]가 성읍국가(또는 군장국)로 본 단계를 촌락(추장)사회와 소국 단계로 구분했다. 또한 [모델 2.5]가 연맹왕국 단계로 본 단계를 [모델 3]은 소국 연맹과 소국 정복 단계로 나누었고, 3세기 중반 이후부터 내물왕까지 시기는 피정복 소국에 대한 지방관 파견 등 중앙집권화 정책이 실행되기 시작하는 단계로 보았다. [모델 3]은 추장사회-소국-소국 연맹-소국 정복 단계에 이어 초보적이지만 중앙집권화 정책이 펼쳐지는 단계로 본 것이다.

---

78. 이기백, 『한국사신론』(한글판), 1999, 58쪽 · 고등학교 『국사』, 2008, p. 48.

2. 서라벌 소국의 형성

『삼국유사』 신라 시조 혁거세왕 조에 의하면 혁거세가 오릉에 묻혔다고 한다. 신라왕국은 혁거세 세력이 등장하여 서라벌 6촌을 통합해 서라벌 소국을 건국하면서 형성되기 시작했다. 이에 신라 시조 혁거세의 무덤이 있다고 하는 오릉에서 서라벌 소국에 대해 이야기하는 것은 의미 있는 일이다.

여기서 말하는 소국小國은 분명 국가state다. 서라벌 소국은 현재의 경주시 지역, 과거의 경주군 지역 정도의 영역을 가진 조그만 국가였다. 소국의 왕은 직경 30킬로미터 정도 되는 영역을 지배했다. 소국은 현재의 군郡 정도 되는 영역을 가졌으며 소국의 왕은 현재의 군수 정도 되는 정치지배자라 하겠다. 사실 고려·조선을 거쳐 현재에 이르는 군들은 신라가 소국을 정복한 후 과거 소국을 지방행정구역으로 편제한 데에서 유래한 것들이 많다.

소국에는 추장사회의 2단계 정치 조직 위에 소국 전체를 다스리는 조직이 편제되었기에 3단계 정치 조직이 갖추어져 있었다. 소국의 왕은 추장사회 단계의 촌장보다 몇 배(편의상 10배 정도라고 해 왔다) 이상 권력이 강해진 것을 알 수 있다. 그러나 소국은 공간적인 면에서 현재의 군郡 정도를 영역으로 하는 작은 정치체라는 한계가 있었다.

서라벌 소국 형성 세력인 혁거세 집단의 등장

앞에 제시한 신라 건국신화에 혁거세의 등장과 국가 형성에 대한 이야기가 나온다. 먼저 『삼국사기』 건국신화를 보면 아래와 같다.

> 시조의 성은 박씨이고 이름은 혁거세다. 전한前漢 효선제 오봉 원년(기원전 57년) 갑자 4월 병진에 왕위에 오르니 왕호는 거서간이다. 그때 나이는 열세 살이었다. 나라 이름을 서나벌徐那伐이라 했다. 이보다 앞서 조선 유민들이 산곡 사이에 나누어 살며 6촌을 이루었는데 1은 알천양산촌, 2는 돌산고허촌, 3은 자산진지촌, 4는 무산대수촌, 5는 금산가리촌, 6은 명활산고야촌이라 하였으니 이것이 진한 6부로 되었다. 고허촌장 소벌공이 양산기슭 나정 곁傍 숲 사이에서 말이 무릎을 꿇고 우는 것을 바라보고 곧 가서 보니 문득 말은 볼 수 없고 단지 큰 알이 있었다. (그것을) 깨니 갓난아이가 나왔다. 곧 데려다 길렀는데 나이 십여 세가 되자 기골이 준수하고 숙성하였다. 6부인들은 그 출생이 신이하여 높이 받들고 존경하였는데 이때에 이르러 임금君으로 삼았다.
>
> 『삼국사기』 1, 「신라본기」 1, 시조 혁거세거서간

『삼국유사』 건국신화에는 서라벌 소국 건국에 대한 자세한 내용이 들어 있다.

전한 지절 원년 임자 3월 1일 6부의 조祖들이 각기 자제들을 거느리고 알천 언덕 위에 모여 의논을 하였다. "우리는 위로 군주가 없어 백성들을 다스리지 못하기 때문에 백성들이 방자하여 저 하고자 하는 대로 하니 어찌 덕이 있는 사람을 찾아 군주로 삼고 입방설도立邦設都하지 않겠는가?" 하였다.

이때 높은 곳에 올라 남쪽을 바라보니 양산 밑 나정 곁에 이상한 기운이 번개처럼 땅에 드리우더니 흰말 한 마리가 꿇어 절하는 모양을 하고 있었다. 그곳을 찾아 살펴보니 하나의 자주색 알(혹은 푸른 큰 알이라고 한다)이 있었는데 말은 사람을 보고 길게 울며 하늘로 올라갔다. 그 알을 쪼개니 사내아이가 나왔는데 모양이 단정하고 아름다웠다. 놀랍고 이상하게 여겨 동천(동천사는 사뇌 들 북쪽에 있다)에서 목욕시켰다. 몸에서는 광채가 났고 새와 짐승이 모두 춤추며 천지가 진동하고 해와 달이 청명해졌다. 따라서 혁거세왕(아마 신라 말이다. 혹은 불구내왕이라고도 하니 대개 광명으로 다스린다는 말이다. 설명하는 사람이 말하기를 이는 서술성모가 낳은 바다. 그러므로 중국인들이 선도성모를 찬양하는 말에 현인을 낳아 나라를 세웠다는 말은 이것이다. 이내 계룡이 상서를 나타내어 알영을 낳기에 이르니 또한 어찌 서술성모의 현신이 아닌 줄을 알랴!)이라 했다. 왕위의 이름은 거슬감이라 했다(혹은 거서간이라고도 했다. 처음 말을 할 때에 스스로 말하기를 알지 거서간이 한번 일어난다고 하였다. 따라서 그 말을 따라 불렀다. 이후 왕의 존칭이 되었다).

그때 사람들이 다투어 경하하여 말하기를 지금 천자가 하늘에서 내려왔으니 마땅히 덕이 있는 여군을 찾아 배필을 삼아야 한다고 하였다. 이날 사량리 알영정(혹은 아리영정이라고 한다) 가에 계룡이 나타나 왼쪽 갈비에서 계집애를 낳았는데(혹은 용이 나타나서 죽었는데 그 배를 가르고 얻었다고 한다) 자색이 뛰어나게 고왔다. 그러나 입술이 닭의 부리와 같았다. 월성의 북천에 가서 목욕을 시키니 부리가 떨어졌다. 그로 인하여 그 내를 발천이라고 하였다.

남산 서북록(지금의 창림사)에 궁실을 짓고 두 성스러운 아이를 받들어 길렀다. 사내아이는 알에서 출생하였는데 알은 바가지와 같았다. 향인들은 바가지를 박이라 하므로 성을 박朴이라 하였다. 계집아이는 그가 나온 우물 이름으로 이름을 지었다. 두 성인의 나이가 열세 살에 이른 오봉 원년 갑자(기원전 57)에 남자는 왕이 되고 이어 여자로서 (왕)후로 삼았다.

나라 이름을 서라벌徐羅伐 또는 서벌(지금 풍속에 경京을 서벌이라고 훈독하는 것은 이 때문이다) 또는 사라 또는 사로라고도 하였다. 처음 왕후가 계정雞井에서 출생하였으므로 혹 일러서 계림국이라고도 하니 계룡이 상서로움을 보여 주었기 때문이다. 일설에는 탈해왕 때에 김알지를 얻었는데 숲속에서 닭이 울었기에 국호를 계림으로 고쳤다고 한다. 후세에 마침내 신라라는 이름을 정하였다.

나라를 다스린 지 61년 만에 왕이 하늘로 올라갔는데 7일 후에 그 몸이 흩어져 땅에 떨어졌으며, 왕후도 또한 죽었다고 한다. 국인이 합장을 하려고 하였더니 큰 뱀이 쫓아 금하였으므로 5체를 각기 오릉에 장사 지내고 또한 사릉蛇陵이라 이름 지었다. 담엄사 북쪽 능이 이것이다. 태자 남해가 왕위를 계승했다.

『삼국유사』 1, 「기이」 2, 신라 시조 혁거세왕

건국신화에 따르면 기원전 69년 6촌장과 자제들이 모여 군주를 모시고 입방설도 하자는 논의를 할 때 나정 곁에 이상한 기운이 드리워 있어 찾아가 보니 자주색 알이 있었고 그 안에서 혁거세가 나온 것으로 되어 있다. 혁거세가 등장한 장소는 나정 옆이었다. 그런데 나정은 신화 속 장소이지만 실제로 혁거세 집단이 6촌을 통합하여 군주가 되기 전 나정 근처 어딘가에 정착했던 것으로 여겨진다.

시간이 지나 기원전 57년에 열세 살의 나이가 된 혁거세를 왕으로 삼았다. 혁거세는 한 개인이 아니라 집단으로 이주한 세력이라고 생각된다. 그들 집단은 이주민 세력이었던 것이다. 그런데 신라 건국신화에 나오는 혁거세 출현 시기와 왕위에 올랐다는 시기는 신화 속 시간이다. 역사적 시간으로 전환할 필요가 있다.

오릉에서 이야기하는 서라벌 소국의 형성

[모델 3]에서는 서라벌 소국이 하나의 소국으로 형성된 시기가 기원전 2세기 또는 그 이전이라고 본다. 소국 단계 왕들은 거서간이라는 왕호를 사용했는데 거서간이라는 왕호는 혁거세 한 사람만 사용한 것이 아니라고 추측된다. 마치 1,500년을 다스렸다고 하는 단군왕검의 왕검이 한 사람만 사용한 왕호가 아니라 여러 명의 왕이 사용한 왕호였던 것과 같다. 이 경우 『삼국사기』나 『삼국유사』에 나오는 혁거세에 대한 기록은 여러 명의 왕에 대한 기록인데 혁거세 한 사람 대의 기록으로 조정해 놓은 것이다.

서라벌 소국 왕들이 거서간이라는 왕호를 사용한 시기가 언제부터 언제까지인지 확실치는 않다. 그런데 늦어도 기원전 2세기 또는 그 이전에 한반도 남부에는 수십 개 소국들이 형성되었다. 소국을 형성했을 때부터 진한 소국들이 낙랑과 원거리 교역망을 형성할 때인 기원전 1세기까지의 기간이라고 보아 두고자 한다.

혁거세가 세웠던 나라의 이름을 정리하고 넘어갈 필요가 있다. 한국 사학은 지금까지 『삼국지』「한」 조에 나오는 사로국이라는 이름을 주로 사용했다. 나 또한 예외가 아니었다. 사로국은 3세기 후반 중국인들이 부르던 용어이다. 따라서 신라인들이 부르던 용어를 찾을 필요가 있다.

『삼국사기』에 나오는 건국신화에는 그 나라 이름을 서나벌徐那伐이라 한다. 『삼국유사』에는 국호를 서라벌徐羅伐, 서벌徐伐, 사라斯羅, 사로斯盧, 계림국鷄林國, 계림鷄林이라 불렀는데 후에 신라로 정했다고 나온다. 이 책에서는 잘 알려져 있는 서라벌을 사용하겠다.

서라벌 소국의 형성과 관련된 문제를 보자. 서라벌 소국은 정치적 발전을 해나갈 길이 많이 남아 있었다. 그러면서 앞으로 전개될 천년의 역사를 가진 신라의 구조적인 틀을 만들었다. 한 걸음 더 나가 서라벌 소국은 현재 한국·한국인·한국 사회·한국 문화를 만든 역사적 유산을 남긴 근본적인 출발점이 되었다.

서라벌 소국 나아가 신라 건국 세력인 혁거세 집단은 과거 촌락사회의 6촌장 세력과 혈연적으로 무관하였음이 분명하다. 혁거세는 이주민 세력이었다. 한국사에 등장하는 거의 모든 나라는 이주민들에 의해 형성되었다. 고조선의 단군은 그 출신을 알기 어려우나 부여를 세웠던 동명, 고구려를 세웠던 주몽, 백제를 세웠던 온조, 가락국을 세웠던 수로는 모두 이주민이었다. 신라의 시조 혁거세도 이주민이었다.

기원전 수 세기 동안 여러 차례의 이주민 파동이 경주 지역에 미쳤다. 혁거세 세력이 언제 어디서 이주한 세력인지 단정하기는 어렵다. 다만 고고학적으로 지석묘 축조가 끝나고, 석관묘나 토광묘가 축조된 것을 볼 수 있다. 고조선 계통 이주민들이 경주 지역 석관묘를 축조한 것이 아닐까 여겨진다. 이 경우 그 시기는 기원전 5세기까지 거슬러 올라갈 수 있다. 그런가 하면 기원전 2세기 토광묘를 축조하던 이주민들이 흘러들어 왔을 가능성도 있다. 혁거세 세력은 어떤 계통의 이주민일까 하는 문제는 앞으로 밝혀내야 할 것이다.

여기서 서라벌 소국의 형성 시기를 살펴볼 필요가 있다. 건국신화에는 기원전 69년 혁거세가 나정 옆에 있던 알에서 나온 것으로 되어 있다. 그 후 기원전 57년 열세 살이 된 혁거세가 군주가 되었던 것으로 나온다. 이는 신화적인 시간이다. 역사적 시간은 어떻게 찾을 수 있을까? 역사 전개의 대세를 볼 필요가 있다. 나는 한반도 남부에서는 늦어도 기원전 2세기경 소국들이 형성되었다고 본다. 최근 이루어진 백제 왕성 위례성(현재의 풍납토성) 발굴 결과 찾아낸 연대 측정치를 보면 온조가 세웠던 십제는 기원전 2세기 또는 그 이전에 국가를 형성한 것이 분명하다. 서라벌 소국도 기원전 2세기경에는 형성되었던 것으로 볼 수 있다.

이 경우 혁거세 세력이 경주 지역에 등장한 것은 기원전 2세기 이전일 수 있다. 새로 이주한 혁거세 세력은 건국신화에 나오는 13년이 아니라 보다 오랜 세월을 기다린 후 6촌 전체를 통합하여 소국을 세웠을 수 있다. 어디선가 이주한 혁거세 세력이 6촌을 통합하여 하나의 소국을 형성하는 일이 쉽지 않았을 것이다. 건국신화에 나오는 것과 같이 6촌장들의 합의에 의한 추대로 군주가 된 것은 아니라고 본다. 혁거세는 정치적·군사적 실력을 바탕으로 소국을 세웠을 것이다. 그 과정에 나정마을에 자리 잡았던 혁거세 집단은 이웃한 알영정마을(현재의 오릉지역) 세력과 동맹을 맺었고 그러한 세력동맹을 통하여 키운 세력을 바탕으로 6촌장 세력들을 제압하고 6촌을 통합하여 새로이 국가를 세웠던 것이다. 이주민 수는 많지 않았지만 그들이 갖고 온 다양한 실력을 바탕으로 6촌장 위에 군림할 수 있었다.

서라벌 소국의 정체는 어떤 것이었을까? 우선 6촌을 통합한 서라벌 소국의 영역을 볼 수 있다. 후일 서라벌 소국 주변에는 북쪽에 음즙벌국(안강), 서북쪽에 골벌국(영천), 서남쪽에 이서국(청도) 남쪽에 우시산국(울주) 등의 소국들과 경계를 하였다. 서라벌 소국은 현재의 경주시 중 양남면과 양북면 그리고 안강 지역을 제외한 영역으로 했다고 본다. 혁거세가 나라를 세웠을 때 소국의 인구는 대체로 1만 명 정도였다고 본다.

촌장들이 다스리던 촌락사회와 6촌을 통합한 소국의 차이는 무엇일까? 첫째, 촌락사회보다 소국은 영역과 인구가 최소 6배는 늘어났다. 둘째, 촌락사회보다 소국은 정치·사회적으로 한 단계 더 발전하여 3단계 조직을 갖추었다. 셋째, 촌장의 정치권력과 소국 군주의 정치권력은 6배가 아니라 10배는 커졌다고 비교해 두고자 한다. 넷째, 소국 군주(왕)의 지배를 받게 된 6촌은 소국의 지방행정구역으로 편제되었다. 이후에도 과거 촌장계 세력들은 소국 나아가 신라 왕경 6부의 지배 세력으로 존속하였다. 그들 촌장의 후손들로 이루어진 6촌·6부의 세력들은 소국의 왕과 그 세력과는 비교할 수 없는 정치적 격차를 가질 수밖에 없었다. 다섯째, 촌락사회의 지배자인 촌장과 촌락민들은 혈연 관계를 가졌고 그에 따라 혈연 원리에 의해 다스려진 바 있으나, 소국 단계에서는 왕과 6촌장 사이에는 혈연적 관계가 단절되었고, 촌락민들은 왕의 신민이 되었다. 여섯째, 혁거세 등 왕을 중심으로 한 지배 세력과 6촌장 세력은 신분을 달리하였다. 그 밑에 일반 백성 신분층이 만들어졌다. 소국 단계에서는 적어도 3단계의 신분층이 형성되어 있었다.

다음은 서라벌 소국의 형성 배경을 볼 수 있다. 촌락사회라는 추장사회는 소국 형성의 결정적인 바탕이 되었다. 추장사회 자체는 마을과 촌이라는 2단계 정치 조직을 갖고 있었다. 소국 단계에 이르면 6촌을 통합

기마관련 용품, 철제무기, 철제농기구(국립 경주박물관)

하여 다스리는 3단계 조직이 더해졌다. 서라벌 소국은 6촌이라는 추장사회의 정치적 배경이 없었다면 쉽게 국가 형성을 할 수 없었다.

또 한 가지 배경은 추장사회가 외래문명을 수용하기 시작했다는 사실이다. 기원전 5세기 이래 중국 동북지역과 요동지역의 정치적 변동에 따른 결과로 원래 살던 곳에서 쫓겨나는 세력이 생겼다. 그들 이주민 집단은 6촌 지역까지 왔다고 여겨진다. 여러 차례에 걸친 이주민의 파동 결과 중국 계통의 이주민과 고조선, 부여, 고구려 지역으로부터 온 이주민들도 있었을 것이다. 그 결과 6촌 세력들도 새로운 정보들을 접하게 되었고 새로운 이주민 세력이 등장하여 국가를 세울 또 다른 배경을 마련하게 되었다.

서라벌 소국의 형성은 이주민 집단에 의해 이루어졌다. 혁거세는 한 개인이 이주하여 소국을 세운 것이 아니었다. 혁거세 세력은 집단을 이루어 6촌 지역으로 이주해 나정마을에 정착했고, 곧이어 알영정마을 세력과 동맹을 맺어 6촌을 통합하여 소국을 세웠다. 혁거세 집단은 어디선가 쫓겨나 이주한 세력일 것이다. 그러나 그러한 이주민 세력은 비록 정치적 경쟁 관계에서 밀려났지만 원래 살던 지역에서 국가 조직을 경험한 집단이었다. 그러한 정치적 경험은 6촌을 통합하여 소국을 세우기에 충분했다.

서라벌 소국은 직경 30킬로미터 정도 되는 영역으로 이루어졌다. 그들 이주민 집단은 정치 조직에 대한 경험뿐만 아니라 군사적, 경제적 실력도 갖추었다. 그들은 기마를 했다. 기마를 하면 사회·정치적 활동 공간이 그렇지 않을 때보다 10배가 넓어진다. 추장사회 사람들과는 달리 기마를 하게 된 서라벌 소국의 왕을 중심으로 한 지배 세력들의 사회·정치적 활동 공간은 그만큼 넓어졌고 서라벌 6촌을 통합하여 다스릴 수 있었다.

창림사탑

혁거세라는 유능한 지배자 아래 우수한 무기와 정치 조직에 대한 정보를 가지고 있던 이주민 집단은 6촌 세력과의 경쟁에서 승리하여 국가를 세울 수 있었다. 소국의 건국자들은 왕의 권위를 나타내고 정청으로서의 기능을 갖춘 궁실을 축조하였다. 또한 왕실 세력을 보호할 시설인 왕성으로 금성을 축조하였다. 『삼국유사』에는 혁거세와 알영을 위하여 남산서록(고려시대의 창림사)에 궁실을 축조한 것으로 나온다. 『삼국사기』에는 혁거세 21년(기원전 37)에 경성을 축조하고 금성이라 했다고 나온다. 두 기록만으로 보면 먼저 지었던 궁실과 나중에 축조한 금성은 동일한 장소에 세워진 것이라 단정하기 어렵다. 그러나 금성은 왕의 거처인 궁실을 보호하기 위한 시설이다. 따라서 궁실을 지었던 남산 서록지역, 현재 창림사지가 있는 지역에 먼저 세웠던 궁실을 보호하는 금성을 후에 축조한 것으로 볼 수 있다.

소국을 세운 이주민 집단은 연작이 가능하여 수확을 증대시키는 논농사를 하였고 철제 농기구도 사용하였다. 그 결과 소국은 증가하는 인구를 수용할 수 있었다. 소국을 형성한 세력들은 토광묘나 새로운 석관

표 3 소국 시기의 3단계 정치 조직

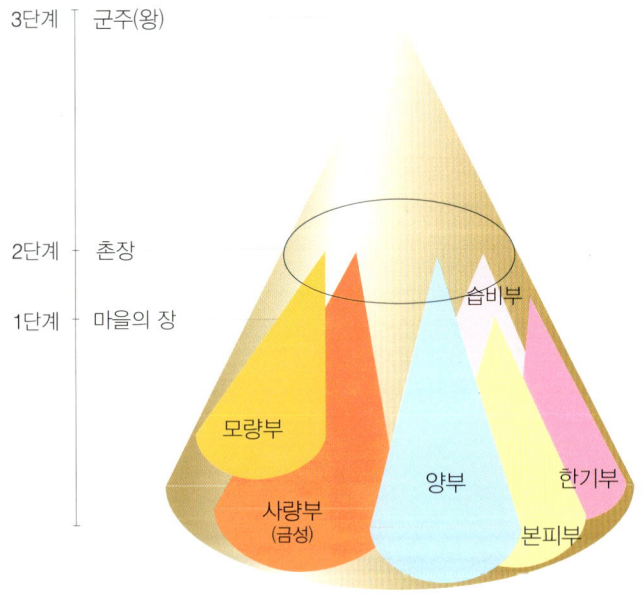

묘를 축조하였다.

소국의 정치 조직을 보자《표 3》. 추장사회 시대에는 마을과 촌의 2단계 지배 조직이 편성되어 있었다. 그러다 소국이 형성되면서 6촌을 통합하여 지배하는 3단계 새로운 조직이 종래 2단계 조직 위에 편성되었다. 소국의 왕은 6촌을 통합한 직경 30~40킬로미터 정도의 영역을 지배하였다. 소국이 형성되며 3단계 조직의 누층화가 이루어진 것이다.

3단계 조직의 정점에 왕이 있었다. 왕은 소국 전체를 지배하였다. 왕 밑에는 추장사회 단계 촌의 촌장세력 후손들이 2단계 조직의 정점에 있었다. 그 밑에 1단계 조직으로 마을의 조직이 있었다.

3단계 지배체제의 정점에 있던 소국의 왕을 배출한 세력은 혁거세 세력으로 상징되는 이주민 집단이었다. 소국의 왕을 배출한 왕자王者 집단은 6촌(6부)을 직접 지배할 인적 자원이 없었다. 후일 신라가 성장하게 될 때도 원래 6촌장의 후손들이 6부의 지배 세력으로서 권력을 행사했다.

3. 진한 소국 연맹의 정체

오릉에서는 서라벌 소국 단계를 넘어 진한 소국 연맹 단계의 형성과 전개를 보겠다. 서라벌 소국이 형성될 무렵 현재 경상북도 일대에는 여러 소국들이 거의 동시에 형성되었다. 이들 소국들은 경계를 맞대고 있었으며 소국들 간에는 국제 관계가 맺어졌고, 결국은 진한이라는 소국 연맹을 형성하게 되었다.

나는 현재 경상북도 일대의 소국들이 낙랑군과의 원거리 교역을 하는 과정에서 진한이라는 원거리 교역망을 구축하여 소국 연맹체를 형성하였다고 본다.[79] 서라벌 소국은 원거리 교역long-distance trade의 창구가 되어 소국 연맹의 맹주국이 되었다. 서라벌 소국이 진한의 맹주국이 된 시기는 대체로 차차웅이라는 왕호를 사용한 시기였다. 현재 차차웅이라는 왕호는 남해왕(4~24) 한 사람이 사용한 것으로 되어 있다. 그러나 나는 차차웅이라는 칭호를 사용한 왕도 한 명이 아니었다고 본다. 기원전 1세

---

79. 이종욱, 『신라국가형성사연구』, 1982.

기 여러 명의 왕들이 있었는데 그 역사를 구전하는 과정에 남해왕 한 사람으로 조정했을 가능성도 있다고 본다.

표4 소국 연맹 시기의 4단계 정치 조직

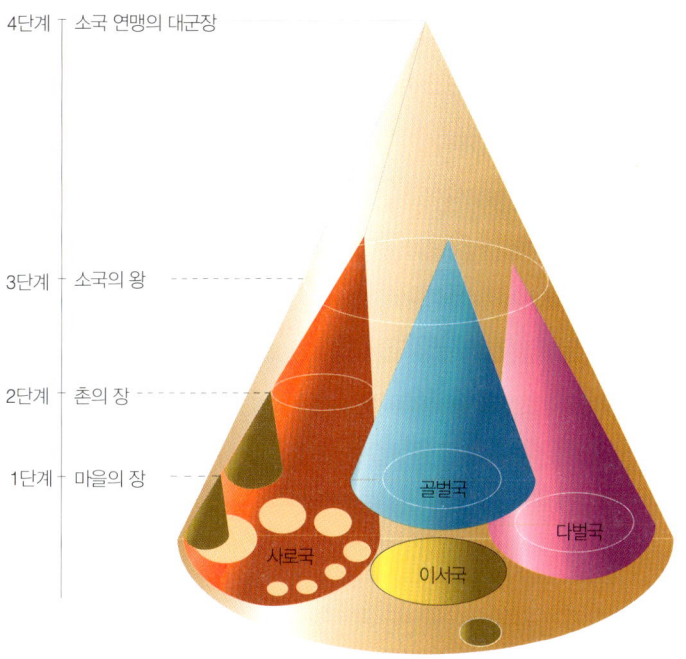

진한이라는 소국 연맹에는 그 전체를 지배하는 군주가 없었다. 각 소국에는 각기 왕이 있었다. 각 소국의 백성들은 해당 소국 왕의 지배를 받는 신민이었다. 이는 비교하자면 경상북도에 도지사 없이 군수들의 회의체 정도만 있었던 것이라 할 수 있다. 다만 낙랑군과의 원거리 교역을 하는 과정에 그 창구로서 역할을 한 서라벌 소국은 맹주국이 되었던 것을 생각할 수 있다.

그렇더라도 소국의 3단계 정치 조직 위에 원거리 교역을 관할하는 시스템을 갖춘 것은 소국 단계보다 발전한 소국들의 연결망을 갖게 된 것을 뜻한다. 이 경우 소국이 3단계 조직이라고 한다면 소국 연맹 단계에서는 3단계는 확실하지만 진한 소국 전체를 지배하는 4단계 조직은 편성되지 않았던 단계라 하겠다. 이때 각 소국에서 농경에 종사하던 다수의 백성들은 촌락의 범위를 넘어서는 일이 많지 않았고, 소국의 경계를 넘어 다른 소국으로 왕래하는 일은 별로 없었을 것이다.

진한 소국 연맹은 기원전 1세기에 형성되었는데 기원후 1세기 중반 경부터 서라벌 소국이 진한 소국을 정복하기 시작했고 기원후 3세기 중반 경 서라벌 소국이 진한의 소국들을 모두 정복했다. 이 기간 동안 서라벌 소국에는 종성 중 탈해를 시조로 하는 석씨와 알지를 시조로 하는 김씨 세력이 등장했다.

탈해 집단의 등장

진한 연맹이 형성되어 있을 때 또 다른 세력이 등장했다. 탈해 세력이 그들이다. 혁거세를 시조로 하는 씨족만으로는 소국 연맹 단계의 서라벌 소국을 지배하기 어려워진 것이 아닌가 생각된다. 이에 또 다른 실력을 갖춘 탈해 세력이 서라벌 소국 최고의 지배 세력으로 등장했다. 『삼국유사』를 통해 탈해 세력이 남해차차웅 시대에 경주 지역에 이주한 세력인 것을 알 수 있다.

> 탈해(토해라고도 한다) 이사금이 왕위에 올랐다. 그때 나이가 62살이었다. 성은 석昔이고 왕비는 아효부인이다. 탈해는 본디 다파라국에서 났

는데 그 나라는 왜국 동북 1천 리에 있다. 처음 그 왕이 여국왕의 딸에게 장가들어 아내로 삼았는데 임신 7년 만에 큰 알을 낳자, 왕은 "사람으로서 알을 낳았으니 상서롭지 않다. 마땅히 버려야 한다."고 말하였다. 그녀는 차마 버리지 못하고 비단으로 알을 보물과 함께 싸서 궤에 넣고 바다에 띄웠다. 처음에 금관국 해변에 이르렀으나 금관국인들이 괴이하게 여겨 거두지 않았다. 다시 진한의 아진포구에 이르렀으니 때는 혁거세왕 재위 39년이었다. 그때 해변에 있던 노파가 줄로 끌어 해안에 매고 궤를 열어 보니 한 소아가 있었다. 그 노파가 데려다 길렀다. 자라자 키가 9척으로 풍신이 빼어났으며 지식이 다른 사람보다 뛰어났다. 어떤 이가 말하기를 "이 아이는 성씨를 알 수 없으나 처음 궤가 올 때, 까치 한 마리가 날아 울며 따랐다. 작鵲 자를 줄여 석昔으로 성씨를 삼는 것이 마땅하다. 또 궤를 풀고 나왔으니 탈해로 이름 하는 것이 마땅하다." 하였다. 탈해는 처음에 고기를 잡는 것을 생업으로 삼았는데 어머니를 봉양하는 데 한 번도 게으른 기색이 없었다. 어머니가 말하기를 "너는 예사 사람이 아니다. 골격과 모습이 특이하니 마땅히 공부를 하여 공명을 세워라." 하였다. 이에 오로지 학문에 전념하였고 겸하여 지리를 알았다. 양산 아래 호공의 집을 바라보고 길지라 생각하여 꾀를 내어 빼앗아 살았다. 그 땅은 후에 월성이 되었다. 남해왕 5년에 이르러 그가 어질다는 말을 듣고 (왕은) 그 딸을 처로 삼게 하였다. 7년에 이르러 그를 등용하여 대보로 삼고 정사를 맡겼다. 유리가 죽을 때 말하기를 "선왕이 유언하기를 내가 죽은 후에 아들과 사위를 논하지 말고 나이가 많은 어진 사람으로 왕위를 잇게 하라고 하였다. 이에 내가 먼저 왕이 되었으나 이제 마땅히 왕위를 (탈해에게) 전해야 한다." 하였다.

『삼국사기』 1, 「신라본기」 1, 탈해이사금 즉위 조

『삼국사기』만이 아니라 『삼국유사』에도 탈해에 대한 설화적인 기록이 있다. 두 사서의 기록에는 왜국 동북 1천여 리에 있던 나라의 왕비가 임신한 지 7년 만에 탈해가 알로 태어났다는 내용이나, 그 알을 싣고 온 배가 가락국을 거쳐 신라의 바닷가에 도착하였고 그 안에서 탈해가 나왔다는 내용 등이 나온다.

두 사서에 나오는 이야기의 줄거리는 서로 비슷하지만, 구체적인 내용에서는 차이가 난다. 특히 『삼국유사』 기록은 더욱 설화화되어 있고 내용도 더 자세하다. 탈해가 태어났던 용성국에 8품 성골이 있었다거나 호공의 집을 빼앗는 구체적인 내용, 하인의 입에 물그릇이 붙었다는 이야기와 탈해의 매장과 관련된 이야기 등이 그것이다.

> 갑자기 완하국 함달왕의 부인이 임신하여 달이 차서 알을 낳았는데 알이 변하여 사람이 되었다. 이름 하여 탈해라 하였다. 바다를 따라 왔으며, 키가 석 자고 머리 둘레는 한 자였다. 그는 흔연히 대궐로 찾아가 왕에게 말하기를 "나는 왕의 지위를 빼앗으러 왔습니다." 하였다. 왕이 답하기를 "하늘이 나로 하여금 왕위에 오르도록 하였고 나는 장차 나라 안을 안정시키고 백성을 편안하게 하려 한다. 나는 감히 천명을 어기고 왕위를 주지 않을 것이다. 또 나의 나라와 나의 백성을 너에게 맡길 수 없다."고 하였다. 탈해가 "만일 재주로 겨루는 것은 어떻습니까?" 하고 묻자, 왕이 "좋다."고 하였다. 잠깐 사이에 탈해가 변해서 새매가 되니 왕은 변해서 독수리가 되었다. 또 탈해가 변하여 참새가 되니 왕은 변하여 새매가 되었다. 그러한 사이가 촌음도 지나지 않았다. 탈해가 본 모습으로 돌아오니 왕도 또한 되돌아왔다. 탈해가 이에 엎드려 항복하였다. "제가 재주를 다투는 마당에서 새매가 독수리에게서, 참새가 새매

에게서 잡힘을 면하였습니다. 이는 대개 성인이 죽이기를 싫어하는 어진 덕으로 그런 것입니다. 제가 왕을 상대하여 왕위를 다투는 것은 어렵습니다." 하였다. 문득 작별 인사를 하고 나가서는 교외에 있는 나루터에 이르렀다. 그러고는 중국으로 오가는 배의 수로를 따라 갔다. (수로)왕은 (그가) 몰래 머물면서 난을 꾸밀까 염려하여 급히 수군 5백 척을 내어 그를 따라갔다. 탈해가 계림의 땅의 경계에 들어가자 수군이 모두 돌아왔다. 이 일을 기록한 내용은 신라의 것과 많이 다르다.

『삼국유사』 2, 「기이」 2, 가락국기

탈해에 대한 이야기를 보면 그가 분명한 이주 세력임을 알 수 있다. 또한 이주민인 탈해가 어떻게 해서 3대 유리왕의 뒤를 이어 왕위에 오를 수 있었는지도 나온다. 『삼국사기』에 유리왕의 즉위를 설명하는 내용에서, 덕이 있는 이가 왕이 되어야 한다고 하여 떡을 씹어본 후 이가 많은 유리가 왕위를 이었다는 이야기가 나와 있다. 당시 성스럽고 지혜로운 사람은 이가 많다고 생각했다는 것을 알 수 있다.

원거리 교역망의 형성

국제무역은 오늘날만 있는 것이 아니다. 기원전 2세기 또는 그 이전에 한반도 남부에 세워졌던 소국들은 시간이 지나며 점차 일정한 지역의 소국들끼리 정치적 관계를 맺어 나가게 되었다. 특히 기원전 108년 중국 한나라가 위만조선을 멸망시키고 그 자리에 설치하였던 낙랑군과 한반도 남부의 소국들이 원거리 교역 관계를 맺게 되었다. 그 과정에 일정 지역의 소국들이 교역망을 형성하였다. 그와 같은 교역망을 삼한이라 불러온 것이다.[80] 여기서는 원거리 교역을 하는 과정에 만들어진 진한 소국 연맹의 형성과 그 정체에 대하여 알아보겠다.

중국 군현과의 원거리 교역 증거가 되는 표지적 유물로는 일광경日光鏡이 있다. 일광경은 중국 한 무제(기원전 142~87) 후기에서 신新 나라 왕망(8~23) 때까지 유행한 청동거울이다. 직경 6~8센티미터정도의 작은 거울로 거울 뒷면에 여러 문양들이 있는데 "견일지광 천하대명見日之光 天下大明" 또는 "견일지광 장부망상見日之光 長不相忘" 등의 명문이 있어 일광경日光鏡이라 부른다. 이 거울은 평양을 중심으로 하는 한반도 서북 지역에서 많이 출토되었다. 경상북도 지역에서는 이 거울이 경주 조양동, 영천 어은동, 대구 지산동 등지 유적에서 발굴되었다. 앞으로 발굴이 진행되면 더 많은 수의 일광경이 나올 것으로 본다.[81]

청동경은 당시 지배자의 위세를 과시하기 위한 위세품prestige-goods이다.[82] 위세품에는 청동경 외에도 청동방울(청동령), 청동검 등이 있다. 이러한 물품은 일본 천황의 3종의 신기로 알려지고 있다. 당시 한반도 남부에 자리 잡고 있던 소국들의 왕과 그 밑의 지배 세력들은 중국으로부터 수입한 이런 위세품으로 지위를 과시하였다. 지배 세력들은 처음부터 그 같은 위세품을 만들 수는 없었기에 중국으로부터 수입한 물건들을 사용했다.

위세품의 교역은 낙랑군을 통해 이루어졌다. 낙랑군 치소는 종래 고조선 수도였던 현재의 평양 지역으로, 그곳에는 군 밑의 지방 구역인 조선현을 설치했다. 중국은 그 후 3세기 초에는 낙랑군의 영역을 나누어 그 남쪽인 황해도 지역에 대방군을 설치하였다. 낙랑군과 대방군은 313년·314년 고구려와 백제의 침략을 받아 소멸될 때까지 유지되었다.

여기서 낙랑군과 삼한과의 원거리 교역을 살펴볼 필요가 있다. 기원전

일광경 조양동(왼)과 어은동(오). 국립 경주박물관 소장

1세기에는 삼한 세력들이 낙랑군에 가서 원거리 교역을 한 것이 아니라, 중국인들이 삼한 지역을 오가며 주도적으로 그와 같은 교역을 수행했다. 특히 낙랑군에는 요동군에서 온 관리와 중국 본토에서 온 고인賈人 즉 상인들이 있었다. 낙랑군은 중국의 본토에 설치된 내군이 아니라 변군으로서 요동군 지원을 받았다. 그 과정에 낙랑군에는 요동지역 사람들이 관리로 왔다. 그와 달리 중국 본토의 내군에서 온 상인들은 기원전 1세기에 배를 타고 한반도 남부와 왜 지역까지 오가며 교역을 했다. 낙랑에서 온 상인들은 한반도나 왜 지역과 원거리 교역을 하기 위한 사람들이었다. 중국은 평양 지역에 낙랑군을 유지하면서 주변 한반도의 정치 세력이나 바다 건너 왜의 세력과 원거리 교역을 했다.

그러한 사정이 기록에 나온다. 『삼국유사』 남해왕 조에 당시 낙랑인들이 금성을 내침했다고 한 것을 들 수 있다. 그때 낙랑인들이 경주까지

---

80. 이종욱, 『신라국가형성사연구』, 1982, p. 103.
81. 조양동 38호분에서는 일광경과 함께 소명경도 발굴되었다. 여기서는 일광경을 중국 세력과 한반도 남부 소위 진한 지역의 정치 세력 사이에 있었던 원거리 교역의 상징물로 보고자 한다.
82. 이종욱, 『신라국가형성사연구』, 1982, p. 106.

온 까닭이 무엇일까? 나는 이를 낙랑에 온 상인들이 배를 타고 경주 지역까지 와서 원거리 교역을 한 것이라 본다. 그때 낙랑인들은 교역만이 아니라 경우에 따라 약탈도 하였다.

중국에서 제작된 일광경이 경상북도 지역에서 출토되는 것은 분명 기원전 1세기 무렵, 이 지역 세력들이 중국 세력과 교역했다는 사실을 말해 준다. 서라벌 소국 주변에 있던 여러 소국들이 주목된다. 현재 영천 지역에는 골벌국, 청도 지역에는 이서국, 경산 지역에는 압독국, 대구 지역에는 다벌국 등 여러 소국들이 형성되어 있었다. 그러한 소국의 지배 세력들도 중국 한나라에서 만든 일광경과 같은 위세품을 가지고 정치적 위세를 나타내고자 했을 것이다. 그들은 중국제 위세품을 구하기 위한 원거리 교역 체제에 가담했다.

진한 소국 연맹체의 등장

현재 경상북도 지역에 있던 여러 소국 세력들은 서라벌 소국을 원거리 교역의 창구로 이용할 수밖에 없었다. 당시 소백산맥을 넘어 가는 낙랑군과의 육로를 통한 교역로가 열리지 않았기 때문이다. 소백산맥을 넘는 교통로가 개통된 것은 2세기 후반 일이었다. 경상북도 동쪽 지역에는 태백산맥이 있었기에 그 지역을 통하여 원거리 교역을 할 수 없는 상황이었다. 낙동강을 통하여 원거리 교역을 하지 않았을까 생각되지만 그것도 불가능했다. 낙동강 하류 지역인 현재의 경상남도 지역에 있던 소국들은 변한이라는 또 다른 원거리 교역망을 구축하고 있었기 때문이다. 결국 기원전 1세기 경상북도 지역에 있던 소국들은 서라벌 소국을 원거리 교역의 창구로 이용하지 않을 수 없었다.

기원전 1세기 한반도 남부지역의 경기도·충청도·전라도 지역에는 마한, 경상남도 지역에는 변한, 경상북도 지역에는 진한이라는 교역망이 형성되어 있었다. 여기서는 서라벌 소국을 교역의 창구로 하는 진한을 주목할 수 있다. 당시 삼한은 각기 독립된 정치체가 아니라 원거리 교역체였다.

『삼국지』「한」조에는 진한에 12국이 있었다고 나온다. 그 안에 사로국(斯盧國, 서라벌 소국)이 소개된다. 여기서『삼국지』「한」조에 나오는 국명은 단순히 독립 소국이라고 단정하기 어렵다. 뒤에 보겠지만 서라벌 소국은 기원 후 1세기 중반 경부터 진한의 소국을 정복하기 시작하여 3세기 중

지도 3   진한 소국들

반에는 그 모든 나라를 정복했기 때문이다.

결국 280년 대에 편찬된 『삼국지』「한」조에 나오는 진한의 국명들은 이미 신라에 정복된 나라였던 것을 알아둘 필요가 있다. 그러한 국명은 중국인들이 보기에 중국의 군국郡國 즉 일종의 지방 행정조직에 해당하는 것으로 독립 소국을 가리키는 것일 수 없다. 따라서 『삼국지』「한」조를 통하여 3세기 후반까지 한반도 남부지역에 78개의 소국이 있었다고 보아 온 [모델 2.5]는 처음부터 성립할 수 없는 주장을 한 것이다.

여기서 기원전 1세기에서 기원 후 1세기 중반 서라벌 소국이 진한의 소국을 정복해 나가기 전에 만들어졌던 진한이라는 소국 연맹의 정체가 어떤 것인지 보겠다. 당시 진한 소국들은 각기 독립국이었다. 각 소국에는 왕이 있었고 독립된 정치 조직과 수취 제도, 독자적인 신분제 등을 갖추고 있었다.

진한의 원거리 교역 창구가 되었던 서라벌 소국은 점차 국력을 키워 나갔다. 조양동 유적의 38호분에서 출토된 유물들을 보면 일광경이나 소명경 같은 동경을 비롯하여 각종 철제품들이 나왔다. 이는 원거리 교역 과정에 서라벌 소국이 다른 진한 소국들보다 먼저 철제 농기구나 철제 무기를 갖게 되었고 중국의 정치 조직에 대한 정보도 선점하여 국력을 강화했던 것을 의미한다.

문제는 소국 연맹 단계의 서라벌 소국이 진한 소국들을 정치적으로 지배할 수 있었는가 하는 점이다. 그동안 소국 연맹의 맹주국은 어떤 형태로든 다른 소국에 정치적 영향력을 행사한 것으로 생각한 것이 사실이다. 그러나 현재 나는 그와 같은 생각을 수정할 필요가 있다고 본다. 서라벌 소국은 1세기 중반 이후 정복한 소국에 한하여 정치적 지배권을 행사했을 뿐이다.

동탁(왼)과 청동검(오). 국립 경주박물관 소장

진한이 소국 연맹 단계에 있었던 시기는 기원전 108년 낙랑군이 설치된 후부터였다. 그리고 3세기 중반까지 서라벌 소국에 정복당하지 않았던 소국들과는 연맹 관계를 맺었을 가능성이 있다.

그러면 원거리 교역의 정체는 어떤 것일까? 한반도 남부 정치 세력들과 낙랑군과의 교역은 시기에 따라 그 양상이 달라진 것이 분명하다. 우선 서라벌 소국이 이웃한 소국을 정복하기 이전 상황을 보겠다. 이 시기 원거리 교역은 중국 본토에서 온 고인(상인)들이 주로 배를 타고 해로를 왕래하며 삼한 지역이나 왜를 오가며 이루어졌다. 그 과정에서 서라벌 소국은 원거리 교역의 창구가 되지 않을 수 없었다.

당시 진한 지역 정치 세력들이 수입한 물건들은 조양동 38호분에서 나온 것과 같은 일광경·소명경과 같은 거울이나 동탁, 각종 철제 농기구나 철제 무기 등이었다. 이 같은 수입품은 단순히 위세품만은 아니었다. 그중 철제품들 중에는 무기가 있어 군사력을 신장시키거나 농기구가 있어 경제적 성장을 촉진한 물품도 있었다. 동경·동탁·동령이나 철제품 같은 수입품은 원가는 얼마 들지 않는 물품이다. 그러나 그러한 수입품들은 당시로서 고도 기술의 산물이었다. 삼한 지역 정치지배자들이 그러한 물품을 수입하여 장식함으로 그들의 정치적 위세를 과시할 수 있었다.

그때 진한을 포함한 삼한지역 정치 세력들이 수출한 물품은 원자재에 해당하는 것들이었다. 그중에는 목재, 철 등이 있었다. 원가가 별로 들지 않는 위세품과 많은 양의 원자재를 교역한 위세품 교역 체제는 현재의 관점에서는 불평등한 거래라고 볼 수 있다. 그러나 소위 삼한지역 정치 세력들은 그들이 직접 위세품을 만들어 사용할 때까지 그러한 위세품 교역체제를 불평등한 것으로 보지는 않았던 것을 생각할 수 있다. 삼한의 지배 세력들은 위세품을 가지고 그들을 과시했고, 낙랑군을 거쳐 중국으로부터 수입한 철제품을 가지고 군사력과 경제력을 키울 수 있었다. 또한 그러한 교역 과정에 중국의 선진 정치체제에 대한 정보도 확보하여 삼한 지역 소국들의 정치적 성장을 초래할 수 있었다.

대표적인 예는 서라벌 소국이 진한 지역의 교역 창구가 되어 중국제 철제 무기나 농기구를 수입하여 군사력과 경제력을 키워 국력이 증대시킨 것을 들 수 있다. 국력 신장을 통하여 서라벌 소국은 기원 후 1세기 중반 경부터 이웃 소국들을 정복해 나갈 수 있었다.

기원전 1세기에 전개되던 원거리 교역은 낙랑에 온 중국 본토의 상인들이 배를 타고 한반도 남부지역을 왕래하며 이루어진 것이다. 이러한 관계를 중국인 관점에서 보면 삼한의 정치 세력이 중국의 낙랑군에 내속한 것으로 볼 수도 있을지 모르겠다. 그러나 당시 중국과 삼한지역 정치 세력 사이에는 어떤 지배·피지배 관계도 성립할 수 없었던 것이 분명하다.

한편 시간이 지나며 1세기 초에는 진한 지역의 정치 세력과 낙랑군의 관계에 변화가 일어나는 것을 볼 수 있다. 진한 사람들 중 낙랑군에 가서 사는 사람들이 나오기 시작한 것이다. 진한의 우거수였다고 하는 염사착이 중국 왕망의 신나라 지황연간(20~23)에 낙랑의 치소로 가서 정착하였던 것을 볼 수 있다. 그 후 염사착의 후손들은 몇 세대에 걸쳐 낙랑의 치소에서 살았으며, 125년에는 염사착의 자손들이 조세를 면제받기도 했다. 진한 우거수가 어떤 존재였는지는 알 수 없다. 다만 진한의 정치 세력이 낙랑군의 치소에 1백여 년을 머물렀던 것은 인정할 수 있다.

진한의 세력들은 낙랑의 치소(일종의 서울)인 조선현에서 무엇을 했을까? 단정할 수는 없으나 그들은 1백여 년이 넘게 낙랑의 치소에 거점을 마련하고 대를 이어 머물며 진한과 낙랑과의 교역을 담당했던 것은 아닐까 짐작한다. 이는 1세기에서 2세기 전반 경까지 진한의 정치 세력들이 지속적으로 낙랑군을 통해 중국제 위세품을 필요로 했기 때문일 것이다. 당시 낙랑군에는 진한만 있었던 것이 아니었다. 부조예군이라는 글이 새겨진 도장이 평양 정백동 토광묘에서 출토된 것을 통하여 옥저 지역의 세력도 원거리 교역을 위한 거점을 마련했던 것을 볼 수 있다. 기원 후 1세기에서 2세기 전반까지 낙랑군의 치소에는 한반도의 여러 정치 세력들이 원거리 교역을 위한 거점을 마련하였다.

진한이라는 소국 연맹의 모든 소국에 왕이 있었다고 했다. 이는 각 소국들이 독립을 유지한 것을 뜻한다. 각 소국의 인민은 자기 왕의 지배를 받았다. 서라벌 소국이 진한의 맹주국이라 해도 서라벌 소국의 왕이 다른 소국에 정치적 영향력을 행사할 수는 없었다.

진한의 원거리 교역 창구가 되었던 서라벌 소국은 점차 국력을 키워 정복 활동을 하게 되었다. 우선 42년에 이서국을 정복한 것을 들 수 있다. 이후 서라벌 소국은 진한의 다른 소국들보다 한 단계 높은 정치적 위상을 가질 수 있었다.

4. 현재 찾을 수 있는 소국·소국 연맹의 유산

서라벌 소국도 현재 한국에 역사적 유산을 남겼다.

첫째, 혁거세를 시조로 하는 씨족들이 지금도 번성한 씨족으로 있다. 이들은 신라시대에 박씨 성을 가졌다.

둘째, 서라벌 소국은 현재의 도와 면 사이에 있는 군郡에 해당하는 지방행정 조직으로 그 전통을 이어오고 있다. 원래 월성군과 같은 군이 인구가 증가하며 시로 바뀌어 경주시가 되기는 했으나 월성군이건 경주시건 모두 서라벌 소국의 역사적 전통을 이어오고 있는 것이 사실이다. 당시는 직경 30킬로미터 정도를 다스리던 소국이 최고의 정치체였다.

진한 소국 연맹이 남긴 역사적 유산

이 시기에 탈해를 시조로 하는 씨족이 등장했다. 16대 흘해왕 이후 석씨 세력은 신라 중앙 정계에서 사라졌지만 종성의 한 씨족이 이때 모습을 나타낸 것이 사실이다. 또한 진한 연맹은 하나의 왕국을 이룬 것은 아니지만 소국을 넘어 현재 도道에 해당하는 연결망이 그 모습을 드러내기 시작한 것을 알 수 있다.

아직 서라벌 소국의 지배 세력이 진한 소국의 지배 세력이 된 것은 아니었다. 진한 소국 연맹의 각 소국은 독립국으로 각기 왕이 있었고, 각 소국의 신민은 해당 소국의 신민으로 있었다.

'신라길 2' 제3처

계림과 교동고분군
– 신라의 진한 소국 정복

계림과 교동고분군 가는 길

경주시 교동 1, 사적 제19호

'신라길 2'의 셋째 장소는 계림과 그 서쪽에 위치한 교동고분군이다.

계림과 교동고분군을 찾는 이유

서라벌 소국이 국력을 축적하여 이웃한 진한 소국을 정복해 들어간 것은 기원후 1세기 중반부터였고 2백여 년이 지난 3세기 중반 경 현재 경상북도 일원에 있던 모든 소국을 정복했다. 이 같은 정복 사업을 벌인 서라벌 소국은 단순한 소국일 수 없다. 이에 서라벌 소국보다는 신라라는 명칭이 어울릴 것이다. 이 시기 신라인들의 정치적·군사적·경제적 활동 범위는 피정복 소국 지역까지 확대되었다. 신라인의 세상이 직경 30킬로

표 6 박씨 왕 시대의 왕위 계승

⟨1⟩혁거세왕 – ⟨2⟩남해왕 ┬ ⟨3⟩유리왕(24~57) – ? – 아도 – ⟨7⟩일성왕(134~154) – ⟨8⟩아달라왕(154~184)
　　　　　　　　　　　└ 나노 – ? – ⟨5⟩파사왕(80~112) – ⟨6⟩지마왕(112~134)

석씨 왕 시대의 왕위 계승

⟨4⟩탈해왕 – ? – ⟨9⟩벌휴왕(184~196) ┬ 골정 ┬ ⟨11⟩조분왕(230~247) ┬ △ – ⟨14⟩유례왕(284~298)
　　　　　　　　　　　　　　　　　│　　　│　　　　　　　　　　　└ △ – 걸숙 – ⟨15⟩기림왕(298~310)
　　　　　　　　　　　　　　　　　│　　　└ ⟨12⟩첨해왕(247~261)
　　　　　　　　　　　　　　　　　└ 이매 – ⟨10⟩나해왕(196~230) – 우로 – ? – ⟨16⟩흘해왕(310~356)

미터 정도의 소국 영역을 넘어서게 된 것이다.

　서라벌 소국은 낙랑과의 원거리 교역 과정에서 발달된 중국제 철제 무기와 농기구를 장악하여 국력을 키울 수 있었다. 그러한 국력을 바탕으로 서라벌 소국은 1세기 중반부터 3세기 중반까지 현재 경상북도 일대에 있던 진한의 소국들을 모두 정복했다. 그리고 4세기 중반까지 피정복 소국에 지방관을 파견하는 등 국가 통치체제를 강화했다. 이 시기 신라에는 4단계의 정치 조직이 편제되었다. 그리고 왕이 지배하는 영역은 현재 경상북도 정도로 확대되었다.

　소국 정복기는 대체로 유리왕(24~57)에서 첨해왕(247~261)까지의 기간으로 박씨 왕 시대(기원전 2세기~184)와 석씨 왕 시대(184~356)의 앞부분에 해당하는 시기이고, 그 이후 지방관을 파견하는 시기는 석씨 왕 시대의 마지막 시기가 된다.

　서라벌 소국이 소국 정복을 하던 이 시기는 대체로 이사금이라는 왕호를 사용한 시기이다. 앞에서 본 것과 같이 거서간 시기는 소국 시기이고, 차차웅 시대는 소국 연맹 시기라고 한다면, 이사금 시대는 소국 정복

시대라 하겠다.

  2백여 년간에 걸친 정복 활동으로 서라벌 소국은 종래 진한의 한 소국이었을 때와는 다른 정치적 위상을 갖게 되었다. 이를 동일하게 서라벌 소국이라 부를 수는 없다. 소국 정복을 시작한 왕국을 신라라 부르기로 한다.[83]

  계림이 위치한 교동 지역의 동부 사적 지구에는 적지 않은 대형 고분들이 있다. 교동고분군에는 (전)내물왕릉을 비롯하여 표형분인 115호분 등 여러 기의 거대한 고분들이 있다. 이는 신라의 정복 사업을 통한 성장을 보여 주는 직접적 증거이다.

---

83. 사실 『삼국사기』에는 신라라는 국명을 사용한 시기를 지증왕 3년(504)이었던 것으로 나온다. 그 이전에는 그 국호를 사라, 사로 또는 신라라고 했는데, 504년에 덕업이 날로 새로워지고 사방을 망라한다는 뜻으로 신라라는 국호를 사용하게 되었다고 한다. 여기서는 서라벌 소국과 구별하기 위해 신라라는 명칭을 쓰기로 한 것이다.

1. 소국 정복의 표지적 유적
-계림과 교동고분군

'신라길 2'의 3처는 계림과 월성 그리고 그 서쪽의 교동고분군이다. 김씨의 시조인 알지가 계림에 나타난 것은 65년이고, 파사왕이 월성으로 거처를 옮긴 것은 101년이다. 따라서 월성 서쪽의 교동고분군은 적어도 101년 이후 만들어진 것이라 볼 수 있다.

'신라길 2'의 제3처~1, 계림

월성과 첨성대 사이에 계림으로 알려진 곳이 있다. 계림은 신라 왕을 배출했던 김씨 시조인 알지가 등장한 장소로 알려져 있다. 계림 유적 자체가 어디인지는 확인되지 않지만 계림비각이 있어 그 위치를 짐작할 수 있다. 계림비각의 비는 나정비와 같은 시기인 조선시대에 만들어졌다. 현재 계림에는 알지가 등장했을 때 있었던 나무의 2~3세라고 하는 거목들이 있어 역사의 연속성을 보여 주고 있다. 신라인들은 물론이고 신라가 망한 후 고려와 조선을 거치며 경주에 살던 김씨족들이 그들의 시조

계림비

가 등장했던 계림을 기억하였던 것이다. 마치 혁거세가 등장했다고 신화화된 나정을 박씨족들이 기억한 것과 같다.

알지 세력의 등장

신라 초기 왕을 배출한 세력들이 동시에 등장한 것은 아니었다. 알지가 등장할 때 이미 신라 최고 세력으로 혁거세와 탈해를 시조로 하는 씨족이 있었다. 거기에 더하여 알지를 시조로 하는 세력이 새로이 등장한 것이다. 후일 신라인들이 성을 사용할 때 알지를 시조로 하는 씨족은 김씨 성을 사용하였다.

『삼국사기』와 『삼국유사』에 알지의 등장에 대한 설화가 나오고 있다. 먼저 『삼국사기』에 나오는 설화를 볼 수 있다.

(탈해 이사금) 9년(기원 후 65) 3월 왕이 밤에 금성 서쪽에 있는 시림의 나무 사이에서 닭 우는 소리가 나는 것을 듣고 날이 샐 무렵 호공을 보내 살펴보게 했는데, 금빛 작은 궤가 나뭇가지에 걸려 있고 흰 닭이 그 밑에서 울고 있었다. 호공이 돌아와 아뢰니 왕이 사람을 시켜 궤를 가져오게 했다. 그것을 열자 조그마한 사내아이가 그 속에 있었는데 자태와 용모가 기이하고 컸다. 왕이 기뻐하여 측근의 신하에게 말했다. "이는 어찌 하늘이 나에게 아들을 준 것이 아니겠느냐?" 이에 거두어 길렀는데 자라자 총명하고 지략이 많았으므로 이름을 알지라 하고 금궤에서 나왔으므로 성을 김씨라 했으며 시림을 고쳐 계림이라 하고 그것을 나라 이름으로 삼았다.

『삼국사기』 1, 「신라본기」 1, 탈해 이사금 9년

『삼국유사』에는 또 다른 알지 등장 설화가 나오고 있다.

기원후 60년 8월 4일 호공이 밤에 월성 서쪽 마을을 가다가 큰 광명이 시림(혹은 구림이라 한다) 속에서 흘러나옴을 보았다. 자주색 구름이 하늘에서 땅에 뻗쳤는데 구름 속에 황금 궤가 있어 나뭇가지에 걸려 있고 그 빛은 궤에서 나오는 것이었다. 또 흰 닭이 나무 밑에서 울고 있었다. 이 모양을 왕에게 아뢰자 왕이 그 숲에 가서 궤를 열어보니 그 속에 사내아이가 있어 누웠다가 곧 일어났다. 마치 혁거세의 고사와 같았으므로 혁거세가 알지라고 한 그 말로 인하여 알지라고 이름했다. 알지는 곧 향언鄕言으로 어린아이를 이르는 것이다. 사내아이를 안고 대궐로 돌아오니 새와 짐승들이 서로 따라와 뛰놀고 춤추었다. 왕은 길일을 택하여 태자로 책봉했는데 후에 파사에게 양위하고 왕위에 오르지 않았다. 금궤에서 나왔으므로 성을 김씨라 했다. 알지는 세한을 낳고, 세한은 아도를 낳고, 아도는 수류를 낳고, 수류는 욱부를 낳고, 욱부는 구도를 낳고, 구도는 미추를 낳았는데, 미추가 왕위에 올랐으며, 신라 김씨는 알지에서 비롯했다.

『삼국유사』 1, 「기이」 2, 김알지

위의 두 설화는 알지의 등장에 대하여 약간 다른 이야기를 전한다. 그렇더라도 계림은 김씨의 시조 알지가 등장한 장소와 무관한 곳은 아니다. 알지는 한 개인이 아니라 하나의 이주민 집단이었다고 생각된다. 그들 나름대로 새로운 정보와 실력을 가지고 신라에 나타나 지배 세력이 될 수 있었고 왕을 배출하는 세력으로 자리 잡았던 것을 알 수 있다.

알지의 후손들은 오랜 기간 계림을 알지가 등장한 장소로 기억하고 있었을 것이다. 신라가 망한 후에도 경주에는 알지를 시조로 하는 김씨들이 세력을 유지하고 있었기에 계림에 대한 기억은 대를 이어 전해졌다.

알지가 등장했다는 65년에는 신라가 이미 소국 정복을 시작했을 때다. 또한 김씨로서 최초의 왕이 되었던 13대 미추왕 대(262~284)는 소국 정복을 끝내고 지방관을 파견하여 중앙집권적인 통치체제를 편성해 나간 때였다. 이때 활약한 알지의 후손들은 지금도 번성한 씨족으로 남아 있다.

[모델 3]에서는 김씨 왕인 비처왕 또는 지증왕이 세웠다고 하는 신궁이 바로 계림이나 그 근처, 또는 계림과 첨성대 사이 어디엔가 축조되었다고 짐작한다. 단정하기는 어려우나 계림의 북쪽 황남동 123-2번지에서 2006년에 발굴·조사된 건물지도 신궁과 관련된 유적일 가능성이 없지 않다고 본다.

계림비각

'신라길 2'의 제3처~2, 월성

월성에 직접 가는 것은 대릉원 답사를 마친 후다. 그러나 월성에 대해 이야기할 필요가 있다. 월성은 신라가 소국 정복을 진행하며 축조했던 왕성이기 때문이다. 이 시기 소국 정복사업을 벌인 고고학적 증거로 오릉 지역의 고분과 교동 지역의 거대 고분 그리고 월성을 들 수 있다. 이 같은 시설을 축조하기 위해서는 서라벌 소국 사람만이 아니라 피정복 소국 사람들을 동원했다고 생각되기 때문이다.

현재 월성의 성벽 둘레는 1,841미터, 동서 길이는 860미터, 남북 길이는 260미터로 초승달에 가까운 모습을 하고 있다. 성벽 높이는 성 밖에서 보면 11~16미터이고 성 안에서 보면 4~11미터 정도이며 9~10여 개의 문지가 있었던 것으로 보인다. 성 내부의 면적은 11만 2,500제곱미터 정도가 된다.

『삼국사기』에는 파사왕 22년 2월에 성을 쌓아 월성이라 하였고, 7월에 왕이 월성에 옮겨 가서 산 것으로 나온다. 『삼국유사』 「왕력」 편에는 14대 유례왕 때(284~298)에 월성을 보축한 것으로 나온다. 유례왕 7년(290) 5월 홍수가 나서 월성이 무너졌기 때문이다. 여기에서 현재 볼 수 있는 월성이 한 번에 축조된 것이 아니라는 사실을 알 수 있다. 이때 월성은 축조가 끝난 것이 아니었다. 이 시기 월성의 규모는 크지 않았을 가능성이 있다. 또한 월성 주변의 구지溝池(소위 해자)도 축조되지 않았던 것을 알 수 있다.

2004년부터 국립 경주문화재연구소에서는 성 내부에 대한 GPR 탐사(지하물리탐사)를 했고, 그 결과 월성 안의 궁실에 대한 윤곽이 드러났다. 소국 정복기 신라시대에 만들어진 건물지를 찾는 작업은 앞으로 이루어

월성 성벽 밖의 유채 꽃밭

져야 할 과제이다. 그렇더라도 101년 이후 월성은 왕성으로서 기능한 것이 사실이다. 그때 금성은 어떻게 되었을까? 금성도 왕성으로 계속 활용되었다. 왕의 형제이거나 석씨 세력 또는 새로이 등장한 김씨 세력들이 금성에 살았을 가능성이 있다.

'신라길 2'의 제3처~3, 교동고분군과 그 주인공

101년 월성으로 왕이 거처를 옮긴 후 박씨 왕과 석씨 왕들의 무덤은 어디에 만들었을까를 생각할 필요가 있다. 5대 파사왕(80~112)까지 박씨 왕들은 사릉원에 묻혔다. 한편 지마왕(112~134), 일성왕(134~154), 아달라왕(154~184)의 능은 오릉 남쪽 남산 서북록에 축조된 것으로 전해진다. 그러나 세 왕의 능은 그 위치가 잘못 알려졌는데 세 왕의 능의 위치를 비정할 근거가 없는 게 현실이다.

교동 64번지 출토 금관(국립 경주박물관)

여기에서 세 왕의 무덤으로는 월성 서쪽에 있는 고분군을 주목할 필요가 있다. 특히 월성으로 거처를 옮긴 파사왕이 오릉에 묻힌 후 뒤를 이은 왕들은 교동 지역에 고분을 축조한 것으로 생각할 수 있다.

박씨 왕 시대의 왕릉들과 달리 석씨 왕 시대의 왕릉들은 4대 석탈해왕의 능을 제외하고는 다른 왕들의 무덤은 위치를 알 길이 없다. 사서에 석씨 왕들의 능에 대한 기록이 없는데 그것은 흘해왕(310~356)을 마지막으로 신라의 역사 무대에서 석씨 세력이 사라졌기 때문이다. 석씨 왕들의 능을 기억해 주는 집단이 사라진 것이다.

그렇다면 석씨 왕 시대 왕릉은 어느 곳에 만들어졌을까? 단정하기는 어려우나 나는 월성이나 계림 서쪽의 교동지역 고분들이 석씨 왕 시대의 고분들이라고 보아왔다. 물론 그 안에는 (전)내물왕릉이 있다. 내물왕은 석씨 왕 시대 이후 최초로 왕위를 이었던 인물로 석씨 왕들의 능역에 그 무덤을 만든 사정은 이해가 간다.

현재 대릉원 안에 (전)미추왕릉이 있다. 13대 미추왕(261~284)은 석씨 왕 시대의 중간에 김씨로서 왕위에 올랐던 인물이다. 미추왕은 김씨로서 최초로 왕위를 장악했고 그러한 사실을 그 후 왕위를 장악한 김씨 세력이 기억한 것이다. 당시 미추왕이 석씨 왕들의 능역 밖에 그 부덤을 만든 사정도 이해할 수 있다. 후에 17대 내물왕 이후 그의 후손들인 김씨 세력이 왕위를 장악하면서 (전)미추왕릉과 그 북쪽으로 왕릉을 비롯한 고분들을 축조하였다.

교동 지역 고분은 발굴된 예가 거의 없다. 다만 교동 64번지의 고분은 도굴된 것을 수습 발굴한 바 있다. 이 고분에서 출토된 금관은 신라 금관으로서는 격이 떨어지는데, 실제 그것이 김씨 왕 시대의 것이 아니라 석씨 왕 시대의 금관이라면 초기 형태의 금관이라 볼 수도 있다. 이 같은 생각이 타당하다면 석씨 왕 시대의 왕들도 금관을 사용한 것을 확인하게 된다.

월성 축조나 남산 서북록 오릉 등의 고분과 교동 지역 거대 무덤 축조는 신라가 국력을 신장시킨 결과이다. 국력의 신장은 진한 소국 정복의 결과가 아닐 수 없다. 신라는 피정복국으로부터 많은 인력과 물자를 징발하여 그 같은 거대한 토목공사를 한 것이다.

한 가지 이야기해 둘 사실이 있다. 박씨 왕 시대의 가운데에 4대 석씨 탈해왕(57~80)이 있었고, 석씨 왕 시대의 가운데에 13대 미추왕(261~284)이 있었다. 이는 신라의 초기 국가 형성 과정에 박씨족, 석씨족, 김씨족 중 일부가 왕과 왕비 그리고 왕모를 배출한 세력이 되었던 것을 말한다. 따라서 남산 서북록 지역과 교동 지역의 고분군에는 그와 같은 세 씨족 중 왕실 세력이 되었던 세력이나 정권의 최상부에 올랐던 세력들의 무덤이 있었던 것을 생각할 수 있다. 분명한 사실은 세 씨족이라 하여 모두 동등한 정치적 권력을 가질 수는 없었다. 항상 왕을 중심으로 한 세력 집단에 포함되어 있던 사람들이 그와 같은 거대 무덤의 주인공이 된 것이 사실일 것이다.

[모델 2.5]의 역사 왜곡

[모델 2.5]는 4세기 내물왕 때(356~402), 신라는 활발한 정복 활동으로 낙동강 동쪽의 진한 지역을 거의 차지하고 중앙집권 국가로 발전하기 시작했다고 말했다.[84] 이는 [모델 1]을 무시하고, 내물왕 이전 역사를 은폐한 일제 식민사학이 발명한 [모델 2]를 따랐기에 나온 역사 왜곡일 뿐이다.

사실 [모델 2.5]는 『삼국지』「한」조에 근거하여 4세기 중반까지 한반도 남부에 삼한이 있었고 그중 진한은 12개의 소국으로 이루어진 연맹 왕국이라는 주장을 해 왔다. 신라는 그 안의 한 소국인 사로국(서라벌 소국)이라는 것이다. 사로국이라는 용어도 『삼국지』「한」조를 중시해 온 [모델 2.5]가 즐겨 써 온 국명이다. 그러나 신라의 소국 정복을 인정하면 삼한의 한 소국을 가리키는 사로국이라는 용어를 쓰는 것은 문제가 된다.[85]

이제 [모델 1]의 사료를 통하여 신라의 진한 소국 정복에 대하여 이야기하겠다.

---

84. 고등학교 『국사』, 2008, p. 48.
85. 나도 내가 역사가로서 훈련받은 곳이 〈모델 2.5〉가 펴 놓은 무대였기에 사로국이라는 용어를 아무 의심 없이 쓴 것이 사실이다. 그러나 "신라길"에서는 사로국이라는 용어를 버리고 서라벌 소국이라고 하게 되었다.

2. 신라의 진한 소국 정복

신라의 진한 소국 정복은 오랜 시간이 걸린 사업이었고 하나의 소국도 한 번의 정복으로 끝난 것이 아니었다. 『삼국유사』에는 유리왕 대인 42년에 이서국(현재 청도 지역의 소국)을 정복한 것으로 나온다.[86] 그런데 『삼국사기』에는 유례왕 14년(297)에는 이서고국이 금성을 공격해 왔는데 물리칠 수 없었으나, 홀연히 귀에 죽엽을 달고 있는 군대가 나타나 신라의 군대와 함께 침략군을 물리쳤다고 나온다. 죽엽 수만 장이 죽장릉에 쌓여 있는 것을 본 사람이 있었는데 이를 가지고 국인들이 선왕(미추왕)이 음병으로 전쟁을 도왔다고 했다.[87]

297년에 금성을 침공한 이서고국 때문에 42년 신라가 이서국을 정복했다는 기록을 믿기 어려운 것으로 볼 여지가 있다. 그러나 [모델 3]에서는 이를 42년에 정복당한 이서국의 잔존 세력들이 297년에 금성으로 쳐

---

86. 『삼국유사』 1, 「기이」 2, 제3 노례왕.
87. 『삼국사기』 2, 「신라본기」 2, 유례이사금 14년.

들어온 것으로 보았다. 이같이 보면 신라가 최초로 정복한 소국은 경계를 접하고 있는 청도 지역의 소국인 이서국이라 하겠다. 그 이후 신라는 소국 정복 활동을 활발하게 전개했다.

지도 4 진한 소국 병합 단계의 신라

『삼국사기』 「열전」의 거도 전에는 탈해왕 대(57~80)에 우시산국과 거칠산국을 정복한 이야기가 나온다. 두 나라는 신라의 접경에 있었는데 자못 나라의 걱정거리가 되었다. 거도가 변관이 되어 두 나라를 병합할 뜻을 가지고 매년 한 번씩 군마群馬를 모아 병사들로 하여금 달리게 하는 것을 놀이로 삼으니 그때 사람들이 마기馬技라 불렀다. 두 나라 사람들은 그것이 늘 있는 일이라 하여 이상하게 의심을 갖지 않게 되자 병마를 일으켜 두 나라를 멸한 것으로 나온다.[88] 거도 전에 나오는 우시산국은 현재 울주·울산 지역의 소국이었고, 거칠산국은 양산 지역의 소국이었던 것으로 여겨진다.

당시 신라는 진한의 위세품 교역 창구로 되어 있었고 또 자체의 필요에서 낙랑과의 원거리 교역을 하던 상황이었다. 당시의 교역은 해로를 통해 이루어졌다. 우시산국과 거칠산국은 신라와 낙랑의 원거리 교역을 방해할 위치에 있었던 것을 알 수 있다. 이에 신라는 1세기 후반에 두 나라를 정복하여 원거리 교역의 방해 요소를 제거했던 것이다.

신라가 소국 정복을 가장 활발하게 전개한 시기는 파사왕(80~112) 대였다. 파사왕 23년(102)에는 음즙벌국을 쳤는데 그 우두머리가 무리를 데리고 와서 항복을 했다. 또한 실직국과 압독국의 두 왕도 항복해 왔다. 104년 7월 실직이 배반하자 군사를 보내 토벌하여 평정하고 남은 무리들을 남쪽 변경으로 옮겼다. 108년에는 군사를 보내 비지국, 다벌국, 초팔국을 병합했다. 파사왕 대에 벌어진 정복 활동 결과 신라는 이웃 지역에 있던 소국들을 대부분 정복할 수 있었다.

신라는 2세기 후반에서 늦어도 3세기 중반까지 보다 멀리 떨어진 곳에 있던 소국들을 정복했다. 벌휴왕 2년(185)에는 조문국(현재의 의성 지역), 조분왕 2년(231)에는 감문국(현재의 김천 지역), 첨해왕 대(247~261)에는 사벌국(현재의 상주)을 정복했다.

---

88. 『삼국사기』 44, 「열전」 4, 거도.

3. 피정복 소국에 대한 통치

(1세기 전반~3세기 초)

3세기 전반 경까지 신라는 정복한 소국의 지배 세력들을 모두 제거할 수는 없었다. 당시 신라는 피정복 소국에 지방관을 파견하여 직접 지배할 수 있을 만큼 준비가 되어 있지 않았다. 다만 신라에 강력하게 저항했던 실직국 세력과 같은 집단은 그 뿌리를 뽑았다. 그렇지 않았던 피정복 소국의 왕들은 세력을 그대로 유지시켜 주었다. 분명한 사실은 3세기 중반까지는 진한의 소국들은 모두 신라에 정복당했다는 것이다. 『삼국지』 「한」 조에서는 이 같은 관계를 피정복국에 대한 중국의 통치 방식인 군국郡國에 해당하는 것으로 본다. 따라서 『삼국지』 「한」 조에 나오는 78개 소국은 독립 소국들을 가리키는 것이 아니다. 이들 소국은 이미 신라나 백제에 정복된 소국으로 그 안에 살던 원래 지배 세력들을 제후적인 존재로 인정하는 것이었다.

진한의 한 소국이었던 서라벌 소국이 진한의 소국들을 모두 정복할 수 있었던 이유는 무엇일까? 가장 중요한 요인은 정복·피정복을 전제로 한 전쟁이 있었다는 것이다. 전쟁은 신라를 정복왕국 단계로 발전시켰

철제 투겁창(국립 경주박물관)

다. 그와 같은 전쟁에서 신라가 승리할 수 있었던 것은 강력한 군사력이었다. 소국 연맹 단계에서도 소국과 소국 사이에 전쟁은 있었지만 한 소국이 다른 소국을 정복할 정도는 아니었다. 소국 정복을 하게 된 신라는 다른 소국보다 몇 배 강한 군사력, 나아가 국력을 갖고 있었다. 한편 이서국이나 우시산국·거칠산국을 정복한 신라는 그 후 소국 정복을 가속화할 수 있었다.

당시 신라는 6부병과 기병을 갖추고 있었다. 6부병은 신라의 소국 정복을 위한 기본 군사력이었다. 여기서 말하는 6부는 과거 서라벌 6촌이 통합되어 서라벌 소국이 되면서 소국의 지방행정구역이 된 것이다. 당시 6부라는 명칭이 사용된 것은 아닐 수 있지만 과거 6촌이 서라벌 소국의 지방행정구역으로 되었고 소국 정복 후 서라벌 소국 영역이 왕경으로 되며 그 지방행정구역인 6부로 된 것이다. 결국 6부병은 서라벌 소국 자체 사람들로 이루어진 군단 조직이었다.

당시 신라는 새 무기를 갖추었다. 기병과 철제 무기가 그것이다. 보병으로 군단을 유지할 때보다 기병을 갖게 됨으로써 정복 활동이 신속하게 전개되었고 보다 멀리 정복 활동을 벌일 수 있었다.

신라는 철제 농기구도 많이 사용하게 되었다. 철제 농기구를 사용하게 되면서 농경지를 크게 확보하게 되었고 그 결과 농업 생산력도 증가했다. 이는 정복 활동을 할 수 있는 경제적 기반이 되었다.

신라는 정복 활동을 벌이는 과정에 월성 축조나 거대 무덤을 축조하는 대규모 토목공사를 벌였다. 이 과정에 신라는 원래 6부인만이 아니라 피정복 소국의 인민도 동원하는 체제를 갖추었다. 전쟁 자체가 무엇보다 중요한 인력 동원 장치를 발전시킨 것이다. 당시 인력 동원이나 물자 징발은 피정복 소국의 토착 지배 세력들을 통해 이루어졌다.

2세기 말까지 신라는 피정복 소국에 상주하는 지방관들을 파견하지는 못했다. 그러나 피정복 지역의 성에 일정한 거점을 마련하고 성주·좌군주·우군주 등을 파견하였다. 그들은 일종의 군사령관으로 정복 지역 거점성에 주둔하면서 주변의 일정 피정복 소국 영역을 지배하는 방식을 취했다.

4. 피정복 소국에 대한 중앙집권적 통치

3세기 전반에 이르러 신라는 새로운 방식의 피정복 지역 통치 방식을 펴게 되었다. 여기서 군郡의 설치를 주목할 필요가 있다.

조분왕 7년(236) 골벌국왕 아음부가 무리를 이끌고 항복해 왔으므로 집과 토지를 주어 편히 살게 하고 그 땅을 군으로 삼았다.[89] 골벌국은 현재 영천 지역에 위치했던 소국이었다. 『삼국사기』에는 골벌국이 236년에 처음 신라에 항복한 것으로 나오고 있으나 [모델 3]에서는 그렇지 않다고 본다. 청도지역에 있던 이서국과 마찬가지로 1세기 중반 경 정복당했던 골벌국의 왕이 236년에 신라에 항복한 것이라 본다.

신라에 정복당한 골벌국이나 이서국 지배 세력들이 대를 이어 그 지역을 다스리며 신라 조정에 대해서는 일종의 제후와 같은 지위를 가졌다. 그러던 것이 3세기 전반 신라가 지방관을 파견하여 직접 지배하기 시작하며 피정복 소국의 종래 지배 세력들이 신라에 항복해 오거나 신라를

---

89. 『삼국사기』 2, 「신라본기」 2, 조분 이사금 7년 2월.

공격해 온 것을 알 수 있다. 그로 인해 피정복 소국 왕의 계통을 이었던 제후적인 존재들은 사라지게 되었다.

군郡의 설치는 지방관 파견을 의미한다. 당시 군태수라는 이름의 지방관을 파견한 것은 아니지만 성주를 파견하여 피정복 소국에 대한 지방통치를 하게 되었다. 이는 신라가 1단계 지방관을 파견한 조치였다. 그때 기본적으로 피정복 소국을 단위로 군을 설치하고, 지방관인 성주를 파견하며 종래 소국의 왕의 후손들로 이루어진 제후적인 존재들을 제거하기 시작했다.

피정복 소국을 단위로 하여 군을 설치한 이후에도 각 군은 몇 개의 촌으로 나뉘었다. 그러한 촌은 서라벌 6촌의 촌과 같이 직경 10킬로미터 정도 되는 영역을 가졌으며 그 안에서는 촌간(후에 촌주)들이 세력을 유지해 나갔다. 촌은 우리들이 행정촌行政村이라 부르는 것으로 사회·정치적 단위가 되는 공간이었으며, 현재는 군 밑의 면面으로 역사적 전통이 이어지고 있다.

그와 같은 행정촌은 다시 자연촌自然村으로 나뉘었다. 자연촌은 농경과 일상생활을 하기 위한 공간으로 직경 2~4킬로미터 정도 되는 영역이었다. 자연촌은 현재 면面 밑의 리里로 그 역사적 전통을 잇고 있다.

3세기 중반 이후 신라는 지방 통치를 위해 자연촌-행정촌-군-중앙정부로 이어지는 4단계 통치 조직을 편성하였다. 다만 행정촌이나 자연촌은 우리들이 2단계로 나뉘는 신라의 촌을 구별하기 위하여 붙인 명칭이다. 당시 신라 사람들은 행정촌이나 자연촌이라는 명칭을 사용하지 않았다. 그런데 모두를 촌이라 불러도 신라 사람들은 어느 것이 행정촌(현재의 면 정도)에 해당하는지 아니면 자연촌(현재의 리 정도)에 해당하는지 알았다.

표 6 소국 정복 시기의 4단계 정치 조직

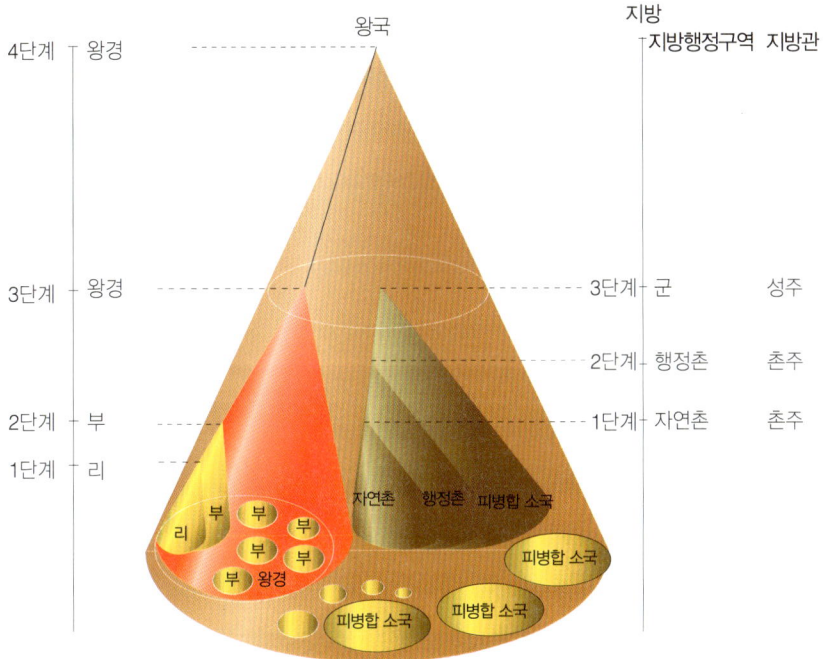

 한편 소국 정복을 전개하여 확대된 신라의 영토 중 과거 서라벌 소국의 영역은 신라의 서울로 되었다. 신라 사람들은 후일 신라의 서울을 왕경王京 또는 대경大京이라 불렀다. 이 왕경(대경)은 6촌六村의 전통을 이어받은 6부六部로 지역 구분되었다.
 3세기 전반 군에 지방관을 파견하기 전 피정복 소국의 지배자로 되었던 제후적인 존재들은 독자적으로 중국 군현과 원거리 교역을 했을 가능성이 있다. 그 과정에 진한 지역의 12개 국명이 『삼국지』 「한」 조에 남게 된 것으로 여겨진다.

이 시기 진한의 소국을 정복한 신라는 군郡으로 편제한 피정복소국으로부터 인적·물적 자원을 징발하였다. 그것이 신라의 중앙집권화를 가속시켰고 국력을 크게 강화시켰다. 또한 그러한 국력의 증대는 현재 교동 (일부 황남동 지역 포함-대릉원 안의 미추왕릉 등 포함) 지역에 있는 거대 고분을 축조할 수 있게 만들었다.

교동 고분군

5. 신라의 소국 정복 결과

신라는 피정복 소국을 갖게 되면서 왕국의 토지와 인민이 크게 늘어났다. 그로 인하여 조·용·조의 수취 증가가 이루어졌다. 국력이 점점 커졌고 소국 정복 활동을 더욱 활발하게 전개했다. 또한 6부에는 노비들이 늘어났고, 원래의 6부민들은 6부병으로 전쟁에 참전할 수 있게 되었다. 경주 중심부에는 거대 무덤의 축조가 확대되었고 그 안에 다양한 유물들을 부장하게 되었다. 이는 신라왕국이 소국 정복을 통하여 대규모 토목공사를 하게 된 것을 의미한다. 흘해왕 21년(330)에는 저수지를 축조한 바 있다. 농업 생산력을 강화시키기 위한 조치였다.

소국 정복은 신라 지배체제도 변화시켰다. 박씨와 석씨, 김씨 세력 중 왕과 왕비를 배출하던 세력들은 한층 강력한 지배 세력으로 그 지위를 굳힐 수 있었다. 또한 신료 조직도 발전하게 되었다. 이 무렵 신라는 관직과 관위(관등)를 운용하였다. 관직은 정치 업무를 수행하기 위한 직책이고 관위는 보수를 주기 위한 지위다. 이벌찬·이찬·아찬 등의 관직·관위를 만들어 운용하였다. 3세기 중반 이후에는 파진찬·일길찬 등의 경위京位

가 늘어나게 되었다. 그런가 하면 피정복국 사람들에게는 외위外位를 만들어 주었다. 당시 이벌찬 등의 관명은 관직과 관위로서 기능했다.

이 시기 새로운 유형의 신료를 등용하였다. 첨해왕 5년(251) 한기부인 부도를 아찬으로 등용한 것이 그 예다. 그는 집안이 가난했으나 아첨하는 일이 없었고 글과 셈을 잘하여 이름이 나 있었으므로 불러 아찬을 삼고 물장고 사무를 맡긴 바 있다. 부도의 예를 보면 국가 지배체제를 운용하기 위하여 신분이 낮아도 능력 있는 사람들을 등용하기 시작한 것을 알 수 있다. 이는 새로이 늘어난 토지와 인민을 지배하기 위한 조치였다. 군을 설치하고 지방관을 파견한 것은 피정복국에 대한 지배체제를 강화한 것을 의미한다.

피정복 소국의 지배 세력들 중 실직국·압독국·골벌국의 왕과 그 일족들은 신라 서울로 온 것이 사실이다. 왕경으로 사민된 피정복 소국의 지배 세력들은 6부에 나뉘어 살게 되었으며, 신라의 일정한 신분층으로 편제되었다. 그들 중에는 185년에 신라에 정복된 조문국 왕의 딸이었던 운모공주가 구도공에게 시집 가 낳았던 딸인 옥모를 조祖로 하는 여자들이 진골정통이라는 혼인의 계통을 대를 이어 유지해 나갔다. 그러한 혼인의 계통을 인통姻統이라 불렀다. 피정복국 계통의 여자들이 왕비를 배출했던 것이다.

진한의 소국들을 정복해 들어가던 신라의 국제 관계가 확대되었다. 그 중 백제와의 관계가 늘어나게 되었다. 아달라왕 3년(156)에는 계립령을 개통했고, 5년(158)에는 죽령을 개통했다. 소백산맥에 계립령과 죽령을 개통한 것은 신라의 진한 소국 정복 결과였고 백제와 교류를 증대시키는 출발점이 되었다. 첨해왕 15년(251)에는 백제가 사신을 보내어 화친을 청하기도 했다. 또한 아달라왕 20년(173) 왜의 여왕 히미꼬가 사신을 보내 예물을 가지고 온 일이 있었다. 나해왕 14년(209)에는 가야에서 왕자를 보내와 구원을 청하자 군대를 보내 도와준 일도 있었다.

소국 정복을 끝낸 3세기 중반 이후의 신라는 그 이전 소국 단계 때보다 적어도 10배는 강력한 통치력을 행사하게 되었다.

6. 소국병합 시기의 역사적 유산

 신라가 진한 소국을 정복하여 지배한 이 시기에 현재 한국에 남긴 역사적 유산에는 무엇이 있을까? 우선 한국인 중 알지를 시조로 하는 김씨족이 이 시기에 자리 잡은 것을 들 수 있다. 김씨의 시조 알지가 등장한 것은 탈해왕 9년(65)이라고 하지만 김씨 세력이 번성한 근본적인 이유는 13대 미추왕(262~284) 때문이었다. 후일 17대 내물왕이 김씨로서 왕위에 오른 것도 미추왕이 왕위에 오르지 않았다면 불가능한 일이었다. 김씨는 종성宗姓으로 현재까지 그 씨족이 번성하고 있다.

 진한의 소국을 모두 정복한 신라왕국의 영역은 현재의 경상북도 정도였다. 이는 신라라는 정치체가 현재의 도道 정도로 영역이 넓어진 것을 뜻한다. 그런가 하면 신라는 대체로 피정복 소국을 단위로 군郡이라는 지방행정조직을 편제했다. 그 결과 이때 편제되었던 군은 현재 지방행정조직상 군(또는 시)으로 그 명맥을 잇고 있는 것을 볼 수 있다. 이서국은 청도군, 골벌국은 영천군(현재는 영천시), 압독국은 경산군(현재는 경산시) 등으로 편제된 것이 그것이다.

 '신라길 2' 제4처

대릉원
–고총고분을 만든 마립간 시대

대릉원 가는 길

경주시 황남동 6-1

'신라길 2'의 넷째 장소는 대릉원이다. 거기에 더하여 노동동·노서동의 고분군을 포함한다.

대릉원을 찾는 이유

대릉원은 4세기 중반 내물왕을 시작으로 김씨 세력이 왕위를 장악한 후 크게 조성된 고분군이다. 22대 지증왕까지의 왕과 그 일족들이 대릉원과 노서동·노동동 지역에 묻혔다.

경주에서 가장 먼저 눈에 띄는 것은 천마총이나 황남대총, 그리고 단일분으로는 가장 큰 봉황대와 같은 거대 무덤이다. 대릉원 밖에 위치한

표7 마립갑 시대의 왕위 계승

```
알지 ┬ 세한 - 아도 - 수류 - 욱보 - 구도 - 〈13〉미추왕(262~284) - △ - △ - △ - △ - 말구 - 〈17〉내물왕(356~402)
     └──────── 〈19〉눌지왕(417~453) ──── 〈20〉자비왕(453~479) ──── 〈21〉소지왕(479~500)
                                                        대서지 - 〈18〉실성왕(402~417)
```

　노서동·노동동의 고분 중에는 봉황대·금관총·호우총·은령총 등 고분들이 있다. 여기서는 그와 같은 거대한 무덤을 만들던 마립간 시대 신라의 왕정 강화와 중앙집권화 실현에 대한 이야기를 하겠다.

　이 시기(356~503)에는 신라의 왕들이 마립간이라는 칭호를 사용했다. 『삼국유사』에서는 17대 내물왕부터, 『삼국사기』에서는 19대 눌지왕부터 마립간 칭호를 사용한 것으로 나온다. 여기서는 내물왕(356~402)부터 마립간 시대로 다루기로 한다. 그것은 내물왕이 김씨로서 왕위를 이어 그 후손들이 왕위를 계승했기 때문이다.

　한편 마립간이라는 칭호를 버리고 왕王을 칭한 시기는 22대 지증왕 4년(503) 10월이었다. 지증왕은 내물왕의 직계 장자 계통이 아니면서 왕위에 올랐고 그 후손들이 왕위를 장악하고 성골 왕 시대를 열어 갔다. 사실 지증왕은 마립간 시대에서 다루거나 다음 시대인 성골 왕 시대에서 다룰 수도 있다.

　마립간 시대에는 국력을 강화시켰고 통치체제를 갖추어 나갔다. 이 시기는 신라의 비약적 발전을 위한 강력한 준비기였다.

1. 마립간 시대의 표지적 유적
대릉원의 천마총과 황남대총

이 시기 표지적 유적으로는 현재 대릉원 지역의 고분을 포함한 황남동·황오동·노동동·노서동·인왕동 일대의 거대 무덤을 들 수 있다. 그중에서 발굴이 이루어진 천마총과 황남대총을 주목한다. 현재 이 지역에는 거대 무덤만이 아니라 소형 고분들도 위치한 것으로 밝혀졌다. 그 지역에 있는 많은 수의 고분 주인공들은 왕에서부터 신분이 낮은 지배 세력까지 다양하다.

내물왕에서 지증왕까지의 왕들은 죽음만을 기록하고 있고 그 능이 어디에 있는지는 밝히지 않고 있다. 『삼국사기』에는 지증왕의 아들인 법흥왕이 540년 7월 세상을 떠났을 때 시호를 법흥이라 하고 애공사 북봉에 장사 지낸 것으로 기록되어 있다. 이는 내물왕에서 지증왕까지의 왕이나 왕비 그리고 그 일족들의 능이 현재 대릉원을 중심으로 황남동·황오동·노동동·노서동 등지에 축조된 것을 뜻한다.

이 지역 고분의 주인공에는 내물왕에서 지증왕까지의 왕들 그리고 그

황남대총 출토 유리병(국립 경주박물관)과 대영박물관 소장 로만그라스

(전)미추왕릉

들의 왕비와 자녀들이 있다. 그리고 그 밑의 지배 세력들도 이 지역에 무덤을 축조하였다. 김씨 세력 중 왕과 측근 세력, 그리고 박씨 세력 중 왕정에 참여하던 지배 세력들이 고분의 주인공이었을 것이다. 김씨족이나 박씨족 모두가 이 지역 고분의 주인공일 수는 없다. 혁거세를 시조로 하는 박씨족이나 알지를 시조로 하는 김씨족이라 하더라도 조정의 신료가 되어 왕정에 참여할 수 없게 되면 신분이 떨어지고 거대한 무덤의 주인공이 될 기회는 줄어들게 된 것을 생각할 필요가 있다. 이 시기에 석씨 세력은 정치적 힘을 잃게 되어 거대 무덤의 주인공이 되기 어려웠다.

여기서 김씨 왕 시대의 무덤을 보겠다. 대릉원 지역의 고분 발굴 결과 옹관묘, 토광묘, 석관묘, 적석목곽분, 석실분 등의 고분들이 발굴·조사되었다. 그 안에는 미추왕(262~284)의 능이 있으나, 그 북쪽의 무덤은 김씨 왕 시대의 것으로 추정된다.

한편 천마총이나 황남대총 북쪽에 이어지고 있는 고총 고분 중에는 지증왕 이후의 무덤들도 있다. 쌍상총과 같은 석실분이 그 예다. 법흥왕대 이후에도 일정 기간 왕릉이 아닌 무덤들은 노서동·노동동 등지에 만들어졌다.

'신라길 2'의 제4처~1, 천마총

먼저 1973년 발굴·조사된 천마총을 보자. 높이는 12.7미터, 밑 둘레는 157미터이며 1만 1,500여 점의 유물이 출토되었다. 그 안에서 금관, 금제과대가 나왔고 천마도가 그려져 있는 장니障泥가 나왔다. 이 천마도를 토대로 155호분으로 되어 있던 이 고분의 이름을 천마총으로 삼았다.

천마총은 언제 축조된 것일까? 하나의 단서가 있다. 천마총에서 나온

천마총

목탄으로 연대 측정을 한 결과를 보정 연대로 정리하면 400±70년의 연대가 찾아진다. 이 연대는 그대로 믿어야 하는 것은 아니다. 다만 확률의 문제로 보면 천마총의 축조 연대를 생각할 수 있다. 330~470년 사이에 천마총이 들어갈 확률이 67퍼센트 정도 된다. 이 시기는 흘해왕(310~356)에서 자비왕(458~479)까지이다. 그런가 하면 260~540년 사이에 들어갈 확률은 95퍼센트 정도로 미추왕(262~284)에서 법흥왕까지(514~540)가 된다. 분명한 것은 미추왕에서 법흥왕 사이에 축조되었다는 것이다.

'신라길 2'의 제4처~2, 황남대총

황남대총은 표형분으로 두 개의 고분이 겹쳐 있다. 하나의 고분의 직경

황남대총

은 각기 80미터이고 두 개를 합친 부분의 길이는 120미터이며 높이는 남분이 22.4미터, 북분은 23.9미터이다. 북분에서는 3만 5,000여 점, 남분에서는 2만 2,000여 점의 유물이 출토되었다. 유물들은 금·금동·은·청동기·유리·칠기·철기 등으로 만들어진 120여 종이다.

마립간 시대 고분의 신분성

마립간 시대의 고분은 김씨 세력만 매장된 것일 수 없다. 그 안에는 왕을 비롯한 왕비, 왕의 부모, 왕자, 공주 등 왕실 세력들의 무덤이 있었을 것이다. 그리고 그 아래 조정 신료들의 무덤도 있었다. 그런가 하면 옹관묘나 토광묘의 주인공들은 신분이 낮은 사람들이었을 가능성이 있다. 현재 발굴·조사된 고분의 유물들 중 관冠과 과대銙帶를 출토한 지역을 표로 그려보면 〈지도 6〉과 같다.

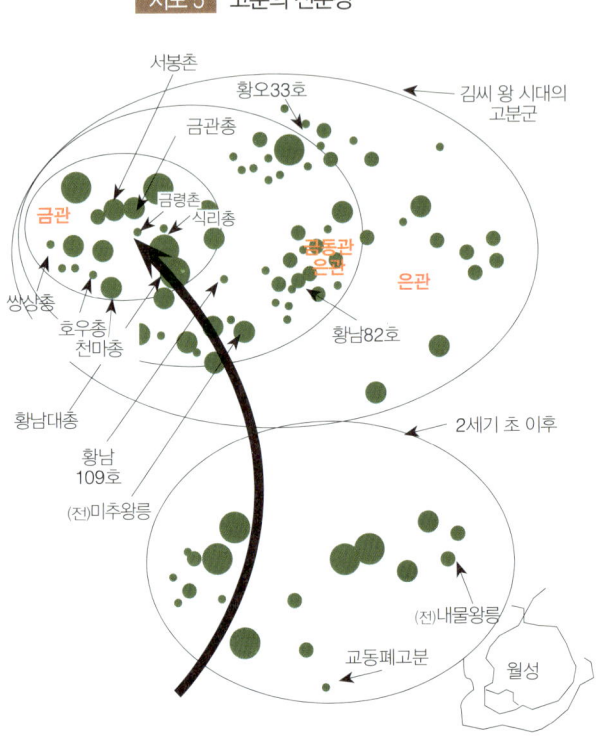

지도 5 고분의 신분성

지도에서 금관과 금제과대까지 출토된 고분이 위치한 지역과 금동관과 금동제과대까지 출토된 지역, 그리고 은관까지 출토된 지역을 구별할 수 있다. 금관을 출토하는 지역에서는 금동관과 은관도 함께 나온다. 그리고 금동관이 출토되는 지역에서는 은관도 출토되고 있다. 여기서 크게 세 개의 원이 의미하는 것이 무엇인지 생각할 필요가 있다. 금관과 금제과대가 출토되는 지역은 천마총·황남대총·금관총·서봉총 등의 고분이 위치한 지역이다. 그 지역이 최고 신분을 가졌던 사람들까지 매장된 곳임을 생각할 수 있다. 다음은 금동관과 금동제과대가 출토되는 지역 사람들이 그 다음 신분을 가진 세력들까지이고, 그 아래 은관과 은제과대를 출토하는 지역은 지배 세력 중 낮은 신분이었던 사람들이 매장된 곳임을 알 수 있다.

신라에서는 소국이 형성될 때 이미 신분제가 만들어졌다. 마립간 시대에 이르게 되면 신분층 수가 늘어났다. 그리고 신라 골품제의 적용 범위도 피정복 소국까지 확대되었다. 후일 성골 왕 시대에 만들어진 골품제의 구조적인 틀이 이미 그 이전부터 만들어진 것을 알 수 있다.

마립간 시대의 고분 중 표형분인 황남대총이나 단일분인 봉황대로 알려진 고분은 규모가 큰 것이 사실이다. 그런데 중국의 진시황릉이나 일본의 인덕천황릉, 이집트 피라미드와 규모를 비교하면 신라 고분의 크기가 작은 것을 알 수 있다. 그렇다고 신라의 문화와 문명이 수준이 낮은 것이라 할 수는 없다. 오히려 그와 같은 무덤을 만드는 데 수많은 인력과 물자를 동원하여 고통을 주었다는 사실도 고려할 수 있다. 물론 당시 사회·정치체제는 그 같은 권력자의 존재를 인정하는 것으로, 현재 국민이 주권을 가진 사회의 잣대를 들이대 평가할 수는 없다.

진시황릉 병마용(왼)과 진시황릉 오르는길(오)

신라인들은 그들의 왕릉을 잘 지켰다. 눌지왕 19년(435) 2월에 역대 왕릉을 수리한 것이 그 예다. 한편 마립간 시대에도 왕들이 혁거세를 모신 시조묘에 제사를 지냈다. 그런데 소지왕 9년(487)에는 나을奈乙에 신궁을 설치한 바 있다. 나을은 시조의 탄강지라고 하는데 그 시조는 혁거세가 아니라 김씨 시조인 알지의 탄생지였다.

김씨 왕들은 김씨의 시조들을 모신 사당으로서 신궁을 설치했던 것이다. 실제로 『화랑세기』에는 내물신궁이 나오고 있어, 내물왕 등 역대 김씨 왕들의 신궁이 만들어진 것을 알 수 있다. 후에 법흥왕도 신궁에 모셔진 바 있다. 왕들은 살아서는 월성·금성에 살았고, 죽어서는 신궁에 모셔졌던 것이다.

봉황대나 황남대총의 존재는 마립간 시기 왕권이 강해진 것을 잘 보여 준다. 고분의 크기만이 아니라 그 안에 부장된 금관이나 금제과대 등

봉황대

1백여 가지가 넘는 종류, 수만 점에 이르는 부장품의 존재는 당시 왕권이 크게 강화된 증거이다. 이해를 돕기 위해 말하자면 이 시기 왕정은 그 이전 석씨 왕 시대보다 10배 또는 그 이상 강화되었다.

2011년 황남대총 유물 전시회는 당시 신라의 국력과 왕권의 위상이 얼마나 강했는지를 말해 주는 증거이다. 마립간 시대의 신라는 관학파들이 말해온 것처럼 한순간에 만들어진 것일 수 없다.[90]

관학파의 [모델 2.5]가 말하는 부체제설의 허구성

[모델 2.5]와 [모델 3]이 극명하게 차이 나는 부분 중 하나는 마립간 시대를 어떻게 보는가에 있다. 관학파들이 만들어 낸 [모델 2.5]는 내물왕(356~402)부터 시작하는 마립간 시대에서 520년 대까지의 신라 정치체제를 부체제로 보고 있다. 부체제는 신라 왕경의 6부마다 부장이 있었고 왕도 6부 중 한 부의 부장이라는 것이다. 왕도 다른 부에 가면 하호下戶가 된다는 주장까지 있다.[91]

이 같은 부체제설은 [모델 2.5]가 신라 건국신화를 국가 형성의 자료로 읽어 내는 것을 포기한 결과 나온 주장일 뿐이다. 건국신화에 따르면 혁거세가 서라벌 지역에 등장하여 6촌을 통합해 입방설도할 때 이미 6촌은 서라벌이라는 소국의 지방행정구역으로 된 것을 알 수 있다. 서라벌 소국 형성 이후 언제인가 6촌은 6부로 된 것이다. 이 6부는 처음부터 왕경의 지방행정구역일 뿐이었다. 그때 6촌의 촌장들은 모두 서라벌 소

---

90. 이기백, 「한국사신론」, 1978, p. 56.
91. 노태돈, 「삼국시대의 '부'에 관한 연구」, 「한국사론」 2, 1975, p. 66.

국의 지방행정구역으로 된 촌(후에 부)의 세력으로 남게 되었다. 촌의 촌장(후에 부장)들은 서라벌 소국을 지배하는 왕보다 낮은 신분층이 된 것이다.

그리고 6부의 지배 세력들은 촌락사회 시대 6촌의 촌장들을 배출한 세력들의 후손들로 구성되어 있었다. 6부의 지배 세력들은 후일 한자로 된 성을 사용할 때 육부성六部姓을 사용한 세력이었다. 그와 달리 왕을 배출하던 세력들은 종성宗姓을 갖게 되었다. 육부성을 사용하며 부의 지배 세력으로 있던 세력들과 종성을 사용하며 왕을 배출하던 세력들은 정치적으로 같은 위치에 놓일 수 없었고, 신분적으로도 엄격하게 차별받았던 것이 사실이다.

[모델 2.5]가 부체제설을 주장하고 나선 것은 일제 식민사학의 틀을 이어받고 있기 때문이다. 즉 [모델 2.5]는 『삼국사기』 내물왕 이전의 기록을 허구라고 사료 비판한 식민사학의 연구 방법을 그대로 따르기 때문에 건국신화에 나오는 입방立邦과 설도設都 사실을 인정할 수 없게 된 것이다. 신라 건국신화에는 분명 혁거세가 등장하며 서라벌 6촌을 통합하여 서라벌 소국을 세운 것을 알 수 있다. 그때 이후 6촌은 서라벌 소국의 지방행정 구역이 되었고 과거 6촌장 계통의 세력들은 왕을 배출하던 박씨족·석씨족·김씨족과 격을 같이할 수 없는 세력이 되었다. 이 같은 사실을 무시하고 [모델 2.5]를 만든 관학파들은 박씨족·석씨족·김씨족이 6부의 세력이었다는 오류를 범해 왔다.

2. 마립간 시대의 왕정 강화

왕위 계승

마립간 시대에는 17대 내물왕에서 22대 지증왕까지의 왕이 있었다.『삼국사기』에는 내물왕이 13대 미추왕 손자로 나오고『삼국유사』에는 아들로 나온다. 그러나 미추왕(261~284)과 내물왕(356~402)의 재위 기간을 보면 두 사람을 2대 또는 3대 간으로 볼 수 없다.『문무왕비』편에는 태조성한太祖星漢이 문무왕의 15대 조라고 나온다. 태조성한이 혁거세는 아니다. 그는 김씨로서 최초로 왕이 되었던 미추왕이다. 문무왕에서 태조성한(미추왕)까지의 계보를 새롭게 정리하면 미추왕-(?)-(?)-(?)-(?)-말구-내물왕으로 된다. 미추왕과 말구 사이에 4대가 빠져 있는 것을 알 수 있다.

내물왕과 실성왕이 왕위 계승을 할 때, 같은 김씨 세력들이 힘을 합해 석씨 세력을 몰아낸 것이라 추측할 수 있다. 김씨 세력이 왕위를 장악한 후에는 내물왕계와 실성왕계 사이에 정치적 싸움이 벌어졌다. 내물왕이 실성을 고구려에 인질로 보냈고, 실성왕이 내물왕의 아들인 복호를 고구려로, 미사흔을 왜로 인질로 보냈고, 다시 눌지를 고구려에 인질로 보낸 것이 그 예다.

　실성왕이 눌지를 고구려로 보낼 때 그가 고구려에 인질로 가 있을 때 알던 사람에게 눌지를 죽여 달라는 부탁을 했다. 그 요구를 받았던 고구려인은 눌지가 군자의 풍모가 있음을 보고 오히려 그러한 사정을 알려 주었다. 이후 눌지가 신라로 돌아와 실성왕을 죽이고 왕위에 올랐다. 이에 눌지왕계 직계 장자들이 왕위를 계승하여 자비왕과 소지왕에 이르렀다. 소지왕에게는 아들이 없어 그와 6촌 관계에 있던 지증을 태자는 아니지만 왕위 계승권자임을 정한 부군副君으로 삼아 왕위에 오르도록 했다.

왕정 강화와 정부 조직

마립간 시기 왕정 강화는 어떻게 이루어졌을까? 신라는 정복 활동을 벌여 확대한 토지와 인민을 지배하기 위해 보다 강력한 통치체제가 필요했다. 우선 정부 조직부터 보겠다. 이전 소국 정복 시기에는 이벌찬·이찬과 같은 관직이 편성되어 운용되었다. 그러한 관직은 점차 관위로도 운용되었다. 그러던 것이 마립간 시대에 이르면서 이벌찬·이찬 등의 직명은 관위로 운용되기에 이르렀다. 관위는 보수를 주는 기준이다. 원래 서라벌 소국이 왕경으로 되면서 신라의 왕경인王京人들에게는 이벌찬·이찬과 같은 관위인 경위京位가 주어졌다. 피정복민들인 지방인들에게는 악간·술간과 같은 외위外位가 주어졌다.

　이 시기 중앙 정부에는 대등大等이라는 관직이 설치되었다. 당시 국가 통치 업무를 분담·처리하는 과정에 특정 업무를 관장하는 책임자들이 대등으로 되었고, 대등 밑에는 해당 업무를 처리하기 위한 속료들이 달려 있었다. 현재 당시 특정 업무를 담당하던 관직들을 어떻게 불렀는지에 대한 자료는 없다. 왕은 대등(현재의 장관에 해당)들을 관장하여 중앙 정부의 신료를 거느렸다.

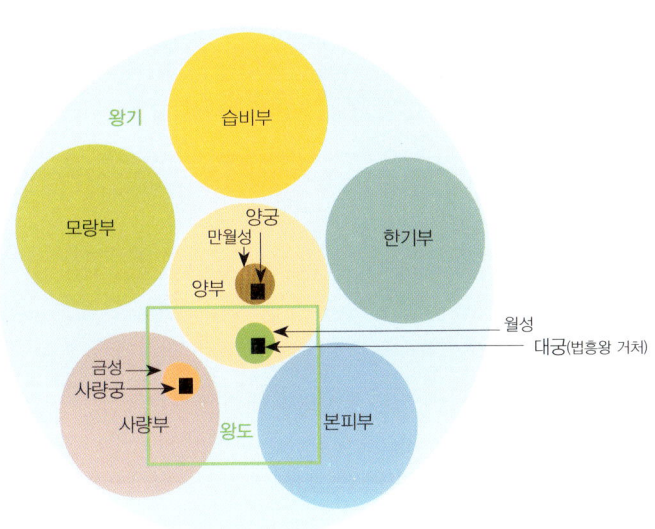

지도 6 마립간 시대 왕경의 구조

이 시기에는 지방 통치 조직도 확대 편제하였다. 지방 통치 조직은 크게 두 가지로 나눌 필요가 있다. 첫째, 과거 서라벌 소국을 개편한 왕경王京이 있다. 왕경은 서라벌 6촌의 전통을 이은 6부部로 구분되어 있었다. 6부의 각 부는 다시 몇 개의 리里로 나뉘었다. 6부 아래에는 후일 55개 정도의 리로 나뉘었다.

왕경 안에는 왕성王城 중심으로 도시가 만들어지기 시작했다. 금성과 월성 주변 지역에 도시가 만들어졌던 것이다. 그러한 도시는 경도京都라 한다. 경도는 왕경의 도시로서 왕도王都라 불러 왔다. 시간이 지나며 왕도의 규모가 커졌다. 조정에서는 왕도를 관리하기 위해 지역을 구분했다. 그것이 방坊이었다. 자비왕 12년(469) 경도의 방·리 명을 정하였다. 그중 방은 왕도의 지역 구분이고, 리는 왕도 밖 왕경의 6부 지역을 나눈 것이었다.

피병합국에 대한 지방 통치는 어떻게 이루어졌을까? 과거 진한의 소국들을 정복한 신라는 기본적으로 직경 30~40킬로미터 되던 각 소국을 단위로 군郡을 설치했다. 각 군은 다시 직경 10킬로미터 정도 되는 몇 개씩의 촌村으로 나뉘었다. 그와 같은 지역을 신라인들은 ○○촌이라 불렀다. 촌 안에 성이 있으면 ○○성으로도 불렀다.

촌은 다시 농경을 위해 직경 2~4킬로미터 정도 되는 몇 개의 마을들로 나누었다. 신라인들은 마을들을 ○○촌 또는 ○○성 등으로 불렀다. 신라인들은 두 단계의 촌을 모두 같은 이름으로 불러도 그 의미를 알았다. 그러나 위와 같은 2단계의 촌을 구별하기 위하여 우리는 직경 10킬로미터 정도 되는 촌(현재의 면 정도에 해당)을 행정촌이라 부르고, 직경 2~4킬로미터 정도 되는 촌(현재의 리에 해당)을 자연촌이라 부른다.

마립간 시기 중앙의 조정에서는 행정촌의 촌주村主를 임명하였다. 촌주들은 오래 전부터 그 지역의 세력가들로 이루어진 집안에서 세습하였다. 자연촌의 경우 촌주가 있었으나 세습적인 지위는 아니었다고 여겨진다. 한편 조정에서는 행정촌에 도사道使 또는 나두邏頭라고 하는 지방관을 파견하였다. 도사는 중앙에서 파견된 왕경인들로 임명되었다. 촌주는 왕명을 받아 행정촌의 일반 업무와 치안 유지 등을 담당했다. 도사는 행정촌의 역역 동원과 조세 수취를 담당했다.

마립간 시대에 도사를 행정촌에 파견한 것은 중요한 의미를 지닌 사건이다. 신라는 이후 현재의 면 정도에 해당하는 지방행정 조직에 지방관을 파견하여 보다 중앙집권적인 통치를 행했다. 이는 고구려와 백제에서는 이루지 못한 일이었다. 도사와 같은 지방관의 파견으로 신라는 국력을 조직화할 수 있는 체제를 갖춘 것이다. 후일 삼한통합 과정에서 이 같은 지방 통치방식은 큰 힘을 발휘했다.

마립간 시대의 왕들이 남긴 명령을 교敎와 령令이라 할 수 있다. 이와 같은 교령은 한 번 내리고 버리는 것이 아니라 그것을 모아두어 후일 비슷한 일이 벌어지면 먼저 내렸던 교령을 다시 검토하여 사건을 처리하는 시스템을 갖추고 있었다. 나는 이를 교체제敎體制라 불렀다.[92]

1989년에 알려진 영일 『냉수리비』에 그 구체적인 모습이 나온다. 『냉수리비』에는 실성왕(402~417)과 눌지왕(417~458) 때 내렸던 왕교를 근거로

영일 『냉수리비』

503년 9월 25일 지도로갈문왕 등 7명이 교를 공론하여 별교를 정해 절거리라는 사람에게 재물을 소유하게 하는 결정을 내린 내용이 나온다. 이 같은 교의 운용은 마립간 시대 왕정을 강화하는 장치였다.

『삼국사기』에는 지증왕이 500년에 왕위에 오른 것으로 되어 있다. 그런데 『냉수리비』에는 503년 9월 25일 지증이 왕이 아니라 갈문왕葛文王으로 나오고 있다. 이는 무엇을 의미할까? 주목되는 사실은 『삼국사기』에는 503년 10월 신하들이 신라라는 국호와 왕호를 사용할 것을 요청했고 왕이 이를 따른 것으로 나온다는 것이다. 소지왕에게 아들이 없어 지증을 부군副君으로 삼아 500년 왕의 지위를 차지하게 한 것이다. 그런데 『냉수리비』에는 503년 9월까지 왕호가 아닌 갈문왕 칭호를 사용한 것으로 나온다. 503년 10월 신하들이 신라라는 국호와 왕호를 올린 것은 실제는 갈문왕 칭호를 버리고 왕호를 사용토록 조치한 것임을 알 수 있다.

이사금 시대에도 왕교는 있었고 그것을 보존하여 후일 이용했을 것이다. 분명한 사실은 마립간 시대의 교체제에는 왕정의 운용과 관련된 국정 전반을 다룰 다양한 내용이 들어 있었다는 것이다. 후일 법흥왕 7년(520) 율령律令을 반포할 때 그 같은 왕교들이 기반이 되었다.

경제

마립간 시대에는 농업 생산력을 증대하기 위한 조치를 취한 바 있다. 눌지왕 13년(429) 둑의 길이가 2,170보인 시제를 축조한 것이 그 한 예다.

---

92. 이종욱, 『한국 고대사의 새로운 체계』, 1999, pp.222~234.

지증왕 3년(502) 3월에는 주·군의 지방관을 나누어 임명하여 권농을 하고 우경을 처음 시작하였다. 이는 당시 국가가 주도하여 농업 생산력을 늘리기 위한 조치로 보여진다. 영천 『청제비』도 그 증거다.

국가가 주도하여 농업 생산력을 늘린 데에는 여러 이유가 있다. 그중에는 조·용·조의 수취를 위한 것도 있다. 조租는 호를 단위로 쌀 같은 곡식 등을 수취하는 것이고, 용庸은 촌을 단위로 수취하는 역역力役이고, 조調는 비단·베와 같은 산물을 수취하는 것이었다.

내물왕 42년(397) 하슬라 지역이 가물고 누리의 해가 있어 흉년이 들어 백성들이 굶주리자 죄수를 풀어 주고 1년간 조조租調를 면제해 주었다. 이는 국가가 조·용·조 수취를 한 것을 보여 준다. 국가는 조·용·조를 수취하여 성을 쌓고 저수지를 만들고 고구려·백제와의 전쟁에 대비한 것을 알 수 있다. 당시 신라는 행정촌에 도사道使까지 파견한 것으로 보아 대규모의 국가적인 인력 동원 체제를 갖추고 있었던 것이 분명하다.

영천 『청제비』

이 시기 신라는 진휼 정책을 시행했다. 내물왕 2년(357) 봄, 사자를 보내 늙은 홀아비, 홀어미, 고아, 자식 없는 늙은이를 위문케 하고 곡식 3곡을 내려 주었고 효성과 우애가 있어 행실이 남다른 자들에게 관위를 한 급씩 높여 준 일이 있다. 신라 왕들은 비가 오지 않으면 기우제를 지내거나 죄수를 풀어 주고 궁전 중수 등을 중지하여 역역 동원을 미루기도 했다. 국가 구휼

정책은 신라인의 생활 안정을 위해 필요한 일이었고 왕정 유지를 위해서도 피할 수 없는 조치였다.

소지왕 12년(490)에는 서울에 시장을 열어 사방의 물자를 유통시켰다. 국가가 주도하여 시장을 연 것은 조정과 왕경인들에게 물자를 공급하기 위한 조치였으며 전국의 물품을 유통시키는 체제를 공식적으로 연 것을 뜻한다.

제사

마립간 시대는 김씨 왕 시대였다. 그 이전 신라 왕들은 혁거세를 모신 시조묘에 제사를 지냈다. 소지왕은 재위 9년(487) 2월 김씨 시조인 알지가 탄생한 지역에 신궁을 설치했다. 『삼국사기』 「제사」 조에는 지증왕 때 신궁을 설치했다고 나온다. 신궁의 위치는 알 수 없으나 월성 근처 계림 지역 부근이었을 것이다. 단정할 수는 없으나 현재 첨성대로 알려진 시설이 신궁과 관련된 곳일 수도 있다. 신궁을 만든 마립간 시대의 왕권은 훨씬 강화되었다. 이것은 김씨 왕권이 신성화된 것을 뜻한다. 왕권의 신성화는 지증왕 아들인 법흥왕 대에 왕과 그 일족을 성골聖骨로 만드는 길을 열었다.

마립간 시대 신라 왕권은 크게 강화된 것이 틀림없다. 황남대총이나 봉황대와 같은 거대 무덤이 그 증거이다. 이 같은 규모의 거대 무덤은 경상남북도 일대에서는 찾기 어렵다. 이는 마립간 시대 신라가 이미 한반도 남부에서도 강력한 왕국으로 성장했던 것을 보여 준다.

그동안 [모델 2.5]는 마립간 시대에 이르러 갑자기 진한의 소국들을 정복하여 커다란 왕국이 되고 중앙집권적인 국가로 발전하였다고 했으나 신라의 역사가 그렇게 갑자기 발전한 것이 아니다. 이미 이사금 시대에 소국 정복과 같은 정치적 발전이 있었고, 마립간 시대에 그것을 바탕으로 교체제를 운용하고 국가 통치체제를 제도적으로 조직화하여 국력이 강해진 결과 거대 무덤과 같은 당시의 표지적 유적을 만들 수 있었던 것이다.

3. 마립간 시대의 역사적 유산

이 시기 신라는 피병합 소국을 단위로 군郡을 설치하였다. 그곳에 지방관을 파견하여 중앙집권적인 통치를 하였다. 거기에 더하여 군 아래에 촌(행정촌)에는 도사와 같은 지방관을 파견하였다. 이때 군郡은 현재의 군과 역사적으로 연결되며, 행정촌은 현재의 면面과 역사적으로 연결되어 있다. 마립간 시대에 행정촌에 지방관을 파견한 것은 의미 있는 일이다.

신라가 마립간 시대에 적어도 군과 행정촌 두 단계에 지방관을 파견한 것은 신라가 고구려나 백제와 달리 한층 강력한 중앙집권적인 통치체제를 편성한 것을 보여 준다. 역사적으로 볼 때 한국 사회 체제가 중앙집권적인 것으로 되는 출발점이 바로 마립간 시대였다. 이 시기 임명된 행정촌의 촌주는 고려의 향리, 조선의 양반층으로 역사적 유산을 잇고 있는 것을 기억해야 한다.

여기서 신라·고구려·백제의 거대 무덤을 잠시 비교해 보자. 삼국이 서로 다른 묘제를 가졌기에 삼국의 고분들은 차이가 있다. 이는 삼국이

서로 다른 문화와 역사를 가졌던 것을 보여 주는 증거이다. 나아가 삼국은 서로 다른 정치·경제·사회 체제를 갖고 있었다. 삼국을 단일민족 국가로 보는 것은 처음부터 문제가 있다.

1. 고구려 장군총
2. 백제 무령왕릉 내부
3. 신라 천마총 목곽 부분

 '신라길 2' 제5처

월성·황룡사지
— 성골 왕(聖骨王) 시대

신라 법흥왕(514~540)부터 진덕여왕(647~654)까지 기간 동안 성골이 왕이 되었다. 성골 왕 시기 신라는 그 영역이 확대되어 가야의 소국들을 모두 병합했고, 북쪽으로 고구려가 차지했던 함흥평야, 서쪽으로 백제가 차지했던 경기도 일대까지 영역이 확장되었다. 이 시기 신라인의 세상은 단순히 삼국 간의 관계가 아니라 중국·일본과의 관계도 맺어 나갔다.

월성·황룡사지 가는 길

월성: 경주시 인왕동 387~1, 사적 제16호
황룡사지: 경주시 구황동 320~3번지 외 198필, 사적 제6호

월성과 황룡사를 찾는 이유

성골 왕 시대는 법흥왕(514~540)부터 시작하여 진덕왕(647~654)까지를 가

리킨다. 그런데 법흥왕의 아버지 지증왕은 503년 9월까지 갈문왕 칭호를 쓰다가 10월부터 왕호를 쓴 것으로 나온다. 따라서 지증왕은 앞의 시기인 마립간 시대나 성골 왕 시대로 보기가 애매하다. 여기서는 503년 10월을 경계선으로 하는 인물로 다루기로 한다.

성골 왕 시대 신라는 그 이전 마립간 시대와 다른 모습을 보여 준다. 이 시기 신라는 동아시아 지역의 한 나라로 당당하게 자리를 잡았다. 국가 통치체제도 전혀 다른 차원으로 성장했다. 또한 활발한 정복 활동을 통해 토지와 인민을 크게 확장했다. 확대된 토지와 인민을 지배하기 위한 통치체제를 새롭게 편성하였고 인민을 통제하기 위해 골품제라는 신분제를 편성하여 운용하였다. 이해를 돕기 위해 말하자면 성골 왕 시대의 왕정은 마립간 시대보다 10배는 강화되었다고 할 수 있다.

이 시기를 상징하는 표지적인 유적으로는 무엇을 들 수 있을까? 월성과 황룡사, 그리고 황룡사 동쪽 지역의 왕경 유적 발굴 현장이 있다. '신라길 2' 답사에서는 이들 유적을 찾아 성골 왕 시대에 대한 다양한 이야기를 할 것이다.

한편 성골 왕들의 무덤을 찾을 필요가 있다. 서악동에 위치한 태종무열대왕릉 서쪽에 있는 4기의 고분들이 성골 왕릉이다. 법흥왕·진흥왕·진지왕 그리고 용수의 무덤으로 추정된다. 이에 대해서는 태종무열대왕릉을 답사하며 이야기하였다. 한편 황룡사지 옆의 왕경 유적 발굴 현장을 찾아 왕경에 대해 알아보겠다.

성골 왕 시대는 신라가 신라다운 모습을 갖춘 때였다. 또한 당시 세계화를 뜻하는 중국화를 강력하게 전개한 시기였다. 국력을 조직화한 신라는 가야 소국들을 모두 정복했고 백제와 고구려의 영역을 많이 빼앗았다. 이 시기 신라의 토지와 인민이 크게 확대된 것을 볼 수 있다.

1. 성골 왕 시대의 표지적 유적
 -월성, 황룡사지, 왕도 유적

'신라길 2'에서는 성골 왕 시대의 유적으로 월성, 황룡사지 그리고 황룡사지 바로 동쪽에서 이루어진 왕경 유적 발굴 현장을 보겠다. 여기서는 월성을 살펴보고 다른 유적들은 현장을 답사하여 그와 관련된 이야기를 할 것이다.

'신라길 2'의 제5처~1, 월성

월성에 대해서는 계림을 답사하며 이야기했다. 월성이 축조된 것은 101년이었다. 그 이후 왕성은 금성과 월성으로 되었으며 언제인지는 알 수 없으나 만월성이 또 하나의 왕성으로 축조되었다. 마립간 시대와 성골 왕 시대의 왕들은 월성의 대궁에 살았고 왕의 형제들은 금성의 사량궁이나 만월성의 양궁에 살았다. 이와 같은 월성·사량궁·양궁으로 이루어진 삼궁은 성골의 거주 구역으로서의 의미를 지니는 등 신라 통치체제를 이해할 출발점이 된다.

2007년 경주문화재연구소에서는 월성 내부에 대한 GPR 탐사(ground penetrating radar, 지하 투과 레이다 탐사)가 이루어졌다.[93] 그 결과 월성 내부에서 많은 건물지 등이 탐지되었다. 그 같은 건물지는 한 번에 축조된 것은 아니다. 건물 위에 건물을 축조한 흔적이 발견되었고, 한 변의 길이가 47미터이고 그 폭이 15미터가 되는 건물지가 나타났으며, 대형 건물의 외곽 담장 길이가 45미터×30미터 정도 되는 유구도 나타났다. 석빙고 앞쪽 건물지는 담장의 동서변이 48미터, 남북 변이 50미터 정도 되는 것으로 나타났다.

　한편 1985년부터 시작된 월성 해자 발굴·조사 결과 월성의 해자가 단순히 일직선으로 된 물길이 아니라, 도랑과 연못으로 연결된 구지溝池 구조를 하고 있다는 사실이 알려졌다. 구지의 성벽 쪽 석축은 그대로이지만 시간이 지나며 바깥쪽 석축이 3차례에 걸쳐 새로 축조된 것을 알게 되었다. 4세기, 5세기, 6세기에 축조된 3개의 석축은 시간이 지나면서 밖에서 안으로 들어오며 축조되었다. 그 결과 구지의 지池의 규모가 시간이 지나며 축소된 것을 알 수 있다. 신라가 삼한을 통합한 후에는 구지가 메워진 것도 분명하다.

　다음에는 월성의 궁궐들과 구지를 중심으로 보겠다.

---

93. 오현덕, 신종우, 정태은, 「경주 월성 내부의 지하물리탐사 중간보고」, 『경주 월성의 어제와 오늘, 그리고 미래』, 2007, pp. 91~102.

2. 월성에서 이야기하는 성골 왕 시대의 장면 1

월성 안의 궁들

성골 왕 시대, 성골 집단은 특별한 장소에 살았다. 자신들이 살던 나라 신라를 신국神國이라 불렀던 신라인들은 성골 거주 구역을 신성한 장소로 여겼다. 월성의 대궁大宮, 금성의 사량궁沙梁宮, 만월성의 양궁梁宮이 성골 거주 구역이었다. 월성에는 대궁만이 아니라 후궁들의 거처도 독립된 건물로 있었으며, 후궁의 이름을 따서 각기 궁宮의 이름을 붙였다. 진흥왕 대에 후궁인 보명, 미실, 옥리, 월화가 각기 궁을 가져 보명궁, 미실궁, 옥리궁, 월화궁이라 한 것을 그 예로 들 수 있다. 월성에는 태자가 살던 태자궁, 왕자들이 살던 궁, 왕과 후궁 사이에서 출생한 아들들이 살던 전殿 등을 비롯한 각종 건물들이 있었다.

경주 국립문화재연구소에서 2007년에 시행한 GPR 탐사에 의하면 많은 건물과 시설물들이 월성 안에 축조된 것을 확인할 수 있다. 그 건물지 중 어떤 것이 성골 왕이 살던 대궁이었는지는 아직 확인할 수 없다.

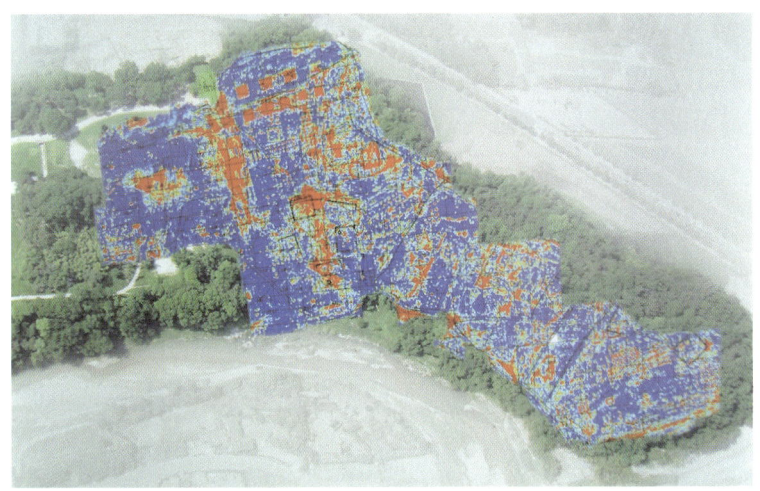

월성 GPR 탐사 결과

그렇더라도 월성의 대궁은 당시 신라인들에게는 하나의 성역이 되었던 것이 틀림없다. 성역 안에 살던 왕은 성스러움을 대내외에 과시할 수 있었다.

월성의 구지와 『화랑세기』

성골 왕 시대의 한 단면을 그대로 보여 주는 책이 바로 『화랑세기』다. 『화랑세기』는 540년부터 681년까지의 기간 동안 화랑 중의 우두머리 화랑인 풍월주 32명의 전기다. 그중 김유신은 15세 풍월주로 나온다. 김춘추는 18세 풍월주였고, 김춘추의 (작은)아버지 용춘은 13세 풍월주였던 것을 알 수 있다.

풍월주 전기인 『화랑세기』는 원래 김대문의 아버지 오기공이 화랑의 세보를 저술했으나 완성치 못하고 세상을 떠나자, 그의 아들 김대문이

낭정의 대자, 파맥의 정사 등에 대한 내용을 더하여 쓴 책이다. 화랑의 세보는 32명 풍월주의 조상, 혼인, 자식 등에 대한 내용을 전하는 것이고, 낭정의 대자는 화랑도 조직의 줄거리를 말하는 것이며, 파맥의 정사는 여러 화랑들이 파를 이루었는데 어떤 파들이 옳고 그른지를 밝혔다.

각 풍월주의 전기는 화랑의 세보, 낭정의 대자, 파맥의 정사를 기록한 본문과 그것을 요약한 찬贊, 그리고 각 풍월주에게 피를 전해 준 사람들을 밝힌 세계世系로 이루어져 있다. 이 같은 화랑에 대한 이야기는 물론, 성골 왕 시대의 왕위 계승, 골품, 친족, 혼인 관계 등에 대한 내용도 담겨 있다.

내용 중에는 [모델 2.5]를 추종하는 사람들로서는 용납하기 어려운 것들이 있다. 그 결과 『화랑세기』에 나오는 화랑도 상이 순국 무사상이 아니라 하여 이 책을 위작이라고 하는 주장도 있다. 그러나 그것은 『화랑세기』의 저술 목적을 간과하여 나온 주장일 뿐이다. 또한 『화랑세기』에 나오는 사람들의 분방한 성관계와 귀족 사회의 근친혼 자체가 위작의 증거라고도 한다. 이 또한 신라 사회 체제를 알지 못한 [모델 2.5]를 추종하는 연구자들이 조선시대에 강화된 성리학적 윤리로 신라인을 비판하기

월성 북쪽의 구지 지도(왼)와 복원된 구지(오)

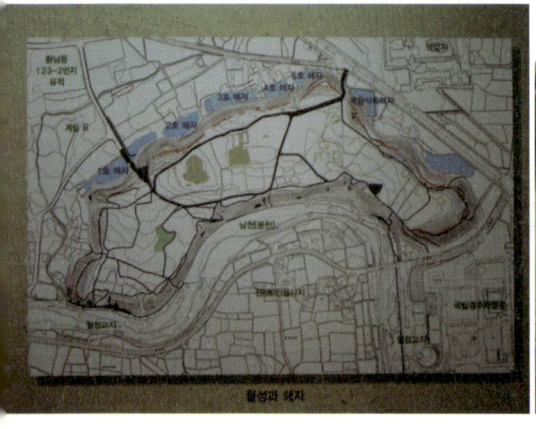

때문에 나온 오류일 뿐이다. 또한 『화랑세기』에 나오는 향가鄕歌 한 수가 후대에 만들어진 것이기에 이 책이 위작이라 주장하기도 한다. 그러나 향가를 바르게 해석도 하지 못한 시대에 전형적인 향가를 위작했다는 것은 잘못된 주장이다.

실제로 고고학적 발굴·조사 결과가 『화랑세기』가 위작이 아니라는 사실을 증명해 준다. 국립 경주문화연구소에서 월성의 해자를 발굴한 결과 구지가 모습을 드러냈다. 월성은 동쪽이 높고 서쪽이 낮아 일직선으로 된 방어 시설로서 해자를 만들 경우 물이 모두 서쪽으로 흘러갈 수밖에 없다. 이에 신라인들은 도랑溝과 연못池을 연결하여 구지를 만들었다. 10개 정도의 연못과 그것을 연결한 도랑으로 만들어진 월성 북쪽의 구지는 발굴 이전에는 알 수 없던 시설이다.[94] 지금까지 해자로 불러오던 이 시설은 신라인들이 불렀던 대로 구지溝池로 불러야 할 것이다.

그런데 『화랑세기』에 구지가 나오고 있다. 5세 풍월주 사다함 조의 사다함 어머니인 금진이 사다함의 친구인 무관랑을 사랑하여 궁에 머물게 하며 함께 살았다. 그때 사람들이 비난을 하자 무관랑이 견디지 못하고 밤에 궁의 담을 넘어 달아나다가 구지에 떨어져 다쳤는데 얼마 지나지 않아 죽었다. 사다함은 애통해 하여 여위고 병들어 7일 만에 죽었다.[95] 당시 신라인들은 구지의 존재를 알고 있었던 것이다. 고구려와 백제를 정

---

94. 성벽의 주변에는 성의 방어 시설이라 할 구지(溝池, 소위 해자라 불러옴)가 있다. 현재 이 같은 구지는 3차에 걸쳐 만들어졌던 것으로 조사된다. 4세기경 1차 시설이 만들어졌고 그 후 두 차례 더 구지가 정비되었다. 시간이 지나며 구지의 규모가 줄어든 것이 특징이며 신라가 삼한을 통합한 이후 이 시설은 메워진 것으로 나타난다. 월성은 동쪽이 서쪽보다 높아 일직선으로 된 물길을 설치하면 물들이 모두 서쪽으로 흘러가게 되어 있다. 따라서 월성의 주변에는 구(溝)와 지(池) 즉 도랑과 연못을 연결하는 방법을 택하였다. 현재 연못은 10개가 있는 것으로 보고 있다. 한 가지 분명한 사실은 이 같은 시설을 해자라 하기보다 구지라고 불러야 한다는 것이다. 현재 월성 동쪽 문에서 안압지로 가는 곳에 연못 하나를 복원해 놓았고 월성 북쪽에서 구지를 발굴하고 있다.

95. 『화랑세기』 5세 사다함, 2005, pp. 62~63.

복한 이후 메웠던 구지가 『화랑세기』에 나오는 것은 신라인이 아니면 쓸 수 없는 내용이 분명하다. 따라서 구지는 [모델 3]의 타당성을 증명해 준다.

『화랑세기』는 신라인들의 신라 이야기일 뿐이다. 『화랑세기』를 위작이라고 하지 않을 수 없는 [모델 2.5] 자체가 신라의 역사를 허구로 만들어 왔다는 사실을 말해 준다. [모델 2.5]는 그들이 만든 신라의 역사가 허구임이 드러나게 되자, 『화랑세기』를 위작이라 하여 자신들의 오류를 은폐하려는 것이다.

성골의 거주 구역 삼궁의 주인공

성골들은 아무 곳에서나 살지 않았다. 월성·금성·만월성이 성골의 거주 구역이었다. 당시 이 세 개의 왕성은 성골들의 거주지로 하나의 성역이었다. 503년 9월에 세웠던 영일 『냉수리비』에는 당시 정권을 장악하고 있던 지증을 왕이 아니라 갈문왕이라 칭하며 사량부로 기록하고 있다. 지증은 사량부 출신이 아니었다. 다만 그는 당시 사량부에 위치한 사량궁에 살았기에 그 거주지를 밝혀 사량부라 한 것이다.

524년 세웠던 울진 『봉평비』에서 법흥왕은 양부로, 그의 친동생인 입종은 사량부로 나온다. 당시 법흥왕은 대궁이 있던 월성에 살았고 월성은 양부에 위치하였기에 양부로 기록한 것이다. 그와 달리 입종이 살던 곳은 사량궁으로 그 궁이 사량부에 위치하여 그와 같이 기록했다. 한 가지 분명한 사실은 왕은 월성에 있는 대궁에 살았다는 것이다. 그로 인하여 월성을 재성在城이라 불렀다. 이는 왕

재성명 기와

이 살고 있는 성을 가리키는 것에 틀림없다.

당시 신라인들은 거주지를 분명히 하는 정책을 썼다. 그것은 왕국 전체의 인민들을 지역별로 파악하는 정책을 시행하여 국력을 조직화한 것을 나타낸다.[96] [모델 2.5]는 이 같은 사실을 생각하지 못했다.

울진 「봉평비」

왕과 그 형제의 가족으로 이루어진 성골 집단

성골이 무엇이고 성골 왕은 어떤 존재였을까? 성골은 신라의 독특한 신분제인 골품제의 한 신분층이었다. 지금까지 [모델 2.5]는 골품제나 성골에 대하여 옳게 이해하지 못했다. 그동안 골품제는 엄격한 신분제라고 이야기되거나 인도의 카스트제와 비교된다고도 보았다. 또는 부모 양쪽이 왕족일 때 성골이 된다는 주장도 있었다. 그러나 [모델 2.5]의 이 같은 주장들은 오류이다. 관학파들이 신라를 옳게 알지 못한 채 신라를 만들어 국민에게 역사 지식으로 공급해 온 대표적인 예가 신

---

96. 그런데 [모델 2.5]에서는 부체제라는 통치체제에 대한 가설을 주장해 왔다. 부체제설에 따르면 「봉평비」가 만들어질 때까지 신라 왕경 6부에는 각기 부장이라는 지배자가 있었고 신라의 왕도 한 부의 부장이라는 것이다. 왕도 다른 부로 가면 하호가 된다고 한다. 이에 대하여 내가 「봉평비」에 법흥과 입종 두 형제가 왕인 법흥은 양부로 나오고 동생인 입종은 사량부로 나오는 것을 어떻게 설명할 것인가 문제를 제기한 일이 있다. 그에 대해 부체제론을 주장하는 사람들 중 그때에 이르러 왕이 두 개 부의 지배자가 된 것이라 주장을 한 일이 있다. 그렇다면 「냉수리비」에 법흥과 입종의 아버지인 지증이 500년 소지왕의 뒤를 이어 정권을 장악한 후인 503년에도 사량부로 나오는 것은 어떻게 설명할 것인가 묻고자 한다. 한마디로 부체제설을 만들어 낸 [모델 2.5]는 「삼국사기」에 나오는 내물왕 이전의 기록을 신빙할 수 없다는 식민사학의 발명품을 부둥켜안고 있기 때문에 부체제설을 주장할 수 있었던 것이다. 실제로 신라 건국신화를 인정하고 보면 혁거세가 군주가 되는 순간 6부를 통합한 사라벌 소국의 지배자가 된 것으로 신라의 왕들은 그 출발부터 부장이 아니라 6부 전체를 지배하는 군주였던 것이다. 이러한 사실을 무시한 [모델 2.5]는 한국 고대사 나아가 한국사에 대하여 지울 수 없는 잘못을 저지르고 있는 것이다.

라 골품제이고 그중에서도 성골이다.

표 8 성골 집단의 구조

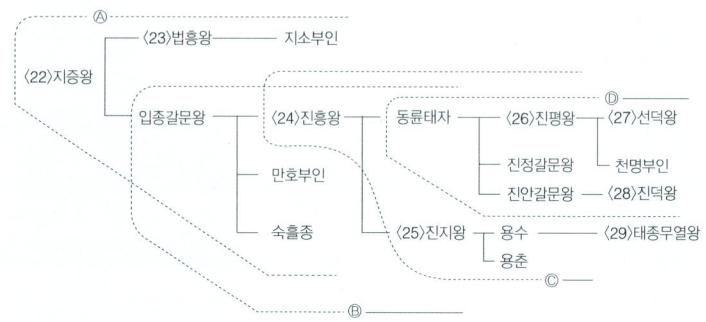

〈보기〉Ⓐ 법흥왕 대의 성골 집단, Ⓑ 진흥왕 대의 성골 집단, Ⓒ진지왕 대의 성골 집단, Ⓓ 진평왕 대의 성골 집단(각 왕의 손·증손도 출생한 자는 성골집단에 속하였음)
※성골 남자가 사라진 선덕왕·진덕왕 대에는 전형적 성골 집단 구조를 유지할 수 없었다.

520년 법흥왕이 율령을 반포하며 편제했던 골품제의 최고 신분층이 성골이었다. 성골 신분을 가졌던 사람들은 왕과 그 형제의 가족들이었다. 법흥왕 대에는 왕과 그의 동생 입종 그리고 진종과 그 자식들이 성골이었다. 진흥왕이 즉위하며 성골은 왕과 그 형제의 자식들로 이루어지게 되었다.

진지왕이 즉위하였을 때, 그의 아들인 용수와 용춘이 성골 신분을 가졌다. 그리고 그의 형인 동륜은 이미 세상을 떠났지만 동륜의 아들 백정(26대 진평왕)도 성골 신분을 가졌다.

진평왕이 왕위에 올랐을 때 그에게는 동생인 백반(진정 갈문왕)과 국반(진안 갈문왕)이 있었다. 그들도 성골이었다. 그런데 진평왕과 그 형제들 사이에는 아들이 없었다. 또한 진평왕이 54년 동안 재위하는 사이에 왕의 동생들도 모두 세상을 떠났다. 진평왕이 세상을 떠났을 때 성골 신분을 가진 남자는 모두 사라졌다. 이에 선덕여왕과 진덕여왕이 여자로서 왕위에 올랐다.

시대의 산물, 여왕의 즉위 이유

신라에서는 어떤 이유로 여왕이 즉위할 수 있었을까? 그 이유는 분명하다. 신라의 친족제를 이해하면 그 답이 나온다. 신라는 부계제 사회였다. 부계제 사회에서 여자는 한 대에 한하여 부계 성원권을 가졌다. 다만 혼인을 하여 출가하였을 때에는 아버지의 부계 성원권을 잃고 남편의 부계 성원권을 갖게 되었다.

(전)선덕여왕릉

진평왕의 딸인 선덕여왕은 성골 왕의 거주 구역인 왕궁에 살며 성골 신분을 유지하였기에 성골로서 왕위를 차지할 수 있었다. 한편 진안갈문왕의 딸인 진덕여왕도 혼인하여 왕궁을 떠나지 않았기에 성골 신분을 유지했다. 그렇더라도 선덕여왕과 진덕여왕의 즉위는 성골 왕의 왕위 계승 원칙에서 하나의 비상 조치였다. 실제로 여왕들이 혼인하여 아들과 딸을 낳았더라도 그 자식들은 남편의 성원권을 갖게 되어 성골 신분을 가질 수 없었다.

결국 두 명의 여왕을 마지막으로 성골 신분을 가졌던 여자들도 모두 사라졌다. 이로써 성골은 사라지게 되었다.

성골 왕 시대의 정치

성골 왕 시대의 정치 운용은 율령律令에 의해 이루어져 전과 크게 달라졌다. 법흥왕 7년(520) 정월 율령을 반포했는데 그때 처음으로 백관 공복의 주자朱紫 등급을 정했다. 또한 처음으로 6부인 복색服色의 존비尊卑 제도를 정하였는데 이는 이속夷俗이었다고 나온다. 여기서 말하는 이속은 중국의 풍속이 아니라 신라의 풍속을 뜻한다. 이에 따르면 신라인들은 옷 색에 따라 신분을 구별했다. 신분에 따라 옷의 색을 달리 했던 것이다.

이 같은 제도의 역사는 오래된 것이다. 신라의 율령이 갑자기 만들어진 것이 아니었기에 그러한 사정을 생각할 수 있다. 마립간 시대 또는 그 이전 이사금 시대부터 반포되었던 왕의 교령을 토대로 만들어진 것이지 단순히 중국의 율령을 수입하여 골품제를 만든 것이 아니었다.

관학파들 중에는 율령 반포를 국가 형성의 증거로 보아 성골 왕 시대에 이르러 신라가 비로소 국가를 형성했다고 주장하기도 했다. 그러나 그들은 그 이전에 있었던 신라의 왕교를 비롯한 법 체제를 이해하지 못하고 말한 것이다. 그렇더라도 율령 정치의 중요성을 생각하기 어렵지 않다. 율령은 정부 조직의 기본법인 령令과 그것을 어겼을 때 처벌하는 율律을 뜻한다. 그런데 그것을 시행하는 과정에서 왕의 명령인 격格과 시행 세칙인 식式을 시행했다.

당시 시행되었던 율령은 국가 통치와 관련된 다양한 내용을 담고 있었다. 6부인의 복색을 정해 존비의 제도를 만들었다는 것은 우리가 이해하고 있는 골품제를 만든 것이다. 그와 같은 골품제는 관위·관직·관부와 같은 정치 조직이 편성되었기에 나온 것이다. 율령 반포는 실로 국가 통치와 관련된 거의 모든 법 체계가 만들어진 것을 뜻한다. 당시 국가 통치와 관련된 모든 부문이 서로 연관되어 움직였고 그 전반에 대한 규정이 율령에 들어 있었다.

「남산 신성비」 제1비(왼), 제3비(오). 국립 경주박물관 소장. 율령 관련 내용이 있다.

그중 율령에 의하여 편제된 정치 조직을 볼 수 있다. 정부 조직으로 관위·관직·관부가 있다. 관위는 보수를 주는 기준이다. 관위는 왕경인에게 주었던 17등의 경위와 지방인에게 주었던 11등의 외위가 있다. 외위 1등급인 악간은 경위 7등급인 일길찬에 해당한다. 이는 지방인에 대한 차별 대우를 뜻한다. 관직은 국가 통치 업무를 수행하도록 주어진 직책이다. 이 시기에는 령-경-대사-사의 4단계 관직이 편성되어 있었다. 이는 현재 장관-차관-국장-직원의 관직 체계와 같은 것이다.

관부는 국가 통치 업무를 일정하게 나누어 처리하기 위해 설치된 것으로 508년에 설치된 동시전東市典이나 517년에 설치된 병부兵部 등이 있다. 신라는 관부를 한 번에 설치한 것이 아니라 필요에 따라 설치해 나갔다. 진흥왕 대에는 사정부司正部·품주稟主, 진평왕 대에는 조부·승부·예부·영객부, 진덕왕 대에는 집사부執事部·창부·좌이방부 등이 설치되었다. 그 밖에 왕실 업무를 담당하던 내성內省도 있었다.

실제로 관위는 골품제와 밀접한 관련이 있었다. 성골은 왕을 배출하는 신분이었기에 관위와 무관할 수 있었지만, 진골은 이벌찬, 6두품은 아찬, 5두품은 대나마, 4두품은 대사까지 오를 수 있었다. 지방인 중 진촌주眞村主는 술간(악간을 받은 예가 아직 찾아지지 않고 있다), 차촌주次村主는 찬간까지 오를 수 있었다.

그중 1급 관부의 장인 영令은 진골만 될 수 있었다. 2급 관부의 장이거나 1급 관부의 차관 격인 경은 6두품 이상 신분을 가진 자가 임명될 수 있었다. 3급 관부의 장이거나 1급 관부의 대사는 5두품도 임명될 수 있었다. 4급 관부의 장이 포함되는 사는 4두품도 임명될 수 있었다.

관부도 그 장이 어떤 신분을 가진 사람이 될 수 있는가에 따라 등급이 정해졌다. 진골이 영令이 되는 1급 관부, 6두품도 경卿이 될 수 있던 2

급 관부, 5두품도 장이 될 수 있던 3급 관부, 4두품도 장이 될 수 있던 4급 관부로 나뉘었다.

 당시 신라에서는 군사 조직과 지방 통치 조직도 편성되었다. 이 같은 조직도 골품제와 밀접한 관계에 있었다. 신라는 3세기 후반부터 군郡에 지방관을 파견했다. 특히 마립간 시대에는 군 아래 행정촌에까지 도사라는 지방관을 파견했다. 그리고 지증왕 때에는 주를 설치하였다. 이 시기 신라는 행정촌에 도사道使, 군에 당주幢主, 주에 군주軍主를 파견하여 3단계 지방 통치 조직을 편성하였다. 이로써 자연촌-행정촌-군-주-중앙정부로 이어지는 5단계 통치 조직을 편성하여 운용한 것을 볼 수 있다. 이 같은 지방 통치 조직의 편성은 성골 왕 시대 신라의 국력을 조직화하는 장치가 되었다.

『화랑세기』에 나오는 성골 왕 시대의 모습

[모델 3]의 한 특성은 『화랑세기』를 신라인의 신라 이야기로 본다는 것이다. 『화랑세기』에 나오는 수많은 이야기를 한 번에 다 전할 수는 없다. 월성을 답사하며 성 안에 살던 사람들을 생각해 보자. 그중 월성 어딘가에 미실궁이라는 궁을 가지고 있던 미실美室이라는 여인을 떠올릴 수 있다. 『화랑세기』에 나오는 미실은 동륜태자, 진흥왕, 진지왕, 진평왕에게 색공, 즉 색을 바쳐 30년 동안 그의 일족이 사회·정치·경제적 권력을 누릴 수 있었다. 그러면서도 미실에게는 평생 정식 남편으로 세종世宗 한 사람이 있었다. 당시 혼인은 그 자체가 정치 행위였다. 그러한 사정을 알지 못하면 『화랑세기』의 세상을 이해할 길이 없다. 신라의 여인 미실에게 정절을 요구하는 것은 조선시대 성리학적 윤리나 현재 대한민국의 법을 가지

고 신라인을 재판하는 일일 뿐이다.

『화랑세기』에 의하면 신라인들이 그들이 살던 나라를 신국神國이라 했고, 신국에는 신국의 도道가 있다고 했다. 22세 풍월주 양도공 조에 진평왕과 보명공주 사이에 출생한 양명공주가 아버지가 다른 자신의 아들 양도와 딸 보량을 혼인시키려 한 일이 있다. 그때 양도공은 동기 간에 서로 결합하는 것을 꺼려한 바 있다. 이에 양명공주가 성을 내어 책망하니 양도공이 부득이 말하기를 "저는 누나를 사랑하지 않는 것은 아니나 사람들이 나무랄까 걱정이 됩니다. 제가 오랑캐夷狄가 되면 엄한 아버지와 자애로운 어머니 그리고 사랑하는 누나 모두 좋아할 것이지만, 중하(중국)의 예를 따르면 아버지와 어머니 그리고 사랑하는 누나가 모두 원망할 것입니다. 저는 오랑캐가 되겠습니다." 했다. 이에 양명공주는 양도공을 감싸 안으며 "신국에는 신국의 도가 있다. 어찌 중국의 도로써 하겠느냐?" 하였다.

당시 신라 사람들도 중국의 예에 따라 동기 간에 혼인을 하는 근친혼을 좋게 보지는 않았지만 실제로는 근친혼이 이루어진 것을 알 수 있다. 『삼국사기』에 입종과 그의 조카인 지소부인이 결혼하여 진흥을 낳았던 것이 나온다. 『화랑세기』만 근친혼을 이야기한 것이 아니라 『삼국사기』에도 그러한 사실이 나온다.

신라인의 근친혼은 골품제 하에서 최고 지배 세력의 수를 한정시키는 결과를 가져 왔다. 이를 통해 집단을 소수로 유지한 최고 지배 세력들이 사회·정치·경제적 권력을 대를 이어 장악할 수 있었다. 성골 왕 시대 신라의 혼인은 골품 신분을 유지하고 사회적·정치적·경제적 지위를 유지하는 중요한 장치였다. 『화랑세기』에 나오는 세보는 그러한 사정을 그대로 전해 주는 것이다.

『화랑세기』 시대는 근친혼이나 사통만이 있었던 시대가 아니었다. 신국의 도를 갖고 있던 신라인들은 중국화를 통하여 국가 통치체제를 정비·강화하여 국력을 조직화했다.

활발한 정복 활동

율령 반포를 통하여 국가 통치 조직을 정비해 나간 신라는 국력을 조직화하여 정복 사업을 활발하게 전개했다. 3세기 중반 경 진한 소국들을 모두 정복한 신라는 지증왕 13년(512)에 우산국于山國을 정복했다.

그런가 하면 가야 소국들을 모두 정복했다. 신라는 5세기 초부터 가야 소국들을 정치적으로 통제하는 우월한 위치에 있었다. 그중 김해 지역에 있던 본가야(가락국, 금관국) 왕들은 여러 대에 걸쳐 신라 여자를 왕비로 맞았다. 그 결과 법흥왕 19년(532) 본가야의 왕 구해(仇亥 또는 구형, 구충)가 세 아들과 신라에 항복해 올 때에는 이미 그들의 피가 신라인의 피로 크게 바뀌었다고 할 수 있다. 실제로 신라에 항복해 온 구해와 노종·무덕·무력武力 등 세 아들은 아무런 문제없이 진골眞骨 신분을 가질 수 있었다. 그중 무력은 진흥왕과 그 왕비인 사도부인 사이에서 출생한 아양공주와 혼인하였다. 무력은 김유신의 할아버지로 그들 집안이 신라에 항복해 올 때부터 대우를 받았다.

진흥왕의 정복 활동을 주목해 보자. 진흥왕 12년(551)에는 왕이 거칠부 등 8명의 장군에게 백제와 더불어 고구려를 치게 했다. 신라는 고구려와 백제가 전쟁하는 틈을 타 죽령에서 고현에 이르는 지역에 있던 10개 군을 장악했다. 이로써 신라는 소백산맥을 넘어 북진하여 토지와 인민을 장악하게 되었다.

『단양 적성비』(진흥왕의 정복 사업 결과 세워진 비이다.)

553년 7월에는 백제의 변읍을 장악하여 신주를 설치하고 아찬 무력을 군주로 삼았다. 554년 7월에는 백제 왕 명농(성왕)이 가량(가야)과 함께 관산성(현재의 옥천)을 치게 되었는데, 신주군주 무력이 맞서 싸웠고 삼년산군의 비장 고간 도도가 백제 왕을 죽였다. 이로써 신라군이 승리하여 좌평 4명과 사졸 2만 9,600명의 목을 베었고 말은 한 마리도 돌아간 것이 없었다.

진흥왕은 555년 10월 북한산을 순행하였고, 568년에는 함경도의 마운령과 황초령을 순수하여 순수비를 남기기도 했다. 신라는 고구려의 남진 정책에 맞서 싸워 그 영역을 크게 넓혔다.

진흥왕의 정복 활동은 거기 그치지 않았다. 그는 561년에 현재 고령 지역에 있던 대가야를 정복했다. 실제는 대가야가 이미 신라에 항복했는데 이때 반란을 일으켜 진압한 것일 수 있다. 여하튼 진흥왕 대에 이르러 신라는 경상남도 일대에 있던 과거 가야의 여러 소국들까지 지배하는 왕국이 되었다.

진흥왕이 토지와 인민을 크게 확장할 수 있었던 것은 신라가 준비가 되어 있었기 때문이다. 그 하나로 법흥왕과 진흥왕 대에 중국 문명을 수용한 것을 들 수 있다. 이 시기 신라는 불교와 유가(유교)를 받아들였다. 불교를 통해 성골 왕실의 신성함을 얻었다. 특히 신라에는 많은 신들이 있었는데 불교 신들을 그 위에 놓고 성골 왕실에서 불교를 장악하여 그들 스스로 불교식 왕명을 사용하여 석가의 가족이라는 믿음을 전파하여 성골의 성스러움을 확보했다. 당시 신라가 중국 문명을 그대로 받아들인 것은 아니다. 신국의 도와 조화를 이루고 성골 왕聖骨王이 필요로 하는 면을 중심으로 변용하여 중국화했다. 신라인들은 하나의 종교만 택하지 않았고, 여러 종교를 등급을 매겨 필요에 따라 받아들였다. 그러한 전통은 현재 한국에서도 이어지고 있다.

한편 신라에는 그들이 살아가던 도리가 있었다. 여기에 중국의 유학을 받아들여 충·효·인·의·례 등 새로운 인도人道, 즉 인간관계의 원리를 신라에 퍼뜨리게 되었다. 이 같은 원리를 통해 왕국의 신민들에게 국왕에 대한 충성과 부모에 대한 효도를 알고 지키게 했다. 이는 신라가 국왕을 중심으로 국력을 강화할 수 있었던 중요한 요인이다.

성골 왕 시대의 신라는 칭제건원을 했다. 『화랑세기』를 통해 보면 왕들은 제帝, 대제大帝 등의 칭호를 사용했고 연호를 사용한 것을 알 수 있다. 후일 진덕왕 2년(648) 김춘추가 당나라에 갔을 때 이것이 문제된 일도 있다. 성골 왕들은 중국 문명이 발명한 장치인 칭제건원을 시행하여 스스로 존엄성을 높였다.

신라를 강하게 만들었던 화랑도

『삼국사기』에는 진흥왕 37년(576) 원화를 폐지하고 화랑을 설치한 것으로 나온다. 그러나 『화랑세기』에는 진흥왕 원년(540) 원화를 폐지하고 화랑 중의 우두머리 화랑인 풍월주를 둔 것으로 나온다. 우리는 화랑도를 순국무사로 알고 있다. [모델 2.5]가 현재 한국인들을 국가에 충성하게 만들기 위해 그렇게 말해 왔기 때문이다. 그러나 『화랑세기』에 따르면 화랑도는 신선의 도인 선도仙道를 닦는 선도仙徒이다. 그러한 선도들은 옛날에는 봉신 즉 신을 받드는 일을 위주로 했으나 원화를 폐지하고 풍월주를 설치한 후에는 도의상면하여 현좌충신이 이에서 나왔다고 전한다.

『화랑세기』에 따르면 화랑도 조직은 시간이 지나며 점점 복잡해진 것을 알 수 있다. 일정한 시점에 여러 화랑들이 각기 낭도를 거느렸고 화랑도들을 조직화하기 위해 풍월주를 중심으로 하는 낭도부곡제가 시행되었다. 화랑도가 하는 일은 좌삼부의 도의·무사·문사, 우삼부의 현묘·악사·예사, 전삼부의 유화·제사·공사 등이 있었다. 화랑도 구성원들은 화랑·낭두·낭도의 세 집단으로 구분된다. 이는 마치 현재 군대의 장교·부사관·사병에 해당한다. 화랑도에는 여자들이 관여하여, 풍월주 부인인 화주, 낭두의 처인 봉화, 서민의 여자인 유화 등이 있었다. 낭도는 나이에 따라 동도(童徒, 13·14~18·19살)·평도(平徒, 18·19~23·24살)·대도(大徒, 23·24~30살)로 나뉘었다. 그중 동도는 어려서 원래는 군대에 나갈 수 없는 나이였다.

신라 화랑도에서는 진골에서 평인까지의 신분을 가진 자들이 함께 활동하였다. 이는 10여 년이 넘는 기간 동안 신라 젊은이들이 화랑도 활동을 통해 골품제 운용 원리를 익혀 나갔음을 보여 준다. 골품제를 확고히

필사본 『화랑세기』 풍랑가(왼)와 청조가(오)

하는 장치로 화랑도가 기능한 것이다. 이 같은 기능은 신라인들로 하여금 골품 체제를 천부적인 질서로 받아들이게 만들었다. 이는 신라가 국력을 조직화하는 장치가 되었고 구조적으로 삼한통합의 원동력을 제공받는 바탕이 되었다.

한편 우주의 청원지기를 탐구하던 선도仙徒들이 화랑도로 전환한 것을 볼 수 있다. 신라가 불교와 유학을 받아들이기 전 사회 전반에 걸쳐 선도仙道가 퍼져 있었다. 그 위에 불교와 유학이 놓이게 되었다. 어떤 면에서 선도는 기층 사상이 되었고 불교와도 조화롭게 공존했다. 후일 최치원이 유·불·선 삼교를 이야기한 것은 그 때문일 것이다.

여왕들의 시대와 춘추의 등장

성골 왕 시대는 진평왕의 죽음과 선덕여왕 즉위로 크게 변화했다. 여왕 즉위는 당시 신라인들에게 문제가 되었던 것이 사실이다. 진평왕 53년(631) 5월 이찬 칠숙과 아찬 석품이 반란을 일으키려 했다. 왕은 반란을 알아차리고 칠숙을 잡아 동시東市에서 목을 베고 구족을 멸했다. 석품은 백제 국경까지 도망갔다가 처자식이 생각나 낮에는 숨고 밤에는 걸어서 돌아와 총산에서 한 나무꾼과 옷을 바꾸어 입고 집에 이르렀다가 잡혀 처형되었다. 칠숙의 반란 이듬해 정월 진평왕이 세상을 떠났다. 칠숙이 무슨 이유로 반란을 일으켰는지 알 수 없으나 진평왕의 죽음에 임박하여 여자인 선덕이 왕위를 계승하게 되었기 때문은 아닐까 짐작해 본다.

그러한 사정은 선덕여왕 16년(647) 정월 비담과 염종이 일으킨 반란을 통해 추정할 수 있다. 그들은 "여왕은 나라를 잘 다스릴 수 없다女主不能善理."하여 군사를 일으켰으나 성공하지 못했다. 정월 8일에 선덕왕이 죽었다. 비담과 염종의 반란은 또 다른 여왕 진덕여왕의 계승을 반대한 것이 분명하다. 진덕여왕이 죽을 무렵에는 반란이 없었다.

진덕여왕 때에는 이미 새로운 시대, 즉 진골왕 시대를 준비했기 때문이다. 진덕여왕 2년(648) 춘추가 당나라에 가서 당 태종을 만나 약속한 일들을 시행하는 것을 볼 수 있다. 649년 정월 남자들에게 중국의 의관을 착용토록 했다. 650년 4월에는 왕명을 내려 진골로서 관직에 있는 사람들에게 아홀을 들게 했다. 650년에는 당나라의 영휘 연호를 사용하기 시작했다. 이는 이 무렵 춘추가 중심이 되어 신라 왕정을 장악하고 있었던 것을 보여 준다.

진덕여왕 5년(651)에 이루어진 정치제도 개혁은 진골왕 시대를 열기 위한 마지막 조치였다. 651년 정월 초하루에 신년 하례식을 행하였는데 이 같은 신년 하례식은 처음 행하는 것이었다. 651년에 이루어진 개혁 중에는 품주를 나누어 집사부와 창부를 설치한 것이 있다. 국학은 아직 설치되지 않았지만 후일 국학에 소속될 대사를 651년에 설치한 것도 볼 수 있다. 이와 같이 하위 관직도 많이 설치했다. 651년에는 무관 조직으로 시위부를 설치했다. 집사부와 시위부는 행정과 군사 조직의 으뜸이었다. 그러한 조직은 춘추를 왕으로 세우려는 칠성우 집단이 설치한 것이었고 또 그들이 장악했다.

647년 선덕여왕이 세상을 떠나고 왕위에 오른 진덕여왕 때 조정에서 주도권을 장악한 것은 춘추와 칠성우들이었다.『화랑세기』14세 풍월주 호림공 조에 알천공·임종공·술종공·염장공·유신공·보종공·호림공이 칠성우였던 것으로 나온다. 이들은 풍월주를 지냈거나 화랑도에서 중요한 위치에 있던 인물이다.『삼국유사』에는 진덕여왕 때 이들이 네 개의 영지에서 국사를 논한 것으로 나온다.

그중 알천공은 진덕여왕이 세상을 떠날 때 상대등으로 있었는데 그가 왕이 될 수도 있었다. 진덕이 죽자 군신들이 알천에게 섭정을 청했으나 알천이 춘추에게 왕위를 사양했다. 651년 설치한 집사부의 장으로 죽지가 임명되었다. 죽지는 술종공의 아들이었다. 황룡사의 제2대 주지가 되었던 자장은 호림공의 아들이었다. 염장공은 조부의 장을 지내며 춘추와 김유신 그리고 김유신의 동생인 김흠순에게 재물을 공급해 주었던 인물이다. 보종공은 선도仙道를 터득한 인물이었다.『화랑세기』에 김유신이 낭도들에게 선仙을 배우고자 하면 보종공을 따라야 하고 나라를 지켜 공을 세우고자 하면 자신을 따르라고 한 말이 있다. 여기서 보종공이 선도의 으뜸인 것을 알 수 있다. 보종공은 우주의 진기를 깊이 살펴서 어조魚鳥와 화목花木이 끊임없이 생기는 이치에 정통하지 않은 것이 없었다고 한다. 또한 유신이 병이 나자 (유신)공은 국가의 보배이니 자신의 의술을 숨길 수 없다고 하고 병을 치료하여 그가 편작의 학을 갖추었음을 사람들이 알게 되었다고 한다.

나라에 큰 일이 있으면 유신이 칠성회七星會를 열었다고 한 것[97]은 칠성우들이 갖고 있던 여러 가지 의미를 생각하게 한다. 칠성우들은 각기 서로 다른 재능으로 국가를 위해 일한 것을 알 수 있다. 김유신은 군사적 실력으로 호국을 했고, 술종공과 그 아들 죽지는 행정적 능력으로, 호림공과 그 아들 자장은 불교로, 염장공은 경제적인 힘으로, 보종공은 선도로 국가를 위해 일했던 것이다. 그들은 춘추를 추대하여 진덕여왕의 뒤를 이은 왕위 계승을 준비했다.

---

97. 「화랑세기」, 16세 보종공, 2005, pp. 252~253.

3. 황룡사지에서 이야기하는 성골 왕 시대의 장면 2

'신라길 2'에서는 월성 답사를 마친 후 황룡사지를 답사한다. 여기서 신라 종교의 특성과 성골의 성스럽고 신성함을 증명하는 장치를 보기로 한다.

'신라길 2'의 제5처~2. 황룡사지

성골 왕 시대에 대한 이야기는 황룡사를 찾아 이어진다. 황룡사는 한 번에 축조된 사찰이 아니다. 진흥왕 14년(553) 2월 궁궐을 용궁 남쪽에 건축하는데 황룡黃龍이 나타나 절을 짓고 황룡사라 하였다. 569년에 주위의 담장을 만들어 17년 만에 공사가 끝났다. 1980년부터 전개된 발굴을 통하여 황룡사의 전모를 알 수 있게 되었다. 그 규모는 왕도의 지역 구분인 방坊 네 개의 영역에 해당한다. 하나의 방은 대체로 남북 길이가 165미터, 동서 길이가 160미터 정도 된다. 따라서 황룡사 영역은 한 변이 330미터 정도 되는 것을 알 수 있다. 대규모의 황룡사 자체는 성골 왕의

황룡사지

사찰이었다. 그 자체만으로도 성골 왕의 신성함을 보장받을 수 있었다. '신라길 2' 답사 중 황룡사지를 찾아 그 역사적 의미를 이야기하는 것도 의미 있는 일이다.

수많은 신들 위에 위치한 불교, 많은 불교 사찰 위에 위치한 황룡사

신라에는 수많은 신들이 있었다. 산과 강에도 마을에도 집에도 신들이 있었다. 또한 육부성이나 종성의 시조들도 신격화하여 받들었다. 그런가 하면 화랑들이 받들던 신선들도 있었다. 그 많은 신들 위에 불교의 부처가 놓이게 되었다.

성골이 부처의 가족으로 행세하며 성스러움을 보장받은 것도 사실이다. 황룡사는 성골 왕의 사찰이었다. 황룡사는 성골의 존엄성을 뒷받침하는 사찰이었다. 황룡사는 신라에 창건된 모든 사찰 위에 있는 가장 특별한 사찰이 될 수 있었다.

성골을 신성하게 만든 황룡사, 불교를 장악한 성골

성골의 성스러움은 의도적으로 만들어졌다. 대표적인 예로 당시 상상하기 어려울 정도로 거대한 사찰인 황룡사를 축조한 것을 들 수 있다. 황룡사는 성골 왕의 신성함을 보장하는 장치였다. 성골의 사찰인 황룡사에는 당시의 신성함을 전하는 연기설화들이 있다.

황룡사에는 성골 왕의 신성함을 뒷받침하는 장치로서 절만 있었던 것이 아니다. 불상도 있었다. 황룡사 건물의 축조가 끝난 지 얼마 되지 않아 남쪽 바다로부터 큰 배 한 척이 하곡현의 사포(고려시대 울주의 곡포)에 와서 정박했는데 안을 수색하니 편지가 있었다. 편지에 쓰여 있기를 "서

황룡사 9층탑지

축西쯕 아육왕阿育王이 황철 5만 7천 근과 황금 3만 푼을 모아 석가삼존불을 만들려 했으나 이루지 못하고 배에 실어 띄우면서 축원하노니 원컨대 인연 있는 국토에 도달하여 장륙의 존귀한 모습을 이루소서." 하였다. 아울러 불상 하나와 보살상 2개를 샘플로 실어 보냈다. 현리가 그러한 사정을 왕에게 보고하니 왕은 그 현의 동쪽에 깨끗한 터를 잡아 동축사를 세우고 세 부처를 모시라 하고 실어온 금과 철은 서울로 실어다 대건 6년(574) 갑오 3월에 장륙존상을 주조하여 만드니 한 번에 끝났다. 그 무게가 3만 5천 7근이고 여기에 든 황금이 1만 198푼이며 두 보살상에 든 철이 1만 2천 근이고 황금이 1만 136푼으로 모두 황룡사에 모셨다. 이듬해에 장륙상[98]이 눈물을 흘려 발꿈치까지 내려와 땅이 한 자나 젖었는데 대왕이 승하할 조짐이라고 했다. 혹은 말하기를 장륙상이 진평왕 대에 만들어졌다고 하나 잘못이라고도 한다.

황룡사 장륙상 대좌

장륙상에 대하여 신성한 의미를 부여하는 이야기가 또 있다. 『삼국유사』에 나오는 기록이다. 그에 따르면 아육왕은 석가가 탄생한 후 백 년간 서축 대향화국에 살면서 석가의 진신에 공양하지 못한 것을 한스럽게 여겨 금과 철 약간 근을 모아 녹여 세 번이나 부처를 주조했으나 이루지 못했다. 그때 태자가 홀로 불상 주조 작업에 참여하지 않자 왕이 그를 힐책하였다. 그때 태자가 말하기를 혼자 힘으로 될 일이 아니라 하며 자기는 안 될 줄 이미 알았다고 했다. 왕이 그 말을 옳게 여겨 배에 싣고 바다에 띄워 남염부제 16개 대국과 5백 개 중간의 국과 8만 개 취락을 모조리 돌며 온갖 힘을 썼으나 어디서도 주조에 성공할 수 없었다. 최후에 신라국에 도착하니 진흥왕이 문잉림에서 주조했다. 불상이 다 되어 그 얼굴 모습이 갖추어지자 아육왕도 그제야 한시름 놓았다고 한다.

후에 대덕 자장慈藏이 중국에 유학하여 오대산에 갔을 때 문수보살이 현신하여 비결을 전하는 감응이 있었다. 아울러 부탁하기를 너희 나라 황룡사는 바로 석가와 가섭불이 강연을 한 땅으로 연좌석이 아직 그곳에 있다. 그 때문에 천축의 무왕이 황철 약간 근을 모아 바다에 띄워 1,300여 년이 지난 후에 그것이 너희 나라에 닿아 불상을 만들어 그 절에 모시게 되었으니 이는 부처님의 위엄과 인연이 그렇게 시킨 것이라 하였다. 불상이 만들어진 후 동축사에 모셨던 삼존불도 이 절로 옮겨 안치했다고 한다.

절의 기록에는 진평왕 5년(583) 갑진에 금당이 조성되었고, 선덕왕 시대에 이 절의 주지는 진골 환희사요, 제2대 주지는 자장 국통이고, 다음은 혜훈, 다음은 상률 스님이었다고 한다. 고려시대 『삼국유사』를 편찬할 무

---

98. 부처님 당시 인간의 키가 8척이었는데, 부처님은 그 곱인 1장 6척이었다 한다. 이때 말하는 것은 주척(周尺)이다.

렵 병화로 인하여 대상과 두 보살상이 모두 녹아 없어지고 작은 석가상만 남아 있었다고 한다.

장륙상의 조성 연기에 대한 이 이야기는 신라가 불국토佛國土로서 선택받았음을 말하는 것이다. 그러한 불국토의 주인은 다름 아닌 성골 왕들이었다. 황룡사의 장륙상을 인도의 아육왕과 연관시킴으로써 장륙상 나아가 성골 왕의 존재를 신라인들에게 신성하게 만들었던 것을 알 수 있다.

황룡사에는 성골 왕의 신성함을 뒷받침하는 또 다른 장치가 있었다. 황룡사9층탑이 그것이다. 『삼국유사』 「황룡사9층탑」 조를 볼 필요가 있다. 27대 선덕왕 5년(636)에 자장법사가 서방으로 유학했는데 오대산에서 감응하여 문수보살에게 불법을 받았다. 그때 문수보살이 말하기를 "너희 국왕은 곧 천축의 찰리종인데 일찍이 불기를 받았으므로 특별한 인연이 있어 동이지만 공공(共工, 요순 시대에 흉포했다는 족속) 족속과는 같지 않다. 그러나 산천이 험준하여 사람들의 성질이 조잡하여 많이들 사도를 믿어 혹은 천신이 화를 내리기도 했는데 국 중에 고명한 중들이 있어 군신이 평안하고 모든 백성이 화평한 것이다." 하고는 사라졌다. 자장은 이것이 바로 부처의 화신인 것을 알고 감읍하여 물러났다.

자장이 중국 태화지 가를 지나는데 홀연히 신인神人이 나타나 물었다. "어찌 이곳에 왔는가?" 자장이 답했다. "불법을 구하러 왔습니다." 신인이 절을 하며 다시 물었다. "자네 나라의 오래된 어려움이 무엇인가?" 자장이 말했다. "우리는 북으로 말갈, 남으로는 왜국과 접하고 고구려와 백제, 두 나라가 번갈아 국경을 침범하고 이웃 적들이 횡행하는 것이 곧 백성의 고통입니다." 신인이 말했다. "지금 자네 나라는 여자가 왕이 되어 덕은 있으나 위엄이 없어 이웃 나라들이 도모하니 마땅히 속히 본국으로 돌아가야 한다." 자장이 물었다. "귀향하면 장차 무엇이 이익이 되겠습니까?" 신인이 말했다. "황룡사의 호법용은 바로 나의 맏아들이다. 법왕의 명을 받고 가서 이 절을 호위하고 있으니 본국으로 돌아가 절 안에 9층탑을 이루면 이웃 나라들이 항복하고 9한韓이 와서 조공하게 될 것이니 왕위가 영원히 평안해질 것이다. 탑을 세운 후 팔관회를 열어 죄인을 풀어 주면 외적들이 해를 끼칠 수 없을 것이다. 또한 나를 위하여 경기 남쪽 해안에 조그만 절 한 채를 지어 나의 복을 빌면 나 또한 은덕을 갚을 것이다." 말을 마치자 옥을 바치고는 홀연히 사라졌다. 643년 자장이 당나라 황제가 준 불경, 불상, 가사, 폐백을 가지고 귀국하여 왕에게 탑을 세울 사연을 보고하니 선덕여왕이 군신들과 의논했다. 군신들이 말했다. "백제로부터 공장을 청한 후에야 비로소 가능할 것입니다." 이에 보물과 비단을 가지고 백제에 가서 공장을 청했다. 아비지阿非知가 명을 받고 와서 목석을 경영하는데 이찬 용춘(용수라고도 한다)이 이 일을 주관하여 소장 2백 인을 거느렸다. 처음 찰주를 세우는 날 공장의 꿈에 백제가 망하는 모습을 보고 공장은 의심이 생겨 손을 멈추었다. 홀연히 대지가 진동하며 깜깜한 속에서 한 노승과 한 장사가 금전문으로부터 나타나 찰주를 세우고 스님과 장사는 사라져 나타나지 않았다. 공장은 이에 뉘우쳐 그 탑을 완성했다. 찰주기에 "철반 이상이 42척이고 이하가 183척이다."

황룡사 9층탑 찰주본기(복제품, 국립 경주박물관)

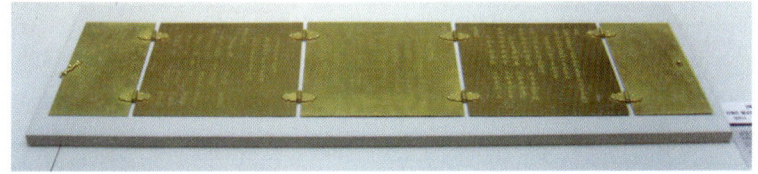

했다.

『삼국유사』에는 "탑을 세운 후 천지가 비로소 태평해지고 삼한이 하나가 되었으니 어찌 탑의 영험함이 도운 것이 아니겠는가?"라 되어 있다.

후에 고구려 왕이 신라를 쳐들어가려 하며 말하기를 "신라에는 삼보가 있으니 침범할 수 없다."고 했다. 삼보란 무엇인가? 삼보란 황룡사 장륙상과 황룡사9층탑 그리고 진평왕의 천사옥대(하늘이 준 옥대)를 말한다. 이는 주나라에 9정이 있어 초나라 사람들이 감히 북방을 엿보지 못했다는 것과 같다고 했다.

황룡사는 553년 6월 절을 세운 후 645년 탑이 완성되었다. 황룡사9층탑의 창건 연기는 신화화된 것이다. 원래 황룡사9층탑 찰주본기에는 자장에게 9층탑을 세우도록 한 사람은 신인神人이 아니라 원향선사였던 것으로 나온다. 신라인들은 황룡사9층탑을 세운 사연을 신화화하지 않았던 것을 알 수 있다. 그런데『삼국유사』에는 왜 위와 같은 신화화된 이야기가 나올까? 단정기는 어렵지만 왕실은 그것을 신화화하지 않았으나 일반 백성들은 그와 같은 신화를 받아들인 것이 아닌가 생각해 본다. 특히 신라 왕실과 인도 석가의 가문을 연관시키는 설화를 주목하게 된다.

황룡사 장륙상과 관련해서는 인도의 아육왕(아유타왕)이 불상을 만들려다 이루지 못해 황철과 황금을 배에 실어 보냈다는 내용과 인도에서 16개 대국, 5백 개 중국, 8만 취락 등에서도 불상을 만들지 못했다는 내용이 있다. 그것을 신라에서 만들었다는 이야기를 주목할 필요가 있다.

황룡사와 관련된 여러 이야기 중 중요한 사실은 선덕여왕을 비롯한 신라 왕들을 천축의 찰리종왕(刹利種王, 고대 인도의 카스트 계급 중 브라만 밑의 크샤트리아 계급을 의미)이라고 했다는 것이다. 이는 신라 성골 왕들이 인도 석가의 종족이라는 것이다. 그 같은 이야기는 신라인들에게 성골 왕들이 신성한 종족이라는 믿음을 갖도록 만들었다. 신라인들은 황룡사 관련 이야기들을 사실로 받아들였을 것이다. 그 결과 왕을 중심으로 한 성골은 성스러움을 확보할 수 있었다.

황룡사 복원을 위한 제안

언제인가 황룡사 복원을 위한 작업이 본격적으로 진행될 수 있다. 여기서 이름을 밝히지는 않겠지만 어느 전문가의 견해를 경청할 만하다. 그에 따르면 황룡사를 복원할 것이 아니라 중창을 해야 한다고 한다. 국민의 세금을 투입할 경우 직영 체제로 하면 막대한 경비를 절감할 수 있을 것이라는 제안도 그대로 지나칠 수 없다. 황룡사를 원래대로 복원하는 일은 처음부터 불가능하기 때문이다.

4. 왕도 유적 발굴 현장에서 이야기하는 성골 왕 시대의 장면 3

1987년부터 2002년까지 왕경 유적 발굴 조사단에서는 왕경 도시 유적도 발굴했다. 그중 왕도王都의 구획인 방坊을 발굴했다. 그 결과 왕성을 둘러싸고 만들어진 하나의 도시인 왕도를 나눈 방의 실체를 알게 되었다. 당시 방들은 도로로 구분되었다. 여기서는 신라 왕경 중 왕도의 지역 구분인 방에 대하여 살펴보자.

'신라길 2'의 제5처~3, 왕경의 방

신라 전성기에 왕도는 길이가 3,075보(4천 2백 수십 미터), 넓이가 3,018보(4천 1백 수십 미터)이며 넓이는 17제곱킬로미터가 넘는 정도로 계산된다.[99] 이같은 왕도 안에 360개 또는 1,360개 방이 있었던 것으로 기록되어 있다.

---

99. 남산신성의 길이가 2854보 또는 2805보라고 하는 데 길이가 3.9km이다. 이를 가지고 계산하면 1보는 1.39m 또는 1.37m가 된다. 여기서는 1보를 1.80m로 보지 않았다.

단정하기는 어렵지만 나는 이를 360방으로 본다. 그 이유는 왕도 안에 월성·금성·만월성 같은 왕성이 있고 고분군 지역(현재의 대릉원보다 훨씬 넓었다) 등이 있어 왕도의 공간이 모두 방으로 나뉜 것이 아니라 보기 때문이다. 황룡사 동쪽 왕도 유적 발굴 결과 1개 방은 도로의 중심축을 중심으로 보면 동서 길이 167.5미터, 남북 길이 172.5미터이며 도로를 제외한 하나의 방은 8,000여 평 정도 된다고 한다.[100]

황룡사 동쪽 제2가옥 발굴 도면(「신라 왕경」, 2002, p.97)

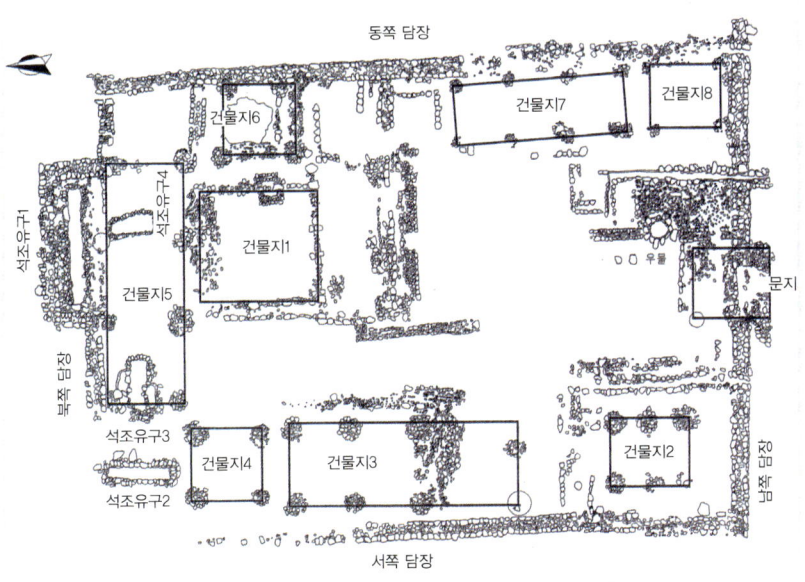

각 방은 한 변이 160여 미터가 넘는 장방형으로 되어 있었다. 그리고 방을 둘러싼 담장이 있었다. 방의 담장 밖에는 배수구가 있고 그 밖에

---

100. 국립경주문화재연구소, 「신라왕경」, 2002, p. 607.

도로가 있었다. 각 방에는 여러 가옥들이 있었다. 현재 발굴된 하나의 방 안에서는 18개의 가옥이 조사되었다. 각 가옥 안에서는 여러 건물지가 조사되었다. 예를 들면 제1가옥 안에는 5개 건물지가, 제2가옥(213평) 안에는 11개 건물지가 나타났다. 이와 같이 가옥에 따라 건물 수가 달랐으며 경우에 따라서는 하나의 건물 위에 새로운 건물을 세운 것도 확인되었다. 방에는 하수구가 있고 각 가옥에는 우물들이 있었다. 가옥과 가옥을 나누는 담장이 있었고 각 가옥에는 출입문이 있었다. 1개 방을 발굴한 결과 우리는 신라 왕도의 구조를 어느 정도 확인하게 된 것이다.

『삼국사기』 옥사 조에 따르면 신라 골품제에서는 가옥(옥사)에 대한 금령禁令을 시행한 것을 볼 수 있다. 방의 길이와 폭에서 진골은 24척, 6두품은 21척, 5두품은 18척, 4두품과 평인은 15척을 넘지 못하게 했다. 담장의 높이는 6두품 8척, 5두품 7척, 4두품과 평인은 6척을 넘지 못하게 했다. 마구간도 6두품은 5마리, 5두품은 3마리, 4두품과 평인은 2마리까지 허용한 것을 볼 수 있다. 그밖에 목재, 기와, 처마, 장식, 계단, 병풍, 평상, 중문·4방문 등 건물에 대한 많은 부분을 골품 신분에 따라 허용하였다.

원래 신라의 왕경은 왕도와 그 밖의 왕기 지역으로 나뉘었다. 건국신화에 6촌장들의 입방설도 하자는 논의가 나온다. 그중 설도는 도읍을 정한 것이었다. 서라벌 소국이 형성되었을 때 도읍은 사량부의 일부 지역을 차지한 금성을 중심으로 한정된 공간을 차지하였을 뿐이다. 당시 그 규모는 클 수 없었다. 그런데 소국 정복을 하며 왕경 인구가 늘어났고 마립간 시대를 거쳐 성골 왕 시대에 이르면 왕도가 커지게 되었다.

금성 외에 월성도 왕성으로 되었고 금성에서 월성 주변까지 왕도로 되었다. 여기서 말하는 왕도는 왕성을 둘러싸고 만들어진 도시를 가리킨다. 이 도시는 건물과 건물들이 연결되는 그야말로 도시였다. 성골 왕 시대에 이르면 사량부의 일부 지역, 양부의 일부 지역 그리고 본피부의 일부 지역에 이 같은 도시가 들어섰다. 이같이 왕도가 확대되었는데도 왕도의 지역 구분으로는 사량부, 양부, 본피부와 같은 6부의 명칭이 사용되었다.

소국 정복을 하며 서라벌 소국의 영역은 신라 왕경이 되었다. 왕경 영역이 왕도와 왕기 지역으로 구분되었는데 도시 지역인 왕도가 점차 확장되어 나갔다. 한편 자비왕 12년(469)에 왕도에서는 일정하게 구획된 방을 나누었다. 신라 왕도는 구획이 정연한 계획 도시가 된 것이다. 그리고 왕도 밖의 왕경 지역은 6부로 남아 있었는데 6부 아래에 리를 설치했다.

신라 골품제의 정체

학교에서 『국사』를 통해 [모델 2.5]가 만든 한국사를 배웠음에도 불구하고 알 수 없는 것이 신라의 골품제이다. 골품제는 갑자기 만들어진 신분제가 아니었다. [모델 2.5]가 골품제를 재구성하는 데 실패한 것은 내물왕 이전의 역사를 침묵시켜 왔기 때문이다. 내물왕 이전 신라의 국가 형성기부터 만들어진 신분제가 골품제의 모체가 되었는데 [모델 2.5]는 내물왕 이전의 역사를 재구성하는데 실패했기에 골품제 또한 옳게 살려낼 수 없었다.

월성에서 신라 골품제의 구조에 대해 잠시 이야기하고 넘어가기로 한다. 신라의 골품제는 역사적 산물이었다. 왕국의 성장·발전에 따라 골품 신분도 확대되었고 왕국의 쇠락에 따라 그 제도를 유지하기 어려워진 것도 사실이다.

신라 골품제는 520년 법흥왕이 율령을 반포하여 편제되었다. 그런데 당시 골품제라는 신분제를 처음으로 새롭게 편제한 것이 아니었다. 혁거세가 나라를 세울 때 만들어진 신분제가 시간이 지나며 확대된 것을 정리한 것이다. 법흥왕은 성골과 진골의 골 신분과, 6두품에서 1두품까지 6개의 두품 신분을 편제했다.

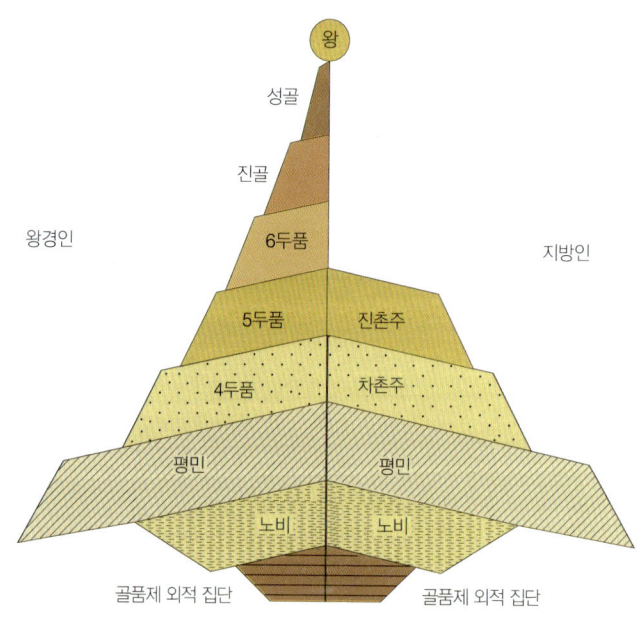

표 9 골품제 구조(『신라 골품제 연구』, 1999, p.361)

여기서는 골품제의 편성 원리에 대하여 보겠다.

첫째, 종족적인 신분 편제를 볼 수 있다. 『삼국사기』에 나오는 내물왕 이전의 역사를 인정하면 우선 왕을 배출하던 이주민 세력으로 이루어진 박씨, 석씨, 김씨 세력이 최고의 신분을 차지했던 것을 알 수 있다. 물론 세 씨족의 성원 모두가 동등한 신분을 가졌던 것은 아니다. 왕을 중심으로 최고 신분을 가진 집단이 이어졌다. 성골 왕 시대에 석씨족은 지배 세력으로서의 지위를 잃었고, 박씨족도 왕비를 배출하는 세력과 같이 일부 종족lineage만 진골이 될 수 있었다. 김씨족은 왕과 그 형제 그리고 그들의 가족들이 성골이 되었다. 나머지 성골의 범위를 벗어난 김씨족은 진골이 되었다. 그리고 진골의 범위를 벗어나 신분이 떨어진 김씨족은 두품 신분도 갖게 되었다. 한편 6촌장의 후손들은 기본적으로 두품 신분을 갖게 되었다.

둘째, 거주 구역에 따른 골품 신분 편제를 볼 수 있다. 성골은 월성의 대궁, 금성의 사량궁, 만월성의 양궁에 거주하였다. 3궁은 성골 거주 구역이던 것이다. 왕도에는 진골까지의 신분을 가진 사람들이 살았다. 6부의 각 부에는 부의 지배 세력들이 관할하는 직할지가 있었고 그 안에 사는 지배 세력은 6두품 신분을 가졌다. 리에는 리의 지배 세력들이 관할하는 직할지가 있었고 그 안의 지배 세력은 5두품 신분을 가졌다. 그리고 리를 나눈 마을의 세력은 4두품 신분을 가졌다.[101] 한편 부의 직할지의 평인은 3두품, 리의 직할지의 평인은 2두품, 마을의 평인은 1두품으로 편제되었다.

셋째, 사회·정치적 신분 편제를 볼 수 있다. 신라의 왕정이 강화되며 조정의 신료들이 늘어났다. 그 과정에 조정의 신료가 되어 활동할 수 있는 능력을 갖춘 사람을 등용하여 두품 신분을 주기도 했다.

---

101. 여기서 말하는 리는 추장사회 시대의 마을에 해당하는 영역인데 인구가 늘었고 실제로 리로 편제했기에 그와 같은 이름을 사용하게 된 것이다. 인구가 늘어난 이 같은 리는 다시 지역 구분이 되어 이를 마을이라 부르는 것이다.

넷째, 피정국의 세력을 신라 골품 신분으로 편제한 것도 볼 수 있다. 532년 신라에 항복한 가락국(금관국, 본가야)의 마지막 왕 구해(구충, 구형)는 세 아들과 신라에 항복했다. 신라에서는 이들을 진골로 편제하여 대우했다. 구해-무력-서현-유신으로 이어지는 가계의 성원들은 신라 조정에서 활동하며 진골 신분을 유지하였고 그 세력을 키워 나갔다.

위와 같은 골품 신분층 중 진골은 왕족이라 하겠다. 그 밑에 대족大族으로 불리는 층이 있었다. 대족에는 6두품과 같은 상급 두품과 피정복국 세력으로서 왕경으로 사민되어 신라 최고 신분 여자와 혼인을 했고 사회·정치적으로 높은 지위에 있으나 진골이 되지 못한 세력 정도가 포함될 수 있을 것이다.

한편 지방 세력들에 대한 신분 편제도 있었다. 신라는 정복 활동을 펴며 각 피정복 소국을 단위로 군郡을 편제했다. 신라 조정에서는 소국의 왕들을 제거하였다. 신라 조정에서 인정한 피정복 소국 세력으로는 직경 10킬로미터 정도 되는 행정촌의 촌주와 행정촌을 나눈 직경 2~4킬로미터 정도 되는 자연촌의 세력들이었다. 행정촌의 지배 세력은 현재 면장 정도에 해당하며 진촌주 신분으로 편제되었다. 자연촌의 지배 세력은 현재 리장 정도에 해당하며 차촌주 신분으로 편제되었다. 진촌주는 골품 신분 중 5두품에 해당하는 대우를 했고, 차촌주는 4두품에 해당하는 대우를 해 주었다.

후일 신라가 망한 후 왕경의 골품 신분층은 사라졌지만 지방에 있던 진촌주와 차촌주층은 고려의 지방 세력으로 계속 그 세력을 유지했다. 그중 신라의 진촌주의 계통을 이은 세력들이 고려의 향리를 배출하는 세력이 되었다. 그들 향리 세력은 조선의 양반층으로 되었다.

신라의 골품제는 역사적 변동을 겪었다. 성골 왕 시대 언제인가 3두품

·2두품·1두품은 하나의 신분으로 통합되어 평인(백성) 신분이 되었다. 또한 성골은 진평왕을 마지막으로 남자가 모두 사라졌고, 선덕여왕과 진덕여왕을 마지막으로 여자도 모두 사라져 신분층 자체가 소멸되었다. 그 이후 춘추부터는 진골이 왕위를 이어 나가게 되었다.

5. 삼한통합의 준비기인
  성골 왕 시대의 역사적 유산

 성골 왕 시대 신라의 역사적 유산도 현재 한국·한국인에게 이어지는 것들이 있다. 가락국의 시조 수로왕을 시조로 하는 김해 김씨가 있다. 1985년도 인구 센서스 결과 김해 김씨는 376만 7,000명으로 조사되었다. 그런데 김해 김씨는 신라인이었던 김유신의 일족이 없었다면 번성할 수 없었던 것이 틀림없다. 김유신을 중시조로 하는 씨족들도 신라 역사의 유산을 이은 것으로 볼 수 있다.
 성골 왕 시대는 중국화가 크게 진전된 시기였다. 현재 한국이 유교 문화권, 불교 문화권, 중국 문화권에 들어 있는 것도 성골 왕 시대 신라가 적극적으로 중국화를 시행했기 때문이다. 이 또한 신라가 남긴 역사적 유산이다.
 성골 왕 시대에는 불교와 유학을 수용했다. 그런데 신라인들은 인도나 중국의 불교를 완벽하게 수용하기보다 신라 사회를 움직이던 원리인 신국의 도와 절충하여 받아들인 것을 알 수 있다. 현재 불교 사찰에 있는 산신각 등은 신국의 도에 따른 신선 사상이 불교와 어우러진 결과이다. 또한 신국의 도와 유학이 말하는 인간관계를 절충하며 신라인들 사이의 관계를 설정해 나갔다.

그런가 하면 신라 골품제는 신라 전국의 사람들을 성골을 정점으로 하여 골품 신분으로 편제한 것이다. 골품 체제를 운용한 것은 중앙집권화를 이룬 것을 뜻한다. 중앙집권화의 유산은 현재 한국의 사회 체제와 한국인의 마음속에 이어지고 있다. 신라 이후 한국인들이 역사적으로 봉건제적인 사회 체제를 유지할 수 없었던 것은 왕국 전체의 인민을 대상으로 편제했던 골품제의 역사적 유산 때문이라 생각된다.

 '신라길 2' 제6처

다수 한국인의 시조를 모신 사당들
- 신라인과 한국인을 연결시키는 고리

 여기서 한 가지 분명히 하고 넘어갈 일이 있다. 다름 아니라 종성과 육부성과 같은 성도 의미가 있지만, 그러한 성을 갖고 있는 사람들은 신라가 망한 후에도 그들의 씨족과 씨족의 시조를 기억했다는 사실이다.
 실제로 경주에는 이들 성씨의 시조를 모시는 사당들이 있고, 매년 일정한 날에 시조·중시조에 대한 제사를 지내고 있다. 이들 사당은 신라인과 현재 한국인을 연결시키는 고리라 할 수 있다. 나정에서 포석정까지 '신라길' 답사를 계획한 여행자들은 경주에서 자신이 속한 씨족의 시조 사당을 먼저 찾아보는 일도 의미 있을 것이다. 혹 종성과 육부성을 갖지 않았더라도 어머니 쪽이나 할아버지 대의 세 분 중에는 종성과 육부성이 들어 있을 가능성이 매우 높다. 여기서는 그러한 사당들에 대해 살펴보겠다.
 이 부분을 모두 읽을 필요는 없다. 자기와 관련된 시조 사당에 대한 것만 읽어도 좋다. 그리고 경주에 가면 그러한 사당을 꼭 찾아볼 것을 권한다. 가족들과 함께 각자의 시조 사당을 방문하고 그 역사를 기억해 보는 일은 의미 있을 것이다.

1. 박(朴)씨의 사당 숭덕전(경주시 탑동 77번지, 경상북도 문화재자료 제254호)

『삼국사기』나 『삼국유사』에 나오는 신라의 건국신화에 따르면 박씨는 혁거세를 시조로 하는 씨족이다. 혁거세의 탄강지는 나정 곁이라고 한다. 혁거세의 무덤은 나정에서 가까운 사릉원(소위 오릉) 안에 있다. 또한 혁거세의 제사를 모시기 위한 숭덕전이 있다. 숭덕전은 현재 오릉의 경역 안에 있다. 오릉의 동쪽, 알영정의 남쪽에 위치하고 있다. 숭덕전은 세종 11년(1429)에 축조되었으나 임진왜란 때(1592) 소실된 것을 선조 34년(1600)

숭덕전

과 숙종 20년(1694)에 고쳐 지었으며, 경종 3년(1723)에 숭덕전崇德殿이라는 편액을 달았고, 현재 건물은 영조 11년(1735)에 중건된 것이다. 숭덕전에서는 매년 춘분에 향사, 추분에 시조왕릉 향사, 청명에 박씨 10명의 왕릉에서 향사를 지낸다. 시간은 오전 10시부터다. (전화 054-772-3104)

2. 석(昔)씨의 사당 숭신전(경주시 동천동 350~7번지, 경상북도 문화재자료 제255호)

석씨의 시조는 탈해다. 원래 석탈해의 사당은 토함산 정상에 있었다고 하나 언제인가 없어졌으며 1898년 월성 안에 묘를 지었고 1906년 숭신전崇信殿이라는 사액을 받았다. 1980년 월성을 정비하며 석탈해왕릉 동쪽으로 숭신전을 옮겨 지었다. 숭신전에서는 매년 춘분과 추분에 향사

숭신전

(전)탈해왕릉

를 지낸다. (전화 054-772-3544)

경주시 양남면 나아리 538~1번지 원자력 발전소 남쪽 숲에는 조선 헌종 대에 만들어진 석탈해왕의 탄강 유허비와 비각이 있다.

3. 김(金)씨의 사당 숭혜전(경주시 황남동 216번지, 경상북도 문화재자료 제256호)

숭혜전은 김씨로서 최초의 왕이 되었던 미추왕과 삼한통합을 이룬 문무왕 그리고 신라의 마지막왕인 경순왕의 위패를 모시고 제향을 올리는 곳이다. 김씨 문중에서는 월성에 사당을 지어 경순왕의 영정을 모셨는데 임진왜란 때 불타고, 1627년 동천동에 동천묘를 지어 경순왕의 영정을 모셨는데, 1723년 경순왕전으로 고쳤고, 정조 18년(1794) 현재의 위치로

숭혜전

계림세묘

옮겨 숭혜전이라 불렀다. 고종 24년(1887) 미추왕의 위패를 모셨고, 1888년에 문무왕의 위패를 모셨다. 숭혜전은 현재 대릉원 남쪽 대문의 왼쪽 담 밖에 위치하고 있다. 그러나 원래 이 담은 없었던 것이다. 숭혜전에서는 춘분 때 전향사를 지낸다. 추분에는 미추왕릉, 내물왕릉, 선덕여왕릉, 무열왕릉, 대왕암(이견대)에서 향사를 지낸다. 김씨의 시조 알지의 사당으로는 계림세묘가 있다. 계림세묘는 숭혜전 바로 앞에 있다. 매년 음력 3월 초정(10간 중 첫 정(丁)일)에 향사를 지낸다. (전화 054-772-3411)

표암재   유허비각

4. 이(李)씨의 시조 알평을 모신 표암재(경주시 동천동 507~7번지, 경상북도 기념물 제54호

육부성 중 시조의 탄강지가 전해지는 성도 있다. 경주시 동천동에 이씨

의 시조인 알평이 탄강했다는 표암이 있다. 알평은 원래 알천양산촌의 촌장이었는데 현재 경주 이씨의 시조로 되어 있다. 알평은 혁거세를 추대한 6촌장 중 한 사람으로 되어 있다. 표암의 위쪽에는 순조 6년(180)에 세운 유허비新羅佐命功臣及梁部大人李公諱謁平遺墟碑가 있으며 그 북쪽에는 알평이 탄강했다는 광림대가 있다. 신라시대부터 알려진 표암에는 표암재가 있어 음력 3월 중정일(10간 중 정丁일)에 시조에 대한 향사를 지낸다. (전화 054-749-9111)

5. 정(鄭)씨의 시조를 모신 백운재(경주시 내남면 노곡리 2리 (661번지)

혁거세를 추대한 6촌장 중 또 한 사람이 자산진지촌의 촌장이었던 지백호이다. 경주시 내남면 노곡리에는 지백호의 무덤이라고 전해지는 묘가

백운재

있다. 또한 노곡리에는 정씨 시조의 재실인 백운재가 있으며 매년 음력 10월 1일에 향사를 지낸다.

6. 손씨와 관련된 문효사와 손순유허(경주시 현곡면 소현리 623), 손순묘 (경주시 건천읍 금척리)

혁거세를 추대했다는 무산대수촌의 촌장 구례마의 후손들은 손씨 성을 갖고 있다. 경주시 현곡면 소현리에는 손순의 사당인 문효사와 손순유허비가 있다. 손순유허비는 원래 1888년에 세웠던 것을 1970년에 다시 세웠다. 한식일에 춘향제가 있다. 경주시 건천읍 모량리 효자동에는 손순묘라고 전해지는 무덤이 있다. 위치는 모량역 남쪽 멀지 않은 곳이다. 매년 음력 10월 1일 향사를 지낸다.

(전)손순묘

상서장

한편 경주시 강동면 양동리 223번지에는 월성 손씨 종택이 있다. 손소(1433~1484)가 25살 때 지은 이 집은 중요민족자료 제23호로 되어 있다.

7. 최(崔)씨의 시조를 모신 상서장(경주시 인왕동 274번지, 경상북도 기념물 제46호)

6촌장 중 돌산고허촌의 촌장 소벌도리는 최씨를 성으로 하는 씨족의 시조가 되었다. 돌산고허촌은 신라의 사량부가 되었다. 최치원은 소벌도리의 후손이라 한다. 현재 경주시 인왕동에 있는 상서장에는 최치원의 영정을 모셔 놓았으며 매년 양력 4월 16일에 향사를 지낸다. 경주 최씨는 최치원을 시조로 하고 있다. (전화 054-777-0526, 054-749-0526)

경덕사

8. 배씨의 시조를 모신 경덕사(경주시 탑동 830-1, 경주시 탑동 87)

양산재 동쪽 멀지 않은 곳에 혁거세를 추대했다는 6촌장 중 한 사람인 금산가리촌 촌장 지타와 배씨 중시조인 배현경을 모신 사당인 경덕사景德祠가 있다. 다른 곳에 있던 유허비를 1984년에 탑동의 현 위치로 옮겼고, 1995년에 사당을 새로 세웠다. 매년 음력 1월 5일과 양력 4월 18일 11시 반에 향사를 지낸다. (전화 054-771-9253)

9. 설씨와 관련된 (전)설총묘(경주시 보문동 423번지, 경상북도 기념물 제130호)와 분황사의 원효에 대한 제향

혁거세를 추대했다는 명활산고야촌의 촌장 호진의 후손들은 설씨 성

(전)설총묘

을 갖고 있다. 설씨 시조의 사당은 세우지 않았지만 경주시 보문동에는 설총 묘가 전해지고 있다. 원효와 요석공주 사이에서 출생한 설총은 유학자로 알려져 있으며 고려 현종 13년(1022)에 홍유후로 추증받고 문묘에 배향되었고, 1623년에 서악서원에 제향되었다. 서악서원에서는 매년 음력 2월과 8월 중정일(2번째로 정丁이 들어가는 날)에 향사를 지낸다. (전화 054-772-5525)

한편 분황사(경주시 구황동 312번지, 전화 054-742-9922)에서는 매년 음력 3월 그믐에 원효에 대한 제향이 열리고 있다.

10. 육부성의 시조를 모신 양산재(경주시 탑동 693번지, 경주시 탑동 남간길 37-10)

신라 건국신화에 나오는 6촌장들은 이씨(알평), 정씨(지백호), 최씨(소벌도리),

양산재

손씨(구례마), 배씨(지타), 설씨(호진)로 이루어진 육부성의 시조가 되었다. 6촌장의 위패를 모신 양산재에서는 양산재 보존회가 매년 음력 8월 23일 향사를 지낸다. 1970년 6촌장을 기리기 위해 세운 양산재는 나정 동쪽에 위치하고 있어 쉽게 찾을 수 있다. 현재 육부성을 가진 후손들이 향사를 지낸다. (전화 054-777-2312)

11. 김해 김(金)씨 중시조 김유신을 모신 숭무전(경주시 충효동 314번지)

한국인 중에는 가락국 시조인 수로왕을 시조로 하는 김씨가 많이 있다. 그런데 김해 김씨는 중시조인 신라인 김유신이 아니었다면 현재와 같이 번성한 씨족이 될 수는 없었을 것이다. 경주시 충효동 314번지에는 김유신 장군 위패를 모신 숭무전이 있다. 매년 음력 3월 17일에 대제를 지낸다. 또한 매년 음력 중정일에 서악서원에서 김유신 장군에 대한 제향이

숭무전

있다. (전화 054-741-2373)

한국인의 오리진과 경주의 사당들

종성과 육부성 중 원래의 시조묘 위치를 알 수 없는 곳들이 있다. 그러나 그 정확한 위치를 모르는 것이 큰 문제는 아니다. 오히려 신라인을 시조로 하는 성씨들이 존재하고 그 후손들이 때맞추어 향사를 지내는 것이 사실이기 때문이다. 사실 경주에 신라인을 시조로 하는 씨족의 사당들이 존재하는 것은 당연한 일이다. 그리고 이러한 사실이 한국·한국인이 신라 오리진인 것을 말해 주는 충분한 증거이다.

에필로그

그들이 만든 역사를 버려야
우리를 만든 역사가 보인다

역사가 바뀔 수 있는 것인가? 그렇다. 과거에 있었던 사건이나 사실은 변할 수 없으나, 그것을 이야기하는 역사는 바뀔 수 있다. 이 책의 1부 '신라길 1'에서는 신라의 삼한통합이야말로 한국과 한국인을 탄생시킨 역사적 사건이었음을 밝혔다. 그리고 2부 '신라길 2'에서는 신라 건국신화와 내물왕 이전 역사에 나오는 종성과 육부성의 시조들이 현재 한국인의 시조라는 사실을 이야기하며 한국인의 오리진이 신라에 있음을 밝혔다. 이 책을 통해 본 것과 같이 한국 고대사에서는 크게 두 가지 역사를 바꾸어야 한다.

'신라길' 답사를 하며 전개해 온 이 책의 이야기는 1945년 해방 이후 서울대 중심 관학파들이 만들어 낸 소위 민족사의 이야기와 다른 것이다. 지금도 초·중·고등학교에서 가르치고 배우는 관학파들이 만들어 낸 민족사를 생각하면 '한국사가 이 정도로 엉뚱한 길로 갈 수도 있구나' 하는 생각을 하게 된다. 그 동안 민족사를 표방해 오며 한국 사학의 연구와 교육을 장악해 온 관학파들은 순수 혈통의 단일민족설을 바탕에 깔고 있는 민족사를 통해 민족주의를 국민에게 강요하며 역사학을 정치의 시녀로 만들었으면서도 민족과 진리를 외쳐 왔다.

'신라길' 답사를 하며 이야기해 온 이 책은 관학파들이 만들어 낸 민족사의 무대를 떠나 신라의 역사를 옳게 이야기하고 한국·한국인의 오리진을 사실대로 밝혔다고 자부한다. 내가 신라가 한국인의 오리진이라는 사실을 밝힌 이유는 관학파들이 발명해 낸 민족에 대한 대안으로서가 아니라, 한국·한국인을 만들어 낸 역사 자체를 바르게 이야기하기 위한 것이다. 그런 면에서 이 책의 이야기는 관학파들이 은폐해 왔고 은폐하고 싶은 톱 시크릿(Top Secret)을 세상에 밝혀낸 것이라 하겠다.

나는 한국인이 신라인의 후손으로 순수 혈통을 가졌다고 할 생각이 없다. 한국인은 기본적으로 신라 오리진이지만 신라의 건국 때부터는 물론이고 그 후 역사 전개 과정에 다양한 종족들의 혼혈이 이루어진 것도 사실이다. 이는 현재 진행되고 있는 다양한 종족(다문화) 가정의 증가를 배타적 관점에서 바라볼 것이 아니라, 역사 전개의 과정으로 받아들여야 한다는 것이기도 하다. 다종족 가정도 당당한 한국인 가정인 것이다.

한편 이 책을 통해 "역사문화도시 경주"를 내세워 온 경주시는 "한국인의 역사적 고향 경주 그리고 신라"라 하거나 줄여서 "한국인의 고향 경주 그리고 신라" 또는 "한국인의 고향 경주"라고 할 것을 제안해 본다.

2007년 서강대에서의 마지막 안식년을 경주에서 살며, 쉬지 않고 많은 유적을 찾았고, 신라의 역사 나아가 한국사에 대해 많은 생각을 했다. 그 과정에 신라를 보던 나의 역사관도 근본적으로 달라진 것이 사실이다. 관학파들이 만들어 낸 민족사의 굴레를 벗어던져야, 한국·한국인의 탄생과 그 오리진을 찾게 되며 우리를 만든 역사를 찾게 된다는 사실을 알게 된 것은 정말 다행스러운 일이다.

경주에 머무는 동안 신라를 사랑하는 많은 분들을 만났던 것은 나에게 커다란 기쁨이며 행운이었다. 지난 수십 년 동안 고도古都 보존 정책이 강요한 모든 희생을 감수해 온 경주의 여러분들을 통하여 우리들 속에 신라가 살아 있음을 새삼 확인할 수 있었다. 진심으로 감사드린다.

찾아보기

숫자 및 로마자

5소경 113, 133
6두품 80, 118, 152, 171, 326, 327, 348, 350, 351, 352
6부병 279, 285
9년 전쟁 22, 48, 73, 74, 77, 79
9서당 81, 82, 116
9주 81, 113, 132, 176
12지신상 33, 102, 103
5소경 35
GPR 탐사 270, 315, 316, 317

ㄱ

가덕부 196, 211, 218
가락국 36, 37, 207, 216, 239, 250, 251, 329, 352, 354, 367
가야파 37
감문국 255, 276, 277
감은사 15, 41, 89, 90, 91, 92, 93, 94
거란 56, 71, 76, 77
거서간 210, 228, 230, 235, 236, 238, 263
거슬감 236
거칠부 329
거칠산국 255, 276, 277, 279
건국신화 17, 178, 184, 185, 187, 189, 191-195, 197-199, 202-204, 208-211, 213, 215, 218, 223, 227, 231, 235, 237-240, 299, 300, 321, 348, 357, 366, 369
견훤甄萱 136, 151, 152, 154, 157, 158-161, 164-166, 170, 172
경덕사 365
경덕왕 97, 101, 105, 109, 110, 111, 114, 120, 121
경도京都 113, 146, 253, 304, 330
경명왕 33, 154, 155, 156, 161
경문왕 131, 137, 141, 142, 162 *웅렴 참조
경순왕敬順王 34, 122, 130, 153, 156, 158, 165, 166, 167, 168, 172, 359

경신 111, 129 *김경신, 원성왕 참조
경애왕 153-162, 164
경애왕릉 153, 155, 156
경주 14, 16, 21, 22, 24, 40, 89, 91, 101, 102, 105, 107, 122, 124-125, 141, 143-145, 153, 157, 162, 167, 170, 174, 175, 178, 184-186, 193, 197-199, 201, 203-208, 211-219, 221-225, 230, 234, 239, 240-242, 248, 252-255, 257, 260, 262, 265, 268, 270, 272, 276, 279, 285, 289, 292, 312, 315, 316, 319, 325, 343, 347, 356-359, 361-368, 370, 371
계룡 231, 236, 237
계림세묘 360, 361
계림주대도독부 74
계립령 276, 286
계백 65, 66, 67
고고학 192, 205, 210, 223, 228, 239, 269, 319
고구려 14-20, 22, 23, 30, 37, 38, 40, 42, 45-57, 59-65, 69, 70-76, 78-89, 108, 109, 111-113, 115, 116, 119, 134, 177, 178, 180, 186-188, 190, 191, 198, 222, 224, 239, 242, 252, 302, 305, 307, 310-313, 319, 329, 330, 342, 344
『고구려의 역사』 180
고려高麗 16-18, 41, 80, 88, 114, 119, 123, 149, 154, 159, 162-166, 168, 170, 172, 174-177, 180, 187, 195, 197, 200, 201, 211, 212, 215, 218, 230-231, 234, 243, 265, 297, 310, 339, 341, 352, 366
고울부 159, 164
『고조선사 연구』 180
고타소 38, 51, 52, 55, 67
곡사 124, 125
골벌국 241, 247, 254, 255, 276, 281, 286, 288
골품제 27, 79, 80, 116, 118, 134-135, 137, 142, 152, 170-173, 297, 313, 321, 322, 324-328, 333, 348, 349, 350, 352, 355
공부 150, 190, 249
공전 125
관료전 115, 120

관음전 101
관창官昌,官狀 66, 67
관학파 16-19, 27, 35, 46, 62, 84, 146, 180, 184-185, 188-191, 193-194, 198, 202, 203, 209, 299, 300, 321, 324, 369, 370
광림대 362
괘릉 15, 91, 101, 122, 124-126, 138, 140
교동고분군 182, 185, 187, 227, 231, 262, 264, 265, 271
교체제敎體制 305, 306, 309
구례마 195, 211, 213, 363, 367
구지溝池 270, 315, 317-320
구충 35-37, 329, 352
국선 114
국제무역 139, 251
국학 58, 61, 112, 114, 117, 335
군국郡國 256, 278
군마群馬 277
군왕郡王 134, 238
군웅群雄,軍雄 122-123, 127-128, 133-137, 141-142, 150-152, 162-164, 170-172, 276
군족 134, 176
군중소장軍中小將 135
궁실 209, 231, 237, 243, 244, 270
궁예 150, 151, 154, 161-164, 170
극락전 101
금간金簡 99
금강령 148
금관 133, 249, 272, 273, 290, 293, 296, 298, 329, 352
금동관 296, 297
금동제과대 296, 297
금령禁令 171, 296, 348
금마저 75
금산가리촌 196, 210-213, 235, 365
금성 163, 243-244, 253, 267, 271, 275, 298, 303, 314, 316, 320, 347-348, 351
금일 67

기림사 93
기벌포 66, 77
김경신 106, 121, 124, 128, 129, 130, 132, 138 *경신, 원성왕 참조
김대문 27, 317
김대성 95, 97, 101
김명 131
김문영 66
김봉휴 166
김사란 104
김순식 151, 164, 170, 176
김알지 237, 268
김양상 106, 121, 128 *양상, 선덕왕 참조
김웅 106
김운경 139
김유신 15, 21-23, 26, 28, 29, 33-39, 44, 51, 52, 55, 58, 63, 65, 66, 70-72, 92-94, 111, 118, 159, 186, 317, 329, 335, 336, 354, 367
김유신 장군 묘 15, 21, 22, 23, 33, 34
김의충 77, 102, 103
김인문 24, 65, 66, 68, 70-72, 76, 134, 176
김주원 128-134, 136, 176
김지정 121
김춘추 15, 23, 24, 32, 50, 62, 74, 85, 86, 116, 188, 317, 331 *춘추, (김)춘추, 무열왕, 태종 무열왕 참조
(김)춘추 25 *춘추, 김춘추, 무열왕, 태종 무열왕 참조
김헌창 130, 132, 133
김흔 131, 133, 134, 176
김흠돌 110, 114
김흠순 71, 75, 335 *흠순 참조

ㄴ

나두邏頭 304
나을奈乙 202, 298
나정마을 240, 242
나정비 178, 200, 201, 265

찾아보기 373

나한전 101
낙랑 167, 227, 238, 246, 247, 251-254, 257-259, 263, 277
낙랑공주 167
남해차차웅 228, 248
낭도부곡제 332
내물신궁 298
내물왕 18, 169, 178, 184-185, 187, 188, 189, 191-193, 202, 203, 208, 209, 227, 232, 233, 264, 272-274, 288-291, 296, 298-302, 307, 321, 349, 350, 361, 369
『냉수리비』 305, 306, 320, 321
녹읍 115, 120
농경 기술 222

ㄷ

다벌국 247, 254, 255, 276, 277
다보탑 100, 101
단군 19
단군왕검 238
단일민족 16, 18, 46, 63, 82, 190, 311, 370
당 고종 39, 45, 65, 76
당나라 17, 18, 20, 22, 29, 30, 39, 44-49, 55-64, 66-72, 74-80, 102-105, 116, 126, 138-140, 331, 334, 343
당악 117
당 태종 39, 55, 57-62, 74, 85, 116, 334
당항성 55
대군웅大軍雄 122, 141, 142, 150-152, 162, 170, 171, 176
대궁大宮 47, 303, 314, 316, 317, 320, 351
대당대총관 23, 71
대릉원 182, 185, 187, 269, 272, 284, 289, 291, 293, 347, 361
대방군 252
대범천 97
대신라 15, 18, 21, 33, 81, 87-88, 90, 97, 108, 115-116, 118-119, 176, 180, 199
대신라길 15
대야성 50, 51, 55, 67

대왕암 15, 21, 22, 23, 40, 41, 44, 92, 94, 178, 361 *문무대왕릉 참조
대웅전 101
대원신통 36, 37
대평화 시기 91, 94, 109, 110-114
덕물도 44, 65
돌산고허촌 195, 210-213, 235, 364
『동경잡기』 124
동례전 148
동시전東市典 326

ㅁ

마기馬技 277
마립간 10, 289, 290, 291, 295, 297-299, 301-306, 308-310, 313-314, 324, 327, 348
마야황후 26, 47
만노군 37
만만파파식적萬萬波波息笛 93
만명부인 36
만월부인 110, 111
만파식적萬波息笛 38, 39, 41, 91-94
만호태후 36-37
말갈족 81
매초성 77
맹주국 228, 246-247, 256, 259
명활산고야촌 196, 210-214, 235, 365
모량부 151, 196, 211-213, 244
모척 67
목마장 72, 111
묘휘廟諱 68
무관랑 319
무산대수촌 195, 210-213, 217-219, 235, 363
무열왕 21-22, 29-33, 39, 43-44, 45, 59, 63-66, 69, 73, 109-112, 119, 121, 126, 169, 178, 322, 361 *춘추, 김춘추, (김)춘추, 태종 무열왕 참조
무인상 125, 138, 140
문노文弩 159, 160
문무관료전 120
문무대왕 40

문무대왕릉 40 *대왕암 참조
문무왕 21-23, 27, 32, 39-41, 43-45, 48,
　　　　59, 61, 68, 70, 71, 74-76, 78, 91,
　　　　94, 110-112, 116, 119, 178, 301,
　　　　359, 361 *법민 참조
문성왕 130-131, 135, 138, 139
문수보살 97, 341-342
문정태후 29
문효사 363
문흥대왕 29, 31-32
미실美室 316, 327
미추왕 178, 187, 268, 272-273, 275, 284,
　　　　288, 290, 292-294, 296, 301, 359,
　　　　361
민공 146-147, 149
민애왕 130-133, 170 *김명 참조
민족사 16, 18-19, 46, 62, 84, 86-87, 179,
　　　　191, 369, 370
민족 융합책 81, 82

ㅂ

반굴盤屈 66-67
백성정전百姓丁田 119
백운재 362, 363
백제 왕 38, 67, 240, 330
법민 23, 27, 29, 43-45, 61, 65, 67 *문무왕
　　　　참조
법흥왕 30
법흥왕릉 31
변한 254-255
병부령 45, 132
보덕왕 75
보리사 143, 145
보장왕 48, 51-52, 54-55, 71, 75
보현보살 97
복색服色 324-325
본가야 329, 352
본피부 196, 211-213, 244, 303, 349
봉건제 152, 355
봉덕사종 105 *성덕대왕 신종, 에밀레종 참조
『봉평비』 320-321
봉황대 105, 289-290, 297-298, 308

부여륭 45, 48, 67-69
부조예군 259
분황사 105, 206, 216, 365-366
불국사 15, 89-91, 94-101, 108
비담 58, 334
비로자나불 101
비로전 101

ㅅ

사다함 319
사량궁沙梁宮 47, 303, 314, 316, 320, 351
사량부 110-111, 195, 211-213, 244, 303,
　　　　320-321, 348-349, 364
사량부인 110-111
사릉蛇陵 228, 230, 237, 271, 357
사벌국 255, 276-277
사비성 45, 66-68
사죄사 75
『삼국사기』 17, 29, 30, 33, 39, 40-41, 43,
　　　　51, 52, 55, 58, 59, 66-68, 79, 85,
　　　　102-104, 106, 122, 124, 126, 135,
　　　　143, 145-147, 155-159, 171, 187-
　　　　189, 195, 202-204, 208, 210, 211,
　　　　213, 214, 228, 230, 232, 235, 238,
　　　　239, 244, 249, 250, 251, 264, 266,
　　　　267, 270, 275-277, 281, 290, 291,
　　　　300, 301, 306, 308, 321, 328, 332,
　　　　348, 350, 357
『삼국사절요』 187
『삼국유사』 30, 33, 38, 41, 85, 91, 92, 97,
　　　　98, 102, 105, 124, 128, 129, 147,
　　　　148, 156, 158, 159, 187, 188, 195,
　　　　197, 202-204, 208, 210-211, 213,
　　　　214, 216, 228, 231, 234, 235, 237-
　　　　239, 243, 248, 250, 251, 253, 266-
　　　　268, 270, 275, 290, 301, 335, 341,
　　　　342, 344, 357
『삼국지』 239, 255, 256, 274, 278, 283
삼릉 15, 153, 155, 156
삼십삼천 39, 92
삼한의 주인 28
삼한통합 14-23, 30, 38, 40, 43, 46, 47, 50,

찾아보기　375

62, 64, 72, 73, 78, 83-85, 87, 90, 98, 108, 113, 115, 134, 159, 160, 169, 175, 185, 188, 199, 305, 333, 354, 359, 369
상대등 29, 58, 65, 106, 121, 128, 131, 132, 335
상리현장 57
상서장 364
『서경』 114
서라벌 6촌 197, 204, 205, 208-217, 220, 221, 223-225, 227, 234, 243, 279, 282, 300, 303
서라벌 소국 162, 194, 197, 204, 208-209, 222-223, 225-228, 231, 234, 235, 238-243, 246-248, 254-264, 269, 274, 276, 278-279, 283, 299, 300, 302, 303, 321, 348, 349
서악동 고분 30-32
서악서원 366-367
서역인 125, 138
서현 37
석가여래 97, 101
석가탑 100-101
석관묘 207, 239, 244, 293
석굴암 15, 89-91, 94-98, 101, 108
석불사 95, 96, 100
선단仙壇 160
선덕공주 26
선덕여왕 26, 28, 51, 5-58, 323, 324, 334, 335, 343, 344, 353, 361
선덕왕宣德王 34, 52, 106, 110, 111, 121, 122, 128, 129, 130, 132, 169, 322, 334, 341, 342 *김양상,양상 참조
선도해 53
설인귀 59, 74, 77
설총묘 365, 366
성골聖骨 26-30, 33, 109, 111, 118, 172, 183, 185, 187, 250, 290, 297, 308, 312-314, 316-318, 320-324, 326-328, 331, 334, 337, 338, 339, 342, 344-346, 348-355
성덕대왕 신종 105-108 *봉덕사종, 에밀레종 참조
성덕왕 15, 77, 89-91, 101-106, 109, 110,

118-119
성덕왕릉 15, 89-91, 10-103
성읍국가 208, 232, 233
성정왕후 110, 118
성주사 134, 176
성충 70
세종世宗 175, 327, 357
『세종실록지리지』 174
소경 81, 113-114, 133, 175
소국 연맹 225, 227, 233, 246, 247, 248, 252, 254-257, 259, 260-261, 263, 279
소명경 253, 256, 257
소벌도리 195, 211, 213, 364, 366
소부리주 69, 77
소성왕 130, 131
소정방 44, 48, 65, 66-67, 68, 70
『속일본기』 117
손순묘 363
손순유허 363
손진태 16, 19, 190, 191, 203
수봉지소受封之所 115
수호장 174
순라병 61
숭덕전 230, 357, 358
숭무전 367, 368
『숭복사비』 125
숭복사지 124
숭신전崇信殿 358
숭혜전 359, 360, 361
시무책時務策 152, 172
시왕전 101
시위부 116, 335
시조묘 71, 230, 298, 308, 368
식민사학자 18, 184, 187, 188, 193
신국神國 15, 117, 119, 183, 185, 316, 328, 329, 331, 354, 355
신궁神宮 160, 202, 204, 268, 298, 308
신덕왕 142, 154-156, 161, 162
신라방 139
신라인의 후손 5, 16, 22, 88, 174, 178, 179, 370
신림 95, 96, 100
신무왕릉 15, 122, 124, 126, 127

신문왕 39, 75, 79, 80, 89, 91, 102, 110, 112, 114-116, 118, 119
신보왕후 110, 111
신숭겸 163, 164
실증사학 189, 191
실직국 255, 276-278, 286
십일면관음보살 97
쌍상총 293, 296

ㅇ

아미타여래 96, 101
아비지阿非知 343
아양공주 36, 37, 329
아음부 281
안동도호부 74
알영정閼英井 225, 227, 231, 232, 236, 240, 242, 357
알천 29
알천양산촌 195, 210-212, 214, 218, 235, 362
알평 195, 211-212, 361, 362, 366
압독국 254, 255, 276, 277, 286, 288
애공사 30, 31, 291
약사여래상 105
양궁梁宮 47, 303, 314, 316, 351
양길 150, 151, 170
양명공주 328
양산재 365, 366, 367
양상 111, 121, 257 *김양상, 선덕왕 참조
『어법집』 148
에밀레종 105 *봉덕사종, 성덕대왕 신종 참조
엔닌 139
역성혁명 177
연개소문 46, 51-52, 55, 57, 58, 70, 72, 73, 86
연맹왕국 232, 233, 274
연정토 70
염사착 258, 259
영경사 30, 31
영묘사 105
예작부 112
「오언태평송」 44, 61

옥도금 148
온군해 61
『온탕비』 58, 61
왕건 81, 136, 159, 162-167, 170, 172, 177, 180
왕경王京 16, 37, 48, 65, 71, 78-80, 97, 100, 113, 114, 116, 122, 131-137, 141, 142, 147-149, 151, 157, 159, 164, 165, 172-177, 185, 198, 203, 211-215, 217, 224, 241, 276, 279, 283, 286, 299, 302-304, 308, 313, 314, 321, 326, 346-350, 352
왕도王都 50, 110, 111, 148, 159, 164, 167, 172, 176, 228, 246, 250, 277, 298, 299, 303, 304, 314, 321, 324, 337, 341, 346-349, 351
왕릉 163
왕봉 76
왕사王事 66
왕성王城 240, 243, 269, 271, 303, 314, 320, 346, 347, 348
왕위 계승 26, 28, 29, 47, 109, 110, 121, 122, 123, 124, 126-137, 141, 142, 154, 167, 169, 170, 171, 176, 263, 290, 301, 302, 318, 324, 336
왕제王制 109
외위外位 79, 286, 302, 326
요동군 253
용수 26, 31
용춘 26-29, 31, 32, 47, 317, 322, 343
우산국于山國 329
우시산국 241, 255, 276, 277, 279
운모공주 286
웅진도독부 68, 74, 75, 79
웅진성 45, 67
원거리 교역 227, 228, 238, 246-248, 251-259, 263, 277, 283
원성왕 106, 111, 122, 124, 125, 126, 128, 130-134, 137, 138, 167, 169-171, 176 *경신, 김경신 참조
원향선사 344
원형 건물지 178, 199, 200, 202
월성 93, 182, 185, 187, 225, 230, 231, 236, 249, 260, 265, 267, 269-273, 280,

찾아보기 377

296, 298, 303, 304, 308, 312-320, 327, 337, 347, 348, 349, 351, 358, 359, 364
위만조선 207, 251
위세품prestige-goods 252, 254, 257-259, 277
유교 114, 117, 152, 173, 331, 354
유리이사금 228
유마거사상 97
유인궤 76
유인원 68, 69
육부성六部姓 17, 22, 86, 87, 114, 173-175, 177, 178, 186, 187, 189, 191, 194, 195, 197, 198, 204, 209, 211, 218, 224, 226, 300, 338, 356, 361, 366-368, 369
윤충 38, 50, 55
율령 32, 43, 111, 112, 118, 134, 142, 170, 171, 306, 322, 324-326, 329, 350
율령격식律令格式 43, 111, 112, 118, 134
은상 63
음즙벌국 241, 255, 276, 277
응렴 131 *경문왕 참조
의자왕 44, 45, 48, 50, 51, 55, 67, 68, 70, 72, 73
의직 63
이견대利見臺 43, 44, 89-92, 94, 361
이근행 76
이방부격 112
이병도 184, 191, 203
이사금 228, 230, 248, 249, 263, 267, 275, 281, 306, 309, 324
이사도 138
이서국 241, 247, 254, 255, 259, 275-276, 279, 281, 288
이속夷俗 324
인류학 192, 208, 223
인왕상 97
인통姻統 36, 286
일광경日光鏡 252-254, 256, 257
일리천 전투 166
일본 18, 46, 94, 95, 117, 118, 135, 139, 177, 180, 188, 189-191, 206, 252, 297, 312

임존성 67
임천부 196, 211, 218
『입당구법순례행기』 139
입방설도立邦設都 196, 236, 237, 299, 348

ㅈ

자산진지촌 196, 210-213, 235, 362
자연촌自然村 113, 282, 283, 304, 327, 352
자장慈藏 335, 336, 341-344
장니障泥 293
장보고 124, 127, 131, 133, 135, 136, 139, 170
장복章服 60, 135, 196, 211, 218
장복부 196, 211, 218
장수사 99
적고적赤袴賊 151
적산법화원 139
전국시대戰國時代 114, 161-162, 164, 168, 176
전중성殿中省 120
정강왕 15, 141-143, 145, 149, 170
정강왕릉 15, 141, 143, 145
정복왕국 279
정삭正朔 62, 68
정승공 167
제륭 131, 133 *희강왕 참조
제석천 97
조문국 255, 276, 277, 286
조선 16, 17, 19, 41, 84, 88, 94, 119, 143, 145, 149, 156, 174, 175, 177-179, 187, 191, 194, 197, 200, 201, 210, 230, 234, 235, 251, 259, 265, 310, 318, 328, 352, 359
조선현 252, 259
족강族降 26, 27
종묘 42
종성宗姓 17, 22, 86, 87, 114, 173, 174, 175, 177, 178, 186, 187, 189, 191, 194, 198, 201, 226, 248, 260, 288, 300, 338, 356, 368, 369
주몽 86, 239
죽령 38, 53, 255, 276, 286, 329

중국화 61-63, 116, 117, 313, 329, 331, 354
중흥부 195, 211, 218
지방관 73, 81, 113, 137, 139, 151, 171, 233, 263, 268, 278, 280-283, 286, 304, 305, 307, 310, 327
지백호 196, 211, 213, 362, 366
지석묘 205-210, 214-221, 239
지장보살 97
지증왕 175, 202, 264, 268, 289, 290, 291, 293, 301, 306-308, 313, 322, 327, 329
지타 196, 211, 213, 214, 365, 367
진골 26, 27, 30, 36, 37, 79, 111, 112, 118, 171, 286, 326, 327, 329, 332, 334, 341, 348, 350-353
진골정통 36, 37, 286
진덕여왕 26, 28, 29, 43, 58, 61, 62, 116, 312, 323, 324, 334-336, 353
『진사비』 58, 61
『진서』 58
진성여왕 141-143, 149-152, 162, 170-172
진지왕 26, 27, 30-33, 179, 313, 322, 327
진지왕릉 31
진촌주眞村主 79-81, 134, 177, 326, 350, 352
진평왕 26-29, 32, 36, 47, 322-324, 326-328, 334, 340, 341, 344, 353
진한 연맹 228, 231, 248, 260
진흥왕 30
진흥왕릉 31
질자質子 138
집사부 326, 335

ㅊ

차차웅 228, 246, 248, 263
차촌주次村主 79-81, 326, 350, 352
찰리종왕刹利種王 344
창림사지 244
창창부인 110, 111
천강성天降姓 174, 194
천관사 129
천남산 71
천마총 289, 291, 293, 294, 296
천명 26
천명공주 26-28, 32, 47 *천명부인참조
천명부인 29, 47, 322 *천명공주 참조
천사옥대 344
천존고天尊庫 93
첨성대 265, 268, 308
청해진 127, 131, 133, 135, 136, 139, 170
초적 136
촌간 282
촌락문서 115, 176
촌락사회 185, 193, 194, 197, 204-208, 210, 216, 220-223, 226, 227, 239, 241, 300
촌장 17, 184, 197, 208-211, 213, 215, 216, 218-223, 226, 235, 237, 239-241, 244, 245, 299, 300, 348, 351, 362-367
촌주 71, 79-81, 134, 136, 137, 177, 282, 283, 304, 310, 326, 350, 352
최치원崔致遠 124, 125, 152, 162, 172, 196, 333, 364
추장酋長 204, 208, 215, 216, 219, 221, 223, 224, 233, 234, 241-243, 245, 351
춘추 15, 23-30, 32-33, 35, 38-39, 46, 47, 50-56, 58-62, 65, 73, 74, 85, 86, 116, 188, 317, 331, 334-336, 353 *김춘추, (김)춘추, 무열왕, 태종 무열왕 참조
칠성우 29, 58, 73, 335, 336
칠성회七星會 336
칠중성 76, 77
칭제건원 331

ㅌ

탈해왕 187, 231, 237, 263, 272, 273, 276, 288, 358, 359
태자 26, 29, 36, 39, 42, 44, 45, 50, 65, 67, 93, 110, 131, 152, 167, 237, 267, 302, 316, 322, 327, 341
태조성한太祖星漢 301
태종무열대왕릉 15, 21-25, 30, 31, 32, 34, 313

태종 무열왕 67 *춘추, 김춘추, (김)춘추, 무열왕 참조
토광묘 207, 239-240, 244, 259, 293, 295
토성土姓 63, 174, 240
토함산 97, 99, 124, 358

ㅍ

파사이사금 228
팔각 건물지 178, 199, 200, 202
팔부중상 97
패강 77, 85, 103, 104, 109, 119
패권 쟁탈전 8, 123, 154, 161, 162, 170
포석사鮑石祠 157, 159, 160
포석정 15, 148, 153, 155, 157-160, 178, 356
표훈 95, 96, 100, 111
품석 50-52, 55, 67
품일 44, 65, 66, 75
풍월주 28, 37, 114, 159, 317-319, 328, 332, 335
피정복민 15, 78, 81, 82, 108, 116, 302

ㅎ

하정사 77, 162
한국인의 고향 370
한기부 196, 211-212, 214, 244, 286, 303
한성주 71, 75
함달왕 250
한질허 62
한화정책漢化政策 120, 121
항부 164
해목령 156
행정촌行政村 73, 81, 113, 173, 177, 282, 283, 304, 305, 307, 310, 327, 352
향가鄕歌 319
향리층 16, 176, 177
향직鄕職 174
헌강왕릉 15, 91, 141, 143-145
헌덕왕 34, 126, 130-132, 136, 138
헌안왕 122, 130, 131, 162, 167
혁거세 178, 189, 194, 200-202, 204, 206, 208-210, 213, 223, 225, 226, 230, 231, 235, 238, 239, 240-245, 248, 260, 266, 267, 293, 298-301, 308, 321, 350, 357, 362, 363, 365 *혁거세왕 참조
혁거세왕 196, 197, 228, 234, 236, 237, 249, 263 *혁거세 참조
혜공왕 89, 101, 105, 109-111, 114, 121, 128, 169
호국정신 178, 189, 194, 196, 197, 200-202, 204, 206, 208-210, 213, 223, 225, 226, 228, 230, 231, 234-245, 248, 249, 260, 263, 266, 267, 293, 298-301, 308, 321, 350, 357, 362, 363, 365
호로하 76
호진 196, 211, 214, 365, 367
홍려시 138
홍술 163, 165
화랑도 37, 114, 318, 332, 333, 335
황남대총 289, 291-299, 308
황룡사9층탑 342, 344
황룡사종 105, 108
황룡사지 182, 185, 187, 312-314, 337, 338
황복사 156
황산벌 65
효공왕 122, 142, 149, 152-154, 161, 162
효성왕 105, 109, 110
효소왕 93, 101, 102, 109, 110
효소왕릉 101
후백제 123, 136, 151, 152, 154, 159, 161, 162, 164, 166, 168, 170, 172
흑치상지 67
흠순 44, 65, 66 *김흠순 참조
흥덕왕 33, 34, 126, 130, 131, 133-136, 171
흥륜사 98
흥무대왕 33, 34, 38
희강왕 130-133, 142 *제륭 참조